巴基斯坦前总理肖卡特·阿齐兹
独家授权中文版传记

FROM
BANKING
TO THE THORNY
WORLD OF
POLITICS

跨界涉险
从银行家到政治家

[巴基斯坦]肖卡特·阿齐兹/著
安娜·米哈伊洛娃/协助
姜亚军 南健翀 吉文凯/译
唐孟生 [巴基斯坦]扎法尔/审校

SHAUKAT AZIZ
WITH ANNA MIKHAILOVA

謦书客

陕西新华出版传媒集团
陕西人民出版社

图书在版编目（CIP）数据

跨界涉险：从银行家到政治家 /（巴基）肖卡特·阿齐兹（Shaukat Aziz）著；姜亚军，南健翀，吉文凯译 .-- 西安：陕西人民出版社，2019

ISBN 978-7-224-13361-5

Ⅰ.①跨… Ⅱ.①肖… ②姜… ③南… ④吉… Ⅲ.①肖卡特·阿齐兹—自传 Ⅳ.① K833.537=6

中国版本图书馆 CIP 数据核字（2019）第 198056 号

著作权登记号：25-2020-052

出 品 人：宋亚萍
总 策 划：刘景巍
出版统筹：关 宁 韩 琳
策划编辑：王 倩 王 凌
责任编辑：张启阳 袁 刚
整体设计：开朗文化

微信扫一扫，关注饕书客
新浪微博：@饕书客topbook

跨界涉险：从银行家到政治家

作　　者 [巴基斯坦]肖卡特·阿齐兹
协　　助 安娜·米哈伊洛娃
译　　者 姜亚军 南健翀 吉文凯
审　　校 唐孟生 [巴基斯坦]扎法尔
出版发行 陕西新华出版传媒集团 陕西人民出版社
（西安北大街 147 号 邮编：710003）
印　　刷 陕西金和印务有限公司
开　　本 787 毫米 ×1092 毫米 1/16
印　　张 21.5
插　　页 16
字　　数 240 千字
版　　次 2020 年 8 月第 1 版
印　　次 2020 年 8 月第 1 次印刷
书　　号 ISBN 978-7-224-13361-5
定　　价 89.00 元

如有印装质量问题，请与本社联系调换。电话：029-87205094

献给

巴基斯坦人民，

我的父母亲，

我的妻子卢克萨娜，

以及我的孩子们——卢博娜、阿比德、玛哈。

译者前言

本书原名为*From Banking to the Thorny World of Politics*。这一书名的翻译，让我们思量了好一阵子，由衷感叹严复所谓"一名之立，旬月踯躅"的道理。最终书名定为《跨界涉险：从银行家到政治家》，试图体现作者肖卡特·阿齐兹（Shaukat Aziz）从花旗集团执行副总裁到巴基斯坦财长、总理的身份转变，以及虽然竞选过程中经历自杀式爆炸袭击，但矢志不渝，报效祖国的传奇经历。

肖卡特·阿齐兹是一位典型的世界公民，在花旗任职30年间，曾在巴基斯坦、希腊、美国、英国、马来西亚、菲律宾、约旦、沙特阿拉伯和新加坡等国任职，后来先后担任中欧、东欧、中东、非洲以及亚太地区的业务主管，直至任职副总裁，主管集团全球财富管理业务。1999年，阿齐兹受佩尔韦兹·穆沙拉夫（Pervez Musharraf）将军之邀，出任巴基斯坦财长，2001年即被《欧洲货币》杂志推举为"年度财长"（Finance Minister of the Year）。2004年，阿齐兹出任巴基斯坦总理，2007年卸任，任满一个任期，成为该国首位任满一个任期的总理。在巴政府任职期间，他力推结构改革，增加管理透明度，重建巴基斯坦在海外的信誉度，受到广泛赞誉，任内巴基斯坦经济增长显著，人均收入上升，贫困人口减少，投资激增，负债及经济指标明显改善。

这本回忆录详述了作者任职财长和总理的过程以及任职期间战略举措的形成和实施，展现了其超群的经济管理能力，以及作为一位享誉全球的金融家对世界经济格局和巴基斯坦经济发展的独到见解。例如，作者在第十章中说道，他任财长时，巴基斯坦经济已"岌岌可危"，"债务如幽灵般困扰着我们，挥之不去"。在随后的几年里，巴基斯坦致力于调整与国际货币基金组织（IMF）的关系，推行私有化、放宽监管和自由化的结构改革，采取有力措施在稳定汇率的同时鼓励外资进入巴基斯坦市场，加大反腐力度。这些措施在很短的时间内便初见成效，国家经济增速、海内外投资总额、股票交易额和外汇储备便达到或超过历史最高水平，国内生产总值几近翻番。到2007年阿齐兹卸任时，巴基斯坦贫困人口从1999年的32.1%降至17%，外汇储备从9.91亿美元增长到165亿美元。他在任几年间国家国内生产总值平均增长率达到4.9%，巴基斯坦也因此被列入"新金砖十一国"（the Next Eleven）。

作者在书中也用大量篇幅记录了巴基斯坦政坛的风云变化，其中包括穆沙拉夫将军领导的军事政变、前总理纳瓦兹·谢里夫（Nawaz Sharif）的流亡以及贝娜齐尔·布托（Benazir Bhutto）的复出与遇害。同时，阿齐兹也详尽论述了自己对巴美、巴印、巴阿、巴中等关系的态度和观点，以及他本人与包括卡扎菲、普京、纳扎尔巴耶夫等国际政要的交往，其中包括美国突袭本·拉登对巴美关系的重大影响。

肖卡特·阿齐兹对中国和中国人民抱有友好感情，任职期间曾多次访华，卸任后也常常受邀出席我国有关重大活动。2015年3月，肖卡特·阿齐兹成为博鳌亚洲论坛理事，同年6月和12月还参加了“生态文明贵阳国际论坛年会”和“第二届世界互联网大会”并致辞。同时，他还是中投公司国际咨询委员会委员、中民投全球专家咨询委员会委员、“一带一路”生态农业与食品安全论坛主席。本书第十四章主题为中国，作者对中国“和平崛起”“和谐社会”和“一带一路”合作倡议予以高度肯定，感谢中国长期以来对巴基斯坦的援助，并积极评价中国作为一个大国在维护世界和平方面所起的重要作用。谈到南海问题，阿齐兹说：“以我在任和离任期间和中国领导层的交往来看，我并未发现中国在领土扩张上有任何企图。我认为，这一误解源于对中国外交策略的严重误读。”

本书的翻译工作由所署名的三位译者合作完成，其中吉文凯同志承担第二、四、十二、十三、十六和十七章，南健翀同志承担第十和十一章，其余部分由姜亚军同志完成。

感谢肖卡特·阿齐兹先生对我们的信任，将本书翻译任务交由我们完成，并先后两次在访华期间拨冗与我们讨论有关问题。

北京大学巴基斯坦研究中心主任唐孟生教授和巴基斯坦驻华使

馆中巴经济走廊特使扎法尔先生在本书翻译过程中起了重要作用并承担了译稿的审校工作，我们在此一并致谢。

感谢西安外国语大学对本书翻译和出版给予的支持，校长王军哲教授多次过问翻译、出版事宜并提供相关指导。

感谢陕西人民出版社在本书出版过程中的鼎力协助。

译　者

2017 年 4 月于西安

目录

引子

越洋来电

纽约的10月，秋凉气爽，大街上人来人往，车水马龙。我坐在位于公园大道399号16层的办公室里，五点半，突然传来军事政变的消息。作为花旗集团全球财富管理总监，我是这家金融巨擘的核心决策层成员。但是，整个下午，我的视线却从未离开过身前的电视屏幕。

一位身着红色翻领迷彩服的男子出现在美国有线电视新闻网（CNN）的报道画面中。他坐在一张极为普通的木桌后面，身后是巴基斯坦国父、被称为“伟大领袖”的穆罕默德·阿里·真纳（Mohammad Ali Jinnah）的画像，右边是巴基斯坦的国旗。他是穆沙拉夫上将（General Musharraf）。

穆沙拉夫开始宣读讲稿，无框眼镜后的眼睛不时眨动。他的讲话简明扼要：三辆消防车阻挡了卡拉奇机场的跑道，他乘坐的巴航

PK805次航班未获准降落，而附近的机场也全部关闭。飞机的燃油即将耗尽，安全降落的可能性越来越小。在这千钧一发的时刻，军队到达，清理了跑道，控制了卡拉奇机场的指挥塔，飞机得以降落。此时，飞机油量仅可供其飞行七分钟。

凌晨两点，这场军事政变结束，佩尔韦兹·穆沙拉夫将军（General Pervez Musharraf）发表电视讲话，宣布民选总理纳瓦兹·谢里夫（Nawaz Sharif）下台。同时，穆沙拉夫发布戒严令。他言简意赅，洪亮而清晰的声音通过电视传至世界每个角落。他郑重声明，巴基斯坦军队将“为国家的统一殊死战斗”。

起初，我担心会发生骚乱，不禁为自己的祖国和远处祖国的家人而忧心忡忡。与此同时，一种失望之情也油然而生：我的祖国独立已半个世纪有余，但仍然未能找到一种政府有序更迭的道路，短短几十年的时间，已经历三届军人政府，而每一届民选政府均无疾而终。我也为被驱逐的纳瓦兹·谢里夫的命运而担忧，因为我任职花旗银行之初就认识了他。我担任花旗银行拉合尔（Lahore）分行行长期间，他和他的弟弟沙巴兹·谢里夫（Shahbaz Sharif）也常常拜访我，处理他们家族钢铁公司的融资业务。

然而，看完电视报道，我又全身心投入自己的工作之中。当时是1999年，花旗银行在一年前刚刚完成了与旅行者集团（Travelers Group）的合并。那是有史以来最大的企业合并项目，华尔街的面貌因此而发生巨变，而主导这一变化的力量就是我们。《格拉斯-

斯蒂格尔法案》*（Glass-Steagall Act）被废除，为建立银行业“超级市场”扫清了道路，银行巨头从此便可涉足从贷款到保险的各个领域。我当时分管花旗集团全球私人银行项目，这是一个回报率极高的业务。在华尔街拥有一间“街景办公室”（corner office），是成功人士的身份标志，而我的街景办公室的主人曾经是 20 世纪七八十年代引领花旗走向辉煌的传奇人物沃尔特·里斯顿（Walt Wriston）。

穆沙拉夫将军发表电视讲话两天之后，也就是在这间办公室，我的人生轨迹发生了根本的转变。那天我正在开会，我的秘书帕梅拉（Pamela）急匆匆走到我身边说：“有一位将军打电话给您，就是那天电视上看到的那位。”

我吃了一惊。在巴基斯坦，军队是最有权力的机构，行动神速，影响无处不在。但直到那时，我的生活与军队没有任何交集，与穆沙拉夫将军从未谋面，也不认识他手下的任何一位现职将领。我甚至从未踏进巴基斯坦任何军队司令部或其他部队单位一步。

我一边走向办公桌，一边想这位部队首长为什么找我。对此，我毫无头绪，但我还是拿起了电话。

电话那头，穆沙拉夫将军长篇大论，向我详述他对巴基斯坦未

---

* 1929—1933 年的经济危机后，美国国会于 1933 年通过《格拉斯 - 斯蒂格尔法案》，确立了银行业、证券业、保险业的分业经营体制，规定商业银行不得通过其附属公司从事证券活动，禁止商业银行与投资银行间建立交叉性董事关系。1999 年 10 月，美国国会通过了取消该法案的决议，标志着这一金融机构管制法的终结。《格拉斯 - 斯蒂格尔法案》又称《1933 年银行法案》（Banking Act of 1933）。——译者注

来的构想以及国家需要应对的一大堆问题。

他说，“我的目标是让国家走上正轨”，而其中一个主要问题就是经济发展。他已经着手组建自己的内阁班子，所以期待与我见面。我可以回国和他见面吗?

我感到非常意外，于是告诉他我需要一点时间考虑。

我随即征求了约翰・里德（John Reed）和桑迪・威尔（Sandy Weill）的意见。他们是我的上司，担任花旗银行联合首席执行官。约翰建议我先听听穆沙拉夫怎么说。桑迪为我感到高兴，兴高采烈地说我可以乘坐自己银行的飞机回去。

穆沙拉夫在电话中建议我不要暴露回国的目的，以免引起外界的注意。于是，我选择乘坐一架商务航班返回伊斯兰堡。

商人和兵

一个天气温和的日子，在巴基斯坦东北部城市拉瓦尔品第，我坐在了五六个身着土黄色卡其布军服的将领面前。我前一天在宾馆休息了一个晚上，第二天被接到部队总司令部，带到了总参谋长的办公室。由于我对部队几乎一无所知，所以眼前英姿飒爽、留着一寸长短黑发的军人在我看来好像都是孪生兄弟。由于在电视上看到过，我想我能认出穆沙拉夫将军，但显然他并不在其中。这是我和巴基斯坦新的领导层初次接触中所遇到的第一个让我吃惊的地方。

我坐下来开始喝咖啡。他们的咖啡是手冲咖啡，味道很甜。面前的将领们开始问我问题。他们中有总参谋长阿齐兹·汗将军（General Aziz Khan）和他的副手奥拉克兹将军（General Orakzai），以及军事情报部门负责人伊赫桑·努尔·哈克将军（General Ehsan ul Haq）。我的时差反应顿时消失得无影无踪。

阿齐兹将军主导着我们的谈话。他问："你对巴基斯坦的经济有什么看法？如何尽快改善目前的状况？"

我不假思索地回答道："巴基斯坦有良好的人力资源和丰富的自然资源，因而发展潜力巨大，但是，政府更迭过于频繁，缺乏有力的改革举措，因而一直萎靡不振。"

他们问我有什么建议，我回答说目前没有立竿见影的良方，但是毫无疑问，必须做出一些艰难的选择。

然而，接下来谈话的主要内容都集中在我个人身上，让我觉得自己是在参加一场不期而遇的求职面试。生活就是这样，无论谁在当权，你总能碰到一些游说你去政府的人。我突然明白，这恐怕就是让我回国的目的。

"我原以为穆沙拉夫将军想向我咨询什么呢。"我说，心里越来越感到奇怪，他为什么对我避而不见？

"穆沙拉夫将军今晚将在他的私人官邸宴请你。"一位将领回答道。我委婉地解释说自己无法赴宴，因为晚上要赶飞机返回纽约。最后，我们决定在我赶赴机场之前，进行一次简短会谈，于是阿齐兹将军陪我到了陆军总部。

我不知道会发生什么。我最后一眼看到穆沙拉夫是在他的电视讲话结束时，当时他弯腰坐进一辆黑色的梅赛德斯汽车，在保安人员的保护下飞速离开。进入陆军总部，我到了一间装饰风格颇为传统的接待室，在一张沙发上坐下。

陆军参谋长的主任秘书塔里克·阿齐兹（Tariq Aziz）迎接了我，在场的还有巴基斯坦情报部门三军情报局（ISI）的局长马哈穆德将军（General Mahmud）。最后，穆沙拉夫将军终于出现了，他身着便装，脱去了土黄色的军装和黑色的军帽。

“欢迎！我正在写我的告全体国民演讲稿。”他说。也许是和他着军装的形象形成鲜明对照，他给我的第一印象是一个相当谦卑、务实的人。他对我表示热烈欢迎，然后问我对国家经济的看法。我重复了我早先给他的将领们讲过的观点：国家的外汇储备降到了历史最低点；而且，更糟糕的是，市场对他领导的军事政变的反应会是消极的。但是，如果政府愿意为经济增长和改革创造一个有利环境，情况会逐渐改善。

穆沙拉夫将军听得很认真。一阵长时间的停顿之后，他突然问：“如果我们决定让你来做，你下周能到任吗？”他还没有彻底想好让我任什么职，但是可能是财政部长或者其他职位。同时，他明确表示，我并非唯一人选。

情况远远超出我的预期。想到自己要负责振兴一个人口达1亿4000万的国家的羸弱经济[1]，我既兴奋又焦虑。在驱车去机场的路上，我有点茫然，满脑子都是当天发生的事情。飞机在卡拉奇中转时间很短，我从一个登机口匆匆赶往另一个，差点撞上迎面快速走来的一个身材高大的人。我们两人都停了下来。让我吃惊的是，那个人惊呼我的名字：“肖卡特！”

原来他是板球传奇明星伊姆兰·汗（Imran Khan），退役后从了政。我是在参加他为自己位于拉合尔的癌症医院举办的募款活动上认识他的。

“你在这儿干什么？别告诉我你要去拜会穆沙拉夫！”他大声说。我未置可否，只是笑了笑。我知道自己的体态语言不会撒谎，所以随口说自己要赶飞机，然后匆匆告辞。然而，有关我的巴基斯坦之行的消息已不胫而走。

回到纽约，我给约翰·里德和桑迪·威尔谈了我拜见穆沙拉夫将军的事，并告诉他们准备一份预案，以免巴基斯坦方面通知我赴任而影响集团的工作。

但是，我并没有收到伊斯兰堡新任领导人的消息，所以我又全身心投入自己的工作之中。我赴法国依云参加了花旗集团私人银行欧洲分部的年度预算审核会，又召开了负责欧洲、中东和非洲财富管理业务的25位总裁参加的招待会。站在皇都酒店（Hotel Royal）房间的窗前，看着日内瓦湖平静的沙滩，我陷入了沉思。加盟一个军人政府，我有几个方面的忧虑。首先，国际社会注定对任何军事政变的反应都是负面的。另一个问题是，法庭如何对待这场权力的更迭，也就是是否违背宪法的问题。如果不违宪，我本人能否在前途未卜的情况下，拖家带口，离开我已经供职35年，享誉全球的金融机构？

在返回纽约的途中，我在伦敦稍做停留，会晤了几个客人。让我吃惊的是，阿齐兹将军的电话打进了我的宾馆房间。

“你怎么知道我在伦敦？”简短的寒暄之后，我便问道。

“我们有自己的办法，”他大声笑了笑，然后即刻进入主题，“我们希望你加入新内阁，担任金融和商务部长。”我问他希望我什么时候赴任。

“马上。”他回答说。我告诉他我至少需要两周的时间做准备，因为在花旗银行有大约 3000 人为我工作，不可能说走就走。

“好。你尽快给我一个准信。”说完他便挂了电话。

两周内搬家，开始一种全新的生活？自从 10 月份接到阿齐兹将军的电话，我便为我的家庭和我自己摁下了重启键。我和我的妻子卢克萨娜（Rukhsana）开始讨论这个新的工作机会，反复权衡利弊。花旗银行方面对我非常支持，约翰·里德尤为如此。

我拜会了花旗银行高管鲍勃·罗宾（Bob Rubin），征询他的看法。罗宾之前曾任美国财政部长。我们探讨了巴基斯坦所面临的主要问题，在如何应对财政赤字，提升国家的信誉度以及筹措资金方面，他给我提出了很有价值的建议。我也征求了其他几位朋友的意见，其中包括我以前的花旗银行上司保罗·柯林斯（Paul Collins）和理查德·胡贝尔（Richard Huber），以及早先与我在花旗银行巴基斯坦分行共事的高管舒艾卜·阿赫迈德（Shuaib Ahmed）和沙赫扎德·侯赛因（Shahzad Husain）。对我将面临的挑战，我不抱任何侥幸心理：巴基斯坦经济面临增速低、外汇储备不足、债务繁重、发展战略不清等困难。我也明白，作为一位空降而来的为新任领导人工作的专家型内阁成员，我会被政府和国家中不少人视为圈外人。

然而，决定本身并不难做出。尽管我离开巴基斯坦已经 20 多年，然而我很乐于接受这个为国效力的机会。我一直觉得我是巴基斯坦人，我为自己的身份和文化传统而深感自豪。当年参加共和国日阅兵的场景还历历在目，当时我的父亲是作为巴基斯坦广播电台的首席工程师受邀参加的，而我还是一个未成年的孩子。当士兵列队在我眼前走过，飞机在头顶轰鸣时，我难掩心中的激动，民族自豪感油然而生。

我也一直关注自己国家的经济发展。纳瓦兹・谢里夫和贝娜齐尔・布托（Benazir Bhutto）都曾向我咨询过有关问题。20 世纪 90 年代初，纳瓦兹・谢里夫在他担任首届总理期间，有一次访问纽约，巴基斯坦大使馆曾邀请在华尔街工作的巴基斯坦成功人士与首相座谈。我们都不是学者，但我们熟悉市场和经济的运行机制，并且有和世界各国金融界交往的经验。谢里夫总理邀请我们回国给他和他的主要经济顾问做讲座。巴基斯坦政府可以给我们报销差旅费和住宿费，但我坚持自己承担所有费用。每一次返回伊斯坦布尔，总理都要和我们会谈好几个小时，我们也会向政府提交一份改革方案。但是，我觉得他的团队的改革意愿并不强烈，所以对我们的方案总是执行不力。

我在巴基斯坦分行任职期间，就认识了贝娜齐尔·布托。她是一位幽默感极强、很有亲和力的人。我还记得，我是在她的首届总理任期见到她的，地点是在新加坡。

大使馆举办的一次晚宴上，巴基斯坦代表团的一位成员，也是一位经常光顾我们银行的顾客，问贝娜齐尔·布托：

“您去过肖卡特的家吗？”

贝娜齐尔开玩笑说：“我没有收到过邀请啊。”

我马上回答道：“总理，欢迎您随时光临。”

当时我住在瑞士俱乐部路，房子是殖民地时期建造的一幢浅灰色别墅。第二天，当我们一家人快吃完晚饭的时候，新加坡外交部礼宾司司长打来电话，说贝娜齐尔·布托总理七分钟后到达我家。他还补充说：“保安人员会先到，所以看到他们不要紧张。”我们一家人顿时慌乱起来，急忙整理衣装，好使自己在总理面前看上去更加得体。新加坡先遣警察瞬间到达，他们办事效率总是极高。

身着米黄色丝质衬衫的贝娜齐尔·布托和她的丈夫阿西夫·阿里·扎尔达里随后到达。忙了一天的工作，布托总理想稍微放松一下，并没有让巴基斯坦大使和其他随行人员陪同，身边只有她的军事秘书、保镖和助理三个人。

其他人坐在我的书房，总理夫妇和我们一家人在客厅。我们一边谈话，一边吃简餐和冰激凌。我和家人是在享用第二顿晚餐了。

一年后，布托总理访美期间，我在纽约第二次见到她。时值他的弟弟穆尔塔扎·布托（Murtaza Bhutto）在卡拉奇遇刺，她还在丧服期。巴基斯坦驻纽约总领事打电话告诉我总理想见我，我随即赶往她下榻的华尔道夫大厦（Waldorf Towers）。布托总理和她的母亲以及妹妹在一起，我对穆尔塔扎·布托的离世表达了哀悼。但是，她更愿意和我讨论国事。当时，我们的国家步履维艰，外汇储备不足，经济增长乏力，债务压力巨大。

“国际货币基金组织的人今天晚些时候要见我，”她说，“你能不能给我一些建议？”

我给她谈了我自己的想法，包括如何引导经济走上正轨和怎样借助国际货币基金组织实现这一目标。尽管贝娜齐尔具有良好的愿望，但是她在两个任期中面对太多的挑战，未能实施必要的革新措施。她毕业于牛津大学和哈佛大学，接受过良好的教育，继承了她父亲的政治洞察力和判断力，但是她上台之初缺乏足够的从政经验，因而饱受挫折。

我多年来一直关注祖国的发展，加上自己和纳瓦兹·谢里夫以及贝娜齐尔·布托的交往经验，我感觉自己可以再进一步，将自己的想法付诸实践。巴基斯坦国情复杂，政治派别权力纷争，改革未必能带来经济的发展。我完全明白自己很可能将以失败告终，但我已孤注一掷，立志迎接挑战。当时我人还在纽约，就宣布自己将加入巴基斯坦新政府，担任财政部长。

我向朋友和同事们道别，准备赴任。

“巴基斯坦得到的就是花旗银行失去的。”约翰·里德在他的告别讲话中说。

我在纽约做的最后一件事情是去莱克星顿大道（Lexington Avenue），在我经常光顾的娜伽玛商店*（Naghma House）买了很多 CD 光盘。我热爱音乐，认为音乐可以疗伤。考虑到自己肩上的担子，我想我需要音乐。

毋庸置疑，我将告别我现在的生活方式，还有我在公园大道 399 号的街景办公室。

对很多人来说，权力是一种获取财富的途径，但我感到自豪的是我在政府任职期间我的收入锐减，而且我根本无暇理财。我原来银行高管的可观薪酬变成了一份微薄的政府工资，就餐地点从花旗银行高管餐厅变成了自己的办公桌，内容是一份可以果腹的肯德基香辣鸡腿堡。一开始，我也许过于乐观，希望利用三年的时间带领巴基斯坦经济走上正轨，进而实现更宏伟的目标。但是，不久我便认识到，要让巴基斯坦重整旗鼓，任务相当艰巨。有时候，我甚至感觉自己的任务令人生畏。我的工作时间从每天 12 小时延长到 16 小时，而且我还不得不放弃周末和节假日休息时间。我在政府任职 8 年，从不记得自己休过一天的假：从我抵达伊斯兰堡的那刻起，我的工作日从未间断。

然而，无论多么艰巨的任务都不能压垮我，反而会让我的精力更加充沛。

---

* 娜伽玛商店位于纽约第二十八大街附近，具体地址为莱克星顿大道 131 号。该商店由巴基斯坦裔商人贾维德·基恩（Javed Keen）开办，主营印度和巴基斯坦电视剧和宝莱坞音乐光盘。——译者注

第一章

两场政变

在拉瓦尔品第机场到达大厅，两名一脸朝气的学生急匆匆走向出口，眼睛紧盯着迎面而来的人群。那是 1966 年夏天，我从报纸上看到佐勒菲卡尔·阿里·布托（Zulfikar Ali Bhutto）将到访拉瓦尔品第。他刚刚从欧洲访问归来，几个月后他就辞去了巴基斯坦外交部长的职务。一心想着可以见到布托本人，我和我的朋友法希姆·西迪基（Fahim Saddiqui）决定赶往机场。然而，我们晚了一步。

“他已经走了，你们正好错过了。”一位保安告诉我们。

“那他会住在什么地方？”我问，一副不甘心的样子。

“你去法拉斯曼酒店看看。”

法拉斯曼酒店久负盛名，颇有传奇色彩。酒店是英国统治时期建造的，绝大多数客户都是英国军官和其他有身份的人。

到了酒店，门卫告诉我们去一楼 106A 房间。布托的私人秘书开了门，热情邀请我们进去。我们一进门，就看到布托从卧室里走了出来，向我们打招呼，令我们二人又惊又喜。他西装革履，米黄色丝质衬衫搭配合体的深褐色西服，看上去优雅而从容。

“你们是我的第一批客人。”他说。他甚至还没来得及洗漱呢。

他的夫人努斯拉特（Nusrat）站在他的身旁。我们能在这样一个非官方的场合和他见面，真是三生有幸。他随即示意我们在房间会客厅的沙发上坐下来，他超凡的个人魅力立即使得我们不再紧张。

“来一杯冰咖啡吧。”他说，说完便让他的秘书点了两大杯。然后他在我们身旁坐了下来，一边喝橙汁，一边问我们问题：“你们学什么专业？毕业后打算干什么工作？”我们告诉他我们是拉瓦尔品第市格登学院（Gordon College）的学生，在读本科。他告诫我们要把精力放在学业上。

人生第一次进入这家金碧辉煌的五星级酒店，我们觉得不知所措，更不用说面前还是布托本人，所以法希姆和我大多数时间都不知道该说什么。而他这个时候已经和巴基斯坦的青年一代产生了非同一般的共鸣。他是一位口才极佳的演说家，雷厉风行的外交部长，也是巴基斯坦的国际形象大使，被国人称为“卡伊德·阿瓦姆”（Quaid-i-Awam），意即“人民的领袖”。他才智超群、果敢坚毅，但由于公开批评阿尤布·汗（Ayub Khan）总统在1965年印巴战争结束后与印度签署的《塔什干宣言》（Tashkent Declaration）而不得不退出政府内阁。

在和我们见面仅仅几周之后，布托便开始了他的全国巡游，以寻求国人支持。他所到之处，人山人海，群情欢腾。听说他又一次到达拉瓦尔品第，我和法希姆急忙赶到法拉斯曼酒店。幸运的是，他还住在同一房间。尽管他的住处被支持者挤得水泄不通，但他对我们二人的热情有增无减。我感到房间里的空气中都充满了兴奋和期待，巴基斯坦人民党（Pakistan Peoples Party）即将诞生了。

1967 年，布托宣布正式成立巴基斯坦人民党。三年后，他在大选中获胜，当选巴基斯坦总统，而此时国家刚刚经历了 1971 年东西巴基斯坦分裂所造成的剧痛，百废待兴。他巧妙处理了巴基斯坦战俘回国问题，在外交上承认了孟加拉国的独立。[1] 他恢复了一个战败国的民族自豪感和国人的士气，巴基斯坦的国际声望逐渐提升。他增进了巴基斯坦与中东地区和中国的友谊，而他个人也成为一位国际舞台上的风云人物。我现在还清楚地记得 1974 年他在拉合尔主持伊斯兰峰会时我们是何等的欣喜若狂。整个城市万人空巷，夹道欢迎各国代表，其中包括埃及总统安瓦尔·萨达特（Anwar Sadat）、沙特阿拉伯费萨尔国王（King Faisal），以及巴勒斯坦解放组织主席亚西尔·阿拉法特（Yasser Arafat）。

然而，在振兴国民经济方面，布托却难尽如人意。他将所有银行、大型钢铁厂和重要的私营企业均收为国有。甚至在他 1972 年访问北京时，中国总理周恩来也建议他对此三思而后行。当他口若悬河地向周恩来介绍巴基斯坦的人民革命运动和他的国有化设想的时候，周恩来却给他讲述了中华人民共和国1949年成立后，中国在实行国有化后，又不得不请私人老板出山的故事。[2]

布托最为致命的一个决定是任命穆罕默德·齐亚·哈克将军（General Muhammad Zia-ul-Haq）担任巴基斯坦陆军参谋长。这位四星上将后来于1977年发动军事政变，推翻了他的政府，并宣布戒严令。布托在这场激变中被指控于1974年授意谋杀一位政坛对手。在一场举世关注的审判后，布托被判处死刑。世界各国领袖和支持者纷纷致电请求齐亚·哈克赦免布托；为推翻指控，布托的律师团队在法拉斯曼酒店设立了专门的工作室，他的家人和支持者不分昼夜地加班工作。[3]然而，死刑还是执行了。1979年4月4日黎明之前，布托在拉瓦尔品第的一间监狱被送上了绞刑架。我当时受花旗银行指派，在约旦任职。我为失去这位我十分尊敬的国家领导人感到极其悲痛。我记得，在阿曼众多的巴基斯坦人、巴勒斯坦人和约旦人都前去吊唁，再一次缅怀这位曾驰骋国际政坛的国家领导人。

这场举世瞩目的处决，只是巴基斯坦历史上政治动荡、权力非正常更迭中的一例。在这个国家，鲜有国家领导人功成身退者。1951年，利亚格特·阿里·汗（Liaquat Ali Khan）总理在一次公开演讲时，在光天化日下被枪杀；齐亚·哈克将军最终死于一场空难；而布托的女儿贝娜齐尔也是在2007年的一场竞选活动中被枪杀。

前联合国秘书长科菲·安南（Kofi Annan）曾经告诉我，这种权力更替方式是他对巴基斯坦前途最大的担忧。2014 年，他在他日内瓦的办公室对我说："我感觉，真正想为国效力的人会打退堂鼓，就是因为政治家和政治领导人下台后的命运：为国奉献的人受到如此的遭遇和冒犯。这是对想进入公众生活的人们的打击。"

巴基斯坦的这种权力更替方式，不仅损害国家利益，而且影响其国际地位。这一点我在 1999 年加入军人政府几个月之后便深切感受到了。当时，我们的英联邦成员资格被暂时终止，因为失去了一些国家的准入权。一夜之间，很多大门向我们关上了，齐亚将军的军事政变和布托的悲剧性结局留下的阴影笼罩着巴基斯坦的新政府和被驱逐的领导人纳瓦兹・谢里夫。

克林顿和沙特对谢里夫的接纳

尽管这场军事政变未造成任何流血事件，但是很多人对新政府却心存惶惑。几个月过去了，前总理谢里夫仍然命运未卜，他和他的弟弟沙巴兹・谢里夫仍被羁押候审。他被指控参与了恐怖和绑架活动，并曾策划谋杀。在巴基斯坦，这些罪状意味着死刑。他也担心自己会落得布托的下场。

此时，在美国和沙特阿拉伯的主导下，国际社会又一次联起手来。就在法庭即将宣布判决结果之时，我们得知比尔・克林顿总统即将到访巴基斯坦，当面劝说穆沙拉夫将军赦免纳瓦兹・谢里夫。

克林顿是 2000 年 3 月 25 日到达伊斯兰堡的。他乘坐的是一架喷气式飞机，并有多架飞机伴飞护航，而他的空军一号先期抵达，以防不测。他的先遣车队在伊斯兰堡大街飞速驶过。美国总统是访问印度后绕道而至，在巴基斯坦仅停留六个小时，美方事先提出前提条件，包括：克林顿与穆沙拉夫将军握手时不允许拍照，克林顿也不在巴基斯坦过夜。最令新政府难堪的是，克林顿提出了一项特别的要求，即对巴基斯坦国民发表电视演讲。他在演讲中宣布："解决有瑕疵的民主体制的方法绝不是推翻，而是改进。"这是一个明显的信号，那就是美国对巴基斯坦政权的更替并不满意。和这次极为简短的造访形成鲜明对照的是，美国总统克林顿在印度逗留多日，所参加活动媒体也争相报道。

克林顿一行从机场驱车直抵巴基斯坦总统官邸，迎接他的是巴基斯坦总统穆罕默德·拉菲克·塔拉尔（Muhammad Rafig Tarar）。随后，克林顿到了与总统官邸毗邻的政府内阁办公区，会见穆沙拉夫将军。克林顿的随行人员中有美国国务卿玛德琳·奥尔布赖特（Madeleine Albright）和国家安全顾问桑迪·伯格（Sandy Berger）。参加会见的巴方人员包括穆沙拉夫的总参谋长和外交部、金融部、信息部部长，以及外交秘书。

会谈期间，克林顿对巴基斯坦领导人的悲剧性结局表示担忧。"要特别注意，避免此类事情再度发生。你必须能够面对巴基斯坦人民。"他说，同情和和解之意溢于言表。

穆沙拉夫将军回答道："我本人并无复仇之心，我明白你的意思。纳瓦兹·谢里夫不会有生命危险。"

尽管克林顿的巴基斯坦之行任务非同寻常，但他魅力十足，谈吐得体，给人留下很深的印象。在总统官邸的一次宴会上，我坐在他的对面。面对 60 位宾客，他对穆沙拉夫将军说："我注意到你请了一位银行家来当你的财长。我也请了鲍勃·罗宾（Bob Rubin），他是我的财长。"

尽管克林顿表现得非常友好，他的巴基斯坦之行的目的却很明确：他希望豁免谢里夫，允许他离开巴基斯坦。

过了不到两个星期，法庭宣布谢里夫参加恐怖和绑架罪名成立，判处终身监禁。最为关键的是，他保住了性命。

在美国为谢里夫做不懈努力的同时，沙特阿拉伯也在千方百计协助谢里夫离开巴基斯坦，客居沙特。同一年，穆沙拉夫访问利雅得（Riyadh）时，负责沙特政府日常管理事务的王储阿卜杜拉（Crown Prince Abdullah）多次向他提及此事。

尽管纳瓦兹·谢里夫未获死刑，但是几个月过去了，他仍然处于被监禁状态。国际社会对事件停滞不前而产生的懊丧之情与日俱增。此时，我请黎巴嫩前总理拉菲克·哈里里（Rafic Hariri）访问巴基斯坦，商讨有关投资事宜。当时，哈里里在沙特阿拉伯任职。我是在花旗银行沙特分行工作时认识他的。我一直觉得他是一个很有诚信的人，他接受了我的邀请，但后来致歉说由于纳瓦兹·谢里夫的问题在巴沙关系上造成的隔阂，他不得不取消行程安排。我向穆沙拉夫将军通报了此事。不久，关于释放谢里夫的问题又被重新提上议事日程。

阿卜杜拉王储要求哈里里跟进谢里夫离境的事情。哈里里的儿子萨德·哈里里（Saad Hariri）还专程赴巴基斯坦，作为谢里夫的代表和巴基斯坦政府签署了一份协议，其中心内容是假托寻求投资机会的名义，给萨德安排一次访问。作为财政部长，我也参与其中。萨德乘坐自己的私人飞机波音777入境，我的任务是去机场迎接萨德，然后他直接去阿托克监狱（Attock）会见纳瓦兹·谢里夫。陪同他一起去监狱的是他爸爸以前的飞行员，后来担任巴基斯坦航空顾问的舒贾特·阿齐姆（Shujaat Azeem）。

纳瓦兹·谢里夫得以赦免并离开巴基斯坦，沙特阿拉伯和美国起了最为关键的作用。最后，双方达成的协议是，谢里夫和巴基斯坦政府签署一份赦免协定，允许他在沙特居住10年，但不可自主外出旅行。在沙特的帮助下，纳瓦兹·谢里夫终于在2000年底重获自由。他到达吉达（Jeddah）时，阿卜杜拉王储在几位内阁大臣的陪同下亲赴机场迎接，受到隆重欢迎。此后，他和家人一直住在吉达的一幢宽敞舒适的别墅中，直到2007年返回自己的国家。

谢里夫离开巴基斯坦不久，穆沙拉夫将军赴麦加朝圣，成为沙特政府的座上客。穆沙拉夫邀我和外交部长阿卜杜勒·萨塔尔（Abdul Sattar）同行，被安排在位于米纳（Mina）的皇家迎宾公寓。一天，我和阿卜杜勒·萨塔尔在公寓楼外散步，听到有一个熟悉的声音喊我的名字。我回头一看，发现是谢里夫，他正在和他的孙子们一起散步。回到公寓大厅，我看到穆沙拉夫将军和他的妻子，就随口告诉他："刚才在外面，我们见到了纳瓦兹·谢里夫。他也住在皇家迎宾馆的一幢楼里。”值得称赞的是，穆沙拉夫并未有异常反应。

治理巴基斯坦

到我任职巴基斯坦政府为止，巴基斯坦政坛在并不算长的历史上已经历四次军事政变，策划者分别是阿尤布·汗（Ayub Khan）、亚雅·汗（Yahya Khan）、奇亚将军（General Zia）和穆沙拉夫将军（General Musharraf），时间是1958年、1969年、1977年和1999年。其他几起政变以未遂告终。民选政治家均深陷治理不力、被指行为失当和发展经济乏术的泥潭。直到2007年，巴基斯坦文职政府均无疾而终。

我们不得不问，为什么巴基斯坦独立后一直未能实现政治上的稳定？而且，是什么导致了政治和军事势力集团之间的纷争？

巴基斯坦所面临的主要挑战之一，及其长期性的政治软弱和决策低效的根源，在于其政治体制所固有的弊端。其根源至少可以追溯到1947年。按照当时的印巴分治方案，巴基斯坦建国的目的就是为了接纳穆斯林。

大英帝国的与众不同之处在于其非中央集权性的治理体制，允许其殖民地高度自治。这样，各殖民地最终宣布独立后，便继承了一种民主体制文化。相反，马德里所执行的西班牙式殖民地管理方式可以说阻碍了南美洲国家建立起类似的民主制度。[4]

然而，英国统治时期所建立起的治理机构，主要集中在南亚次大陆的印度部分（基础设施建设和发展规划也不例外）。而且，英国统治时期，政府机构人员中的穆斯林所占比例相对较低。这意味着巴基斯坦建国后，缺少民主体制的基础和成熟的民主机构。同样，因为未经历持续时间足够长的政治和文化运动的洗礼，建立中央集权国家的社会基础也未形成。于是，巴基斯坦成了一个无比复杂的、各种部落体制的混合体，而不同的部落传承着自己独有的文化传统、风俗习惯和发展轨迹。

当初，巴基斯坦国父穆罕默德·阿里·真纳凭借自己的远见和能力，将国人团结起来。他担任巴基斯坦穆斯林联盟（Muslim League）主席，提出为穆斯林建立自己的国家的奋斗目标。然而，他执政仅一年便不幸去世，加上巴基斯坦首任总理利亚格特·阿里·汗遇刺身亡，穆斯林联盟政治文化的建立变得步履维艰，建国仅仅十年后便产生了分裂。[5]

从此，政府频繁更替，民主机制难以真正确立和发展。巴基斯坦前外交秘书里亚斯·穆罕默德·汗（Riaz Mohammad Khan）在《阿富汗和巴基斯坦：冲突、极端主义与抵制现代化运动》一书中说："每一次政府更迭，行政和警察界就要人员大换血，因而出现新一轮政治动机十足的减员增员。"[6]

与以前通过政变上台的其他军界高官不同的是，穆沙拉夫将军并没有给自己从军界物色一帮亲信。相反，他组建的新内阁中看不到现职军人的身影。毋庸置疑，重用专家型官员，改善了穆沙拉夫的个人形象，促进了国际社会对新政府的接受度。

国家宪法也做了修订，允许穆沙拉夫将军同时担任总统和陆军参谋长，恢复了总统解散国会的权力[7]。这样，作为政府领导人，穆沙拉夫基本上集总统和总理的职权于一身。他主持内阁会议，有权推动国家急需的重大结构性改革。尽管国家的民主进程中断，但新政府在成立之初的几年里高效运行，成绩可圈可点。

在工作上，我和穆沙拉夫将军关系融洽。他赋予我足够的权力，很少干预我的分内工作。当我在处理经济问题遇到难题时，如有需要，他也会亲自参与。偶尔，由于利益冲突，我不得不据理力争，采取执行难度更大的措施。每当这个时候，我就会找他汇报，告诉他“我们要吃苦了”。

有一天，他问我：“你还有多少苦要我吃呢？”

后来，他试图增强自己地位的合法性，并扩大个人权力。2002年，他举行普选，旨在逐步恢复民主体制。为了达到这一目的，他不得不做出让步，以便争取国会的大多数。于是，组建了一个由支持穆沙拉夫的巴基斯坦穆斯林联盟（领袖派）（PMLQ）主导的多党派联合政府。一个多党联合政府难免要平衡各方的利益，决策效率从此明显降低。

2004年的一天，穆沙拉夫总统打电话告诉我：“我让塔里克·阿齐兹（Tariq Aziz）过来见你，有要事相商。”塔里克时任国家安全顾问，他告诉我扎法鲁拉·汗·贾迈利（Zafarullah Khan Jamali）不久将辞去总理职务。他还说：“总统觉得你会是一位合适的总理人选。你个人愿意做吗？”

“我很荣幸，不过是让我做吗？”我说，心里感到一阵犹豫。我说自己得考虑一下，并征求我夫人的意见。

过了一段时间，听说贾迈利递交了辞呈。根据我国宪法有关规定，穆沙拉夫任命巴基斯坦穆斯林联盟（领袖派）主席乔杜里·舒贾特·侯赛因（Chaudhry Shujaat Hussain）担任过渡总理，任期约两个月。我去了党部，被宣布为总理候选人。

我当时是上议院议员，但是要任总理，我还必须是国会议员，并且参加下议院。乔杜里·舒贾特·侯赛因为我选择了两个选区：一个是邻近伊斯兰堡的阿托克选区，他的侄子埃曼·瓦西姆（Eman Wasim）主动放弃自己的席位；另一个是塔帕卡（Tharparkar）选区，是信德省（Sindh）的一个沙漠地区，这里的席位原来是行政长官阿尔巴巴·古拉姆·拉希姆（Arbab Ghulam Rahim）的堂兄阿尔巴巴·扎加乌拉（Arbab Zakaullah）的。

贝娜齐尔·布托的巴基斯坦人民党（PPP）在这两个选区推出了我的竞选对手。由此，我开始了自己的竞选之旅。

第二章

死里逃生

那辆银灰色丰田汽车跟踪我们至少已有半个小时了。我们驱车赶往阿托克（Attock），打算在本地设立一间竞选办公室。当我们的车靠边停下来时，我就觉得马路对面那辆车有点可疑。车里四名男子密切注意着我们的一举一动。他们皮肤白皙，留着凌乱的小胡子。我们驱车离去，他们随即尾随而来。

获悉我参加竞选的消息，一群激进分子便在斯瓦特（Swat）聚集，密谋在大选前除掉我。我在自己的选区宣讲造势，他们一直派人尾随盯梢。这一次，他们引起了我的注意。

我们的情报人员警惕性很高，建议我穿上防弹背心，换乘一辆七级防弹车。穆沙拉夫已遭三次暗杀，有幸死里逃生，他们提醒说此次竞选，我需格外小心。他们从总统车队里为我挑选了一辆 S 级奔驰防弹车，可我觉得乘坐这样一辆豪华车在穷乡僻壤来回穿梭，太过招摇，于是将其束之高阁，改乘一辆 Jeep 牌越野车。

补选日期临近，三军情报局（ISI）局长伊赫桑·努尔·哈克（Ehsan ul Haq）将军和情报处处长沙阿·伊贾兹（Brigadier Ijaz Shah）准将到我家中探望。

“你为什么要选这个地方呢？那里极端分子可是很猖獗啊！”伊赫桑·努尔·哈克将军问我。他指的是阿托克（Attock）选区。

阿托克是一个十分保守的地区，当年曾是立志将苏联人驱逐出阿富汗的一批年轻武装分子的大本营。两位情报部门负责人取出一张地图，指给我极端分子可能的藏身地。

“这里极有可能是本次大选中最危险的地方。”他们提醒我，告诉我一些极端团体对我的参选很不满意。

他们走后没几天，我便启用了防弹轿车。7 月 30 日，我起身赶去参加选区内一个大型公众集会，地点距离法塔赫姜（Fateh Jang）镇不远，一个大帐篷里挤满了 5000 多人。

情报部门事先报告说，集会点已经采取了周密的安保措施。进入帐篷内的所有人都已通过电子安全门和金属探测仪两道安全检查。

那天，现场气氛十分热烈。从演讲台上望去，整个会场装扮一新，到处是印有我照片的条幅、告示牌，还有忙碌的记者。集会过后，活动组织者、地方领导和党组织官员纷纷簇拥到我的身旁，但我刚开始跟他们握手，负责安保的官员就赶紧护送我上了轿车。

穿过草地的一条泥路，已经平整碾实，供我们的车队和护送警力通行。我坐在司机的后方，朝外望去，道路两旁全是清理出的杂草和碎屑。当地一位行政长官安瓦尔上校（Colonel Anwar）坐在前排，阿托克区区长塔希尔·萨迪克（Tahir Sadiq）和我一起坐在后排。出于安全考虑，防弹轿车行进缓慢。途中，因警卫人员站错了队形，未能紧随我们两侧，我们不得不稍做停留。随后，在两侧各两名安保人员的护送下，车队继续前进。突然，一位身材高大、身着米黄色传统服装的男子在车外举起一只手臂。

顷刻间，火球吞噬了我的座驾。随着身旁“砰”的一声巨响，整辆车开始剧烈晃动。我感到背后一股巨大的推力，身体撞向前排座椅，顿时感到天旋地转。窗外，浓烟弥漫，碎屑横飞。挡风玻璃上沾满残肢碎骸，鲜血直流。我看到周围的人惊声尖叫，四处逃命，但防弹车密不透风，无法听到他们的呼喊声。榴霰弹炸伤人数达几十人，其余的人则惊魂难定。在场的警察和警卫人员在一片混乱之中迅速整合起来。

司机瘫倒在了座位上，我以为他失去了知觉，上前摇了摇，结果他毫无反应。突然，一股鲜血从他的耳朵里流了出来。原来，恐怖分子在炸弹中安置了穿甲弹，一颗弹丸穿透了驾驶位的挡风玻璃。他们的目标本来是我所在一侧的车门，但由于此前的延误，我有幸逃过一劫。可是，司机当场丧命。冲击波穿过玻璃上的小洞，击穿了他的鼓膜。司机身上并没有其他外伤，但他的衣领和衣袖很快就被鲜血浸透了。

警卫团成员、当地警察局局长扎法尔（Zafar）打开车门，并迅速掩护好我。我提出想看看随行人员情况如何。局长说："先生，我们必须掩护您离开；我们人手充足，会照顾好其他人员的。"说着，他抓起我的胳膊，在荷枪实弹的警察的掩护下，扶我上了备用车辆。随我同去参加集会的国务部长欧玛尔·阿尤布·汗（Omar Ayub Khan）把自己的越野车开到预先选定的撤离点，在安保小组车辆的护送下，我们加速驶离现场。考虑到安保人员中有人受伤，我让其中一辆汽车先把伤员送往最近的医院，之后再与我们会合。

看到有关爆炸的报道，妻子惊慌失措，因为消息称爆炸中我也受了伤。找到电话的第一时间，我赶紧向妻子报了平安。到家时，门口已经挤满了记者，还有牵挂我的朋友和同事。面对记者，我发表了演说，对爆炸中不幸遇难的无辜受害者们表示了深切的哀悼。同时我表示，袭击事件只会让我坚定参选之决心，我们会不遗余力，跟恐怖分子斗争到底。不久后，总统穆沙拉夫打来电话说，"上帝希望你为国效力，为此他不会让你轻易离开！"

第二天，我参加了司机拉赫曼·汗（Rehmam Khan）的葬礼。灵堂就设在总理府，工作人员悉数到场，向拉赫曼致敬。为了安全，安保人员增加了十倍。包括拉赫曼和自杀式爆炸袭击者在内，此次爆炸共造成八人死亡。当时轿车再稍快一秒钟，第九个丧命的人很可能就是我了。

袭击事件过后，我得到世界各地的广泛支持。爆炸袭击刚过不久，黎巴嫩总理拉菲克·哈里里（Rafic Hariri）致电向我表达了关切和同情。他说，"这次你损失了一辆防弹轿车，随后我把自己的车送你一辆。”两天后，该车被空运到伊斯兰堡，之后编入总统车队。但不幸的是，一年后哈里里总理的车队在贝鲁特遭遇炸弹袭击，总理不幸遇难。

据阿托克袭击事件的录像资料显示，爆炸袭击现场还有另外一名自杀式爆炸袭击者。他提前埋伏在预定地点，这样，第一名袭击者一旦失手，他可以利用我逃跑的时机引爆炸弹。结果，他未能（或者说不敢）按计划引爆身上的炸弹。我能保全性命，多亏第二名袭击者当时突然失去了勇气。

为了找到袭击事件的幕后黑手，警方和安全局不辞辛苦。他们发现，获悉我要竞选总理，激进分子马提尔·拉赫曼（Matiur Rehman）和阿姆贾德·法鲁基（Amjad Farooqi）在斯瓦特的小镇马塔（Matta）秘密集会，策划自杀式袭击行动。显然，他们认为我是受美国委派来巴基斯坦推行某个计划的，而这种猜测纯属空穴来风。

负责调查的官员带领调查小组随即展开调查，试图确定自杀式爆炸袭击者曾经暂住何处，是否还有其他帮凶。100 多名目击者自告奋勇，提供信息。对袭击现场仔细勘察之后，调查人员在爆炸残留物中发现了自杀式袭击者的一个衣领，衣领的标签上印着“阿里夫裁缝，为阿托克人民量体裁衣”。之后，调查组找到了裁缝，问他是否记得有顾客曾到店里做过相似的服装。裁缝实在想不起来，调查人员只能另寻线索。

猛然间，调查人员回想起裁缝经常把做衣服剪下的碎布当作枕芯填充物出售。于是他们又返回裁缝铺，要了几袋子碎布。调查人员仔细辨认，不留死角，最终找到了与袭击者衣领一致的布头。经仔细盘问，裁缝最终想起有一天确实来过两个小伙子。带他们来店里的是附近村子的一个村民，而之后那位村民也不知去向。警察立刻展开搜查，在村民家中发现了第二名袭击者的自杀带和其他相关证据。所有证据均显示，村民的房子就是他们的接应点。很快，几名嫌疑人被捕归案，最终四人被判处死刑，三人被终身监禁。

袭击事件发生几天后，我收到一封邮寄给我的手写便条，上面用乌尔都语写着，“这一次让你侥幸逃脱。不过，还有 50 多枚自杀式炸弹等着你！你在劫难逃！”

之后，我每天都会收到诸如此类的恐吓信件。事后有人猜测，说我会打点行囊返回纽约，享受安逸的生活。但他们错了，此次事件只会坚定我为国效力之决心。回想袭击当时，我镇定自若；生死关头，我浑身充满力量。虽然鬼门关前走了一遭，我却更加坚强。我心想：“上帝又给了我一次为国效力的机会。”通过此事，我知道世事难料，命运多舛。但我更知道天将降大任，必先苦其心志的道理。

走马上任

袭击事件后，在广泛的支持下我担任了总理一职，我的人生也因此揭开了新的篇章。与此同时，身边也发生了巨大的变化。警卫人员成百上千；担任财政部长时的丰田车已成往事，取而代之的是一个由梅赛德斯防弹轿车组成的车队和一个由救护车、直升机、消防车和拆弹小组组成的高级别安保团队。

我无比清楚，很多人曾觊觎过总理这个位置，我也知道，这些人中不少人正在我的内阁里任职；他们或是处心积虑，等待时机，或是积极审慎地推进着各自的计划。上任之初，我明显感到有些人明争暗斗，钩心斗角，可我必须排除干扰。穆沙拉夫需要创新高效的改革措施，因而他像当初领袖派主席乔杜里·舒贾特·侯赛因（Chaudhry Shujaat Hussain）那样对我全力支持。很多时候，置身局外反而优势明显，我可以一身轻松，毫无顾忌，以全新的视角看待问题。

与此同时，国内安全形势日趋恶化。武器日益泛滥，大批阿富汗难民聚集在巴基斯坦和阿富汗交界地带，为极端势力不断发展提供了温床。1999 年，全国人口只有 1 亿 3700 万；至 2004 年，人数暴增至 1 亿 5300 万[1]，安全局势进一步恶化。当地基础设施建设无法满足需求，民众不满情绪愈加强烈。最终，巴基斯坦联邦直辖部落区（FATA，以下简称“部落区”）沦为各种恐怖组织的老巢，有些组织幕后推手还不止阿富汗一家。[2]

联邦直辖部落区性质特殊，成因复杂。面对混乱局势，巴基斯坦政府力不从心。印巴分治期间，巴基斯坦部落区享有自治权。巴基斯坦中央政府则沿袭了英国的做法，多年来对当地事务不加干涉。2013 年，时任英国常驻联合国代表、曾任英国驻巴基斯坦高级专员的马克·里奥·格兰特（Mark Lyall Grant）曾向我坦言："英国设立联邦直辖部落区，是想把它作为英属印度和俄罗斯控管的阿富汗地区间的缓冲地带。后来，我们对那里放任不管，任其沦为毫无法纪的地区。当然，这个地方确实不好管理。但之所以放手不管，还是因为拥有这样一个看似无法无天的地方，对我们来讲有益无害。"[3]

但这并非就意味着民族自治本质上就易于发展成为极端主义。想当初，阿富汗和巴基斯坦边境地带也是一片祥和，生机盎然。曾记得，就是在斯瓦特河谷（Swat Valley），我跟妻子卢克萨娜（Rukhsana）共度蜜月，享受新婚的幸福。当时我们住在河边一栋旅馆里，窗外滚滚河水，一泻千里。我们请司机带我们去郁郁葱葱的山谷中游玩，参观当地的佛教遗址。那里宁静祥和，与巴基斯坦其他地区截然不同。大批游客慕名而来，旅馆天天爆满，当地特色的手工艺品更是备受游客们的青睐。很难想象，这样一个诗情画意、和谐质朴的地方居然会成为世界人民声讨的焦点。那是2012年，一名塔利班武装分子枪杀了年仅15岁的小姑娘马拉拉·优素福扎伊（Malala Yousafzai）。遇袭时，小姑娘正乘坐公共汽车去往学校。我不禁思索，怎么会变成这样？

第一次阿富汗战争爆发后，一切都发生了变化。战争期间，部落区成为圣战者的圣殿和培训基地。从那里出发，他们参加了伊斯兰圣战，抵抗了苏联的入侵。是巴基斯坦政府对他们进行训练并提供资助。后来，政府没有用心改造这些斗士，也没有想办法帮助他们过上普通人的生活。对于来自中东、车臣和其他国家的圣战者，政府也未采取有效措施送其回国。苏军撤离阿富汗后，国际焦点也随之转移。十年来，天天打打杀杀，很多圣战者对战争之外的生活一无所知。于是，他们将目标锁定到新的敌人——先是西方，最终就是巴基斯坦这片热土。

国家对部落区供给不足，物资使用亦缺乏规划。巴基斯坦的盟友们虽曾许诺提供救助，但后来也不了了之。最值得一提的就是当年，巴基斯坦希望能与美国达成协议，建立重建机会区（Reconstruction Opportunity Zones，ROZs）。项目一旦落实，部落区的产品就可以免税进入美国市场，从而进一步推动该地区的发展，创造就业机会，提高民众收入，增加当地民众对美国的好感。可结果看来，塔利班野心勃勃，经济的繁荣已阻挡不了他们不断扩张的野心。很快，塔利班成功控制了部落区的大片地区。

不仅部落区面临挑战，后来，俾路支省（Balochistan）也深受其害，民众怨声载道[4]。当时，塔利班已被外部势力所利用，试图借塔利班颠覆巴基斯坦，发展极端主义。

2005 年至 2006 年，瓦济里斯坦（Waziristan）局势不断恶化，巴基斯坦政府疲于应付，忙得焦头烂额。极端分子混在普通百姓当中，难分敌我。由于担心伤及无辜，针对一些村镇的主要军事行动被迫取消。[5]

经过为期数月的反复磋商，2006 年 8 月底，巴基斯坦政府与部族元老、宗教首领和当地塔利班组织签署了备受争议的《北瓦济里斯坦协定》。有人认为，此举可以增加部族内激进分子的自信心，提升他们在当地民众心中的威望。事实上，协议签署后，当地叛乱并未停息；武装分子变本加厉，手段残忍。2007 年贝图拉·马哈苏德（Baitullah Mehsud）正式创建巴基斯坦塔利班组织（Tehrik-e-Taliban Pakistan，以下简称“巴塔组织”，TTP），暴恐袭击空前猖獗。

巴塔组织在巴基斯坦四处活动，他们袭击军事据点，烧毁地面停放的飞机。先是位于卡拉奇（Karachi）的费萨尔空军基地（Faisal Base）遭受恐怖袭击；2012 年，伊斯兰堡附近的卡姆拉基地（Kamra Base）也突遭袭击。两处军事基地也因此备受关注。自此，塔利班势力已从部落区蔓延至巴基斯坦大小城市，像卡拉奇（Karachi）、白沙瓦（Peshawar）和基达（Quetta）。

掌控大片地区后，塔利班便着手推行暴力统治：关闭学校，恐吓百姓，巴基斯坦本土恐怖主义势力空前猖獗。2014 年 12 月 16 日，装扮成军人的武装人员袭击了白沙瓦陆军公立学校（Army Public School）。暴恐袭击中，132 名学生和 9 名教职人员惨遭杀害。此次事件是巴基斯坦有史以来死伤最为惨重的暴力袭击，恐怖分子穷凶极恶，骇人听闻，震惊世界。

2015 年，我跟一位前巴基斯坦资深情报官员进行座谈，分析近年来巴塔组织何以能不断壮大。他说，这不是一个塔利班，或一个巴塔组织的问题。其实它们还有若干下属组织，分布于不同地区，而有些组织又常常各自为政。他告诉我，巴塔组织成员个个信念坚定，一部分成员认定巴基斯坦与美国是一丘之貉；还有些人受到国外势力或犯罪分子的蛊惑和利用。

但无论如何，这些组织个个资金雄厚，武器精良，斗志昂扬。所以，我们必须扪心自问，到底是什么激励着他们，又是谁蛊惑了他们？有人认为，印度调查分析局（RAW）有人参与其中。他们积极为巴塔组织提供支持，鼓动巴塔组织成员颠覆巴基斯坦。但具体情况应该更为复杂。说到巴塔组织的壮大，这位官员解释道：

“有些人出于宗教原因为巴塔组织提供钱财。可是，这些资金会不会被挪为他用呢？也许，这些钱财来自不同的宗教团体或是国外的捐助者。但随后，这些钱全都被用以颠覆巴基斯坦的阴谋活动。巴基斯坦的恐怖分子也不清楚是谁给的钱。他们实施恐怖袭击，也许是因为自己的某种信念；但国外某些人提供资助，只有一个想法，那就是借助极端分子颠覆巴基斯坦。这些外部力量就是想方设法，要‘除掉’巴基斯坦。”[6]

巴塔组织何以不断扩大势力范围呢？多年来，在巴基斯坦政府看来，攻击自己国家的恐怖组织和攻击其他目标的组织不尽相同。那位前情报官员补充说，“对此，我们难辞其咎。我们没有把巴塔组织扼杀在萌芽状态。后来想要集中力量打击恐怖武装，可为时已晚了。”

对巴基斯坦军队而言，最为直接的安全威胁就是印度，因而我们未动用足够的军事力量打击巴基斯坦塔利班组织。针对某些对巴基斯坦并无大碍的恐怖组织，我们一味妥协让步。另外，在巴基斯坦，还有不少人对克什米尔武装分子持赞成态度，认为克什米尔武装是为自由而战，与其他非政府武装不尽相同。

那位前情报局官员还向我解释了当时巴基斯坦政府的逻辑："我们正在帮助的是那些曾经帮助过我们的人。他们曾与我们一起扛枪打仗，打击塔利班和北方联盟（Northern Alliance）。哈卡尼组织（The Haqqani Group）就是这样，它曾与我们一起在阿富汗共同抵抗苏联军队，后来，我们又一起打击了北方联盟。"

为了打击共同的敌人，我们与那些组织并肩合作。现如今，又要与他们一刀两断，这显然不切实际。他补充道："我们深知，绝不能对那些战士放任不管，任其自生自灭。他们不是巴基斯坦敌对势力的对手，会遭人利用，成为巴基斯坦的敌人。恐怖组织会如何发展？他们干些啥？这是他们的事情。"我们也曾经努力，想帮助战士们重新做人。可到头来还是徒劳无功，实在令人惋惜。他认为："我们不应放过任何一个恐怖组织。不过，话说回来了，让他们放下屠刀，也不是一天两天的事啊！"

2013 年，拉赫利·谢里夫（Raheel Sharif）上将担任巴基斯坦军队总司令后，国内打击巴塔组织的力度大大加强，恐怖分子的气焰也着实得到遏制。然而，仅靠军队打击恐怖组织还远远不够。在巴塔组织猖獗的城市，警方、准军事力量、当地政府以及司法部门应群策群力，积极应对。与此同时，必须加大力度，改善相关地区的经济状况。政府应积极寻求合作，争取国外投资。目前，就是要利用中国的投资，不断改善易受极端分子袭击地区的经济状况。

诚然，我们已经取得了进步，消除了国家面临的一些安全威胁。但政府还应加大资金划拨力度，加紧训练，打击极端主义。美军前中央司令部司令，后来担任中情局局长的彼得雷乌斯上将（General Petraeus）2014 年曾对我说：“目前，巴基斯坦亟须展开全面军事行动，彻底打击武装叛乱。否则，像巴塔组织这种本土极端组织就会动摇整个国家的根基。事实上，目前威胁巴基斯坦存亡的不是印度，而是巴基斯坦国内的极端分子。”[7]

恐怖主义之源

“剥夺”往往是造成恐怖主义和极端主义的根源所在。在不同的层面，“剥夺”的呈现方式也有所不同：可能是缺乏公平，没有人权，收入低微，分歧争端得不到有效解决，也可能是感觉社会对自己的需求重视不足。试图谋杀我的那名自杀式袭击者就出生在一个贫苦的家庭。他的父亲是一名裁缝。二十几岁时，他被迫辍学，在当地一家旅馆里兼职做话务员。招募人员见他经常在拉合尔的一座清真寺里祈祷，便主动跟他接近，鼓动他跟随他们一起去了巴基斯坦的部落区。在那里，小伙子被“布道者”和培训人员成功洗脑。

一旦被灌输极端邪恶的思想，这样的年轻人所攻击的目标就不一定是某一个人了。培训人员业务熟练，十分清楚如何才能让这些年轻人舍生忘死，为他们的信念冲锋陷阵。有时，他们会给新招募的人员家中寄钱，或是让这些人自己去寄些钱财，好让他们觉得自己在为家人分忧解难。如此一来，虽然恐怖主义与伊斯兰教教义格格不入，这些年轻人最终还是被彻底洗脑。

今天，巴基斯坦与其他国家和地区一样，面临一个共同的问题，那就是：部分国民事事受挫，未得到应有的权利，易于借助武力宣泄不满。而国内枪支日益泛滥，更加剧了这一问题。我们必须彻查，到底是谁在招募并训练他们。为此，我们要不遗余力，严厉打击当地、全国乃至全球的极端主义。

要打击恐怖主义必须重视两点：增强安全保卫力量和提高民众安全意识。在我看来，在提高民众安全意识方面，我们已经一败涂地。很多时候，人们会觉得反恐是军队和安全部门的事情。这种观点本无可厚非，但单靠军队和安全部门还远远不够。要战胜恐怖主义，我们需要更为周到全面的解决方法。

走进伊斯兰宗教学校

在巴基斯坦，24 岁以下的年轻人占全国人口的 50% 以上。这些人中，15 岁以上的仅有 55% 的人会读书写字。[8]7 到 16 岁的青少年中有四分之一没有受过教育；而且，巴基斯坦青少年辍学率高居全球第二。[9]受教育人口中最终仅有 5% 的人顺利完成高等教育。因此，我们任重而道远。年轻人是祖国的未来，我们必须为其提供高质量的教育和技术培训；我们要鼓励公共部门和私营企业投资教育，创办学校和技术培训机构。如今，学校严重短缺，传道授业的重任往往由马德拉萨（伊斯兰宗教学校）承担。据估算，20 世纪 80 年代全国只有 3000 余所马德拉萨；现如今，其数量已经增至 35000 所左右。[10]

马德拉萨遍布全国各地，为青少年提供急需的免费教育。不过，这些宗教学校并没有提供全面的素质教育和技术培训，而只有良好的教育和一技之长才能保证学生将来找到工作。更有甚者，有些马德拉萨还助长了极端主义。

2015 年，一位巴基斯坦前资深情报官员对我坦言，“巴基斯坦到处在建马德拉萨。表面上，他们是在传播教义，可有些学校却在暗地里教学生如何打斗。我们并未下大力气整治这种乱象。马德拉萨本应纳入正规的主流教育体系。”

2007 年，几位精神病专家进行了一项横断面研究。他们选取马德拉萨学生作为研究对象，想了解他们的思想和世界观。该研究旨在深入了解可能转变为极端分子的青少年在精神方面有何区别性特征。研究人员选取 130 多名 10 到 20 岁的学生进行了测评。

参加测评的学生大都背景相同，要么家庭贫困，要么家中人口众多。精神病专家调查报告显示，“社会经济剥夺”是青少年进入马德拉萨学习的一个重要原因。宗教学校提供免费食宿，父母们也无须再劳神费力教育孩子。当然不乏有人想在马德拉萨深入学习宗教思想。在宗教学校，孩子们吃喝不愁，但“囿于所处教育环境，他们的智商和潜能并未得到充分发挥”。

更有甚者，“在马德拉萨，孩子们受到误导，接触了一些诸如政府与伊斯兰教格格不入的错误信息。加之学校里没有网络设施，孩子们也接触不到其他媒体，故而对外界缺乏应有的了解。现代化进程不断加快，社会日新月异，他们跟不上节奏，心中不免困惑。”

专家们还发现，接受测评的学生普遍“缺乏公民责任感”。尽管大多数孩子否认自己与极端主义有任何联系，但他们“对世界的看法却十分狭隘，对于异己的观点也缺乏容忍”。报告还指出，“在封闭的环境里，孩子们已被彻底教化。由于日常所需均由马德拉萨提供，学生们对宗教老师忠诚有加，言听计从”。另外，“马德拉萨就像一个教派，而学生就是其忠诚的信徒”。

研究释放的积极信息是：不管出身伊斯兰家庭还是其他背景，大多数学生希望继续接受教育。他们的“想法还在不断改变，但在宗教学校再待几年，情况就不得而知了”。

最后，专家们得出结论，“我们看到的仅是冰山一角。在学校里，应该防止盲目崇拜现象，不要让某一个人影响到所有学生。要解决问题，关键要让这部分学生融入主流生活，而不能任其边缘化。”

对于改进的办法，报告建议：马德拉萨应划归国家教育部门，享受政府资助，接受监督检查。巴基斯坦确实急需免费教育，理想的方式是将宗教教育与正规教育融为一体。

宗教学校和普通学校都应提供互联网设备和其他相关设施，帮助学生拓宽视野。任何极端主义苗头一经发现应及时铲除，避免其荼毒青少年的心灵。学校的教师必须受过教育，并且对整个世界有较为客观和包容的态度。学生应定期接受测评，有潜力的学生应享受奖学金资助，到国内顶尖大学继续深造。

马德拉萨的学生应该学会平和处世，宽容待人。若有可能，政府应为其提供住宿，这样他们就可以与来自不同教育机构的学生住在一起，相处相融。要鼓励学生积极参加其他活动，比如体育运动。专家们总结说，应该控制青少年在马德拉萨的学习时间，这样有利于他们开阔眼界，优化人生态度。

对于上述建议，我悉数赞同。我还认为，不管男女都应接受技术培训，以便日后能赢得机会；另外，掌握一技之长，孩子们将来也能自谋生计。宗教学校可以传教布道，弘扬教义，但不可鼓吹极端主义，灌输恐怖主义思想。我认为，巴基斯坦政府需要与马德拉萨展开对话，努力将其纳入正规国民教育体系。作为内部管理机构，巴基斯坦伊斯兰神学院（Wafaq ul Madaris）监管巴基斯坦境内所有马德拉萨的日常运作。政府应将该机构并入国民教育体系，提高其管理能力，积极支持并帮助该机构提升业务能力和透明度。

同时，政府应增加学校和职业技术培训机构建设方面的资金预算。短期来看，私营企业投资可以暂时缓解现有教育问题。政府应鼓励民间投资建设连锁学校，如由蒙娜·卡苏里（Mona Kasuri）投资创办的 Beacon House 职业教育网络；还应大力支持公民基金会（Citizens Foundation）和公民素质发展协会（Developments in

Literacy）之类的非政府组织为国民提供教育机会，以满足国内迅速增长的青少年人群对教育的需求。

到 2020 年，巴基斯坦 15 到 24 岁年龄段的青少年人数预计将增长 20%，教育方面的供需缺口亟待解决。

第三章

本·拉登：谁知道什么？

早在2010年6月，位于巴基斯坦山城阿伯塔巴德（Abbottabad），面积为一英亩的一座院子就引起了美国中央情报局分析人员的注意。这里是世界头号通缉犯本·拉登的藏身之地，他已在此藏匿多年。[1]但是，即使在美国政府高层，这一情报也属于绝密。时任美国国家安全顾问的詹姆斯·琼斯（James Jones）将军是巴拉克·奥巴马内阁中为数甚少的几个知情者之一。他曾告诉我："我们找到了那间院子，但我们政府中了解情况的人大概不超过四五个人。情报未经证实，我们不会说出去。当时我们还有其他几个选项，也有可能性，但这一个可能性最大。"

美国人为何锁定了阿伯塔巴德的房子呢？

"我们发现了很多异常现象：'这个有点意思'。"[2]

他们是通过跟踪本·拉登的信使阿布·艾哈迈德·科威特（Abu

Ahmed al-Kuwaiti）的行踪发现本·拉登的。科威特开一辆并不显眼的白色小型越野车，经常出入那间院子。除了几处附属建筑物外，院子中有一幢三层小楼，墙上安装了铁丝网。科威特的弟弟阿巴拉（Abrar）和他同住。房子中没有电话，也没有网络连接。房子的主人采用焚烧的方式处理垃圾。三楼住着一位男子，但从不出门。这些异常现象足以引起美国人的注意。

直到近一年后开始筹划突袭行动，海军特种作战研究大队（DEVGRU）的海豹突击队在内华达沙漠中实弹演习，美国也很少有人知道即将到来的作战任务。时任美国驻阿富汗军事力量最高指挥官的大卫·彼得雷乌斯（David Petraeus）告诉我，他也是在袭击的前一周被告知的[3]。

关键问题是，美国并没有向巴基斯坦领导层通报他们的行动计划。至此，巴美这两个盟友之间的互信度降至极低。例如，美国司令部认为，在某些情况下如果巴基斯坦了解了袭击计划，那目标就会不翼而飞。巴基斯坦方面则不这么认为。2011 年 1 月，美国中央情报局特工在拉合尔中部枪杀两名巴基斯坦平民，引发雷蒙德·戴维斯事件[4]，正是此类事件激起了巴基斯坦的民愤。这一事件的发生和华盛顿的处理方式促使本已存在的反美情绪更加高涨，让他们更加怀疑美国情报部门在自己的领土上大肆收集情报。

与此同时，缓和两国紧张关系的努力也已展开。琼斯将军曾告诉我：“2009 年 1 月，总统任命我为国家安全顾问时，我们在华盛顿召开了一次颇具规模的会议，邀请巴基斯坦官员和军界人员参加，旨在修复两国关系。[5] 对美国和阿富汗的关系，我们也做了同样的努力。我认为那是一个良好的开端，从此巴美之间的互访频繁起来，我们和巴方参谋长基亚尼（Kayani）将军的关系也逐渐密切起来。尽管我们表现得很积极，但是我们之间的信任和信心仍然不够，巴基斯坦军方仍然未能和我们建立更加长远的战略关系。”

“与此同时，我们也开始协商追捕本·拉登的问题，”琼斯说，“我和巴基斯坦官员展开很直接的对话。他们不止一次地告诉我，而且是在单独谈话中，说他们可以肯定本·拉登根本不在巴基斯坦。我个人感觉，他们不是很有诚意。”

后来，在阿伯塔巴德的比拉尔镇（Bilal Town），本·拉登被击毙。而阿伯塔巴德位于巴基斯坦首都以北仅 70 英里，距巴基斯坦喀布尔军事学院不足 1 英里，离本地的三军情报局也不远。[6]

对阿伯塔巴德，我并不陌生，20 世纪 60 年代我在那里的一家寄宿学校上过学，学校离本·拉登藏身地大约 15 分钟的车程。阿伯塔巴德风景如画，居民生活富足，因两所闻名遐迩的男子寄宿学校而享誉全国：伯恩霍尔高中和阿伯塔巴德公学。

听到美军突袭的消息，我想起 2006 年在阿富汗与哈米德·卡尔扎伊（Hamid Karzai）总统见面的情景。我们坐在位于喀布尔的总统官邸，提起了本·拉登的话题。卡尔扎伊说道：“总理先生，我怀疑他就藏在巴基斯坦，还很可能在城市里。”

阿伯塔巴德调查组事后发布了报告，有关本·拉登身处巴基斯坦的其他暗示性警告也在坊间流传。成立该调查组的目的，是调查世界头号通缉犯本·拉登何以在如此长的时间里未被发现。这份报告的结论是："既未认真对待外国领导人和情报机构的指责，又未认真考虑他们言语中所隐含的、采取军事行动的可能性，做法十分非专业。"[7]

本·拉登是在 2005 年神不知鬼不觉到达阿伯塔巴德的，当时他刮了胡子，头戴一顶牛仔帽以躲避空中侦察。他和他的三位妻子以及 12 个孩子住在 10 间面积不大的房子里，行动隐秘。[8] 艾哈迈德和阿巴拉兄弟以及他们的家人则住在外围的建筑物中。他们是美国世界贸易中心袭击案主谋哈立德·谢赫·穆罕默德（Khalid Sheikh Mohammed）推荐给本·拉登的。他们既是本·拉登的保镖，又是信使，但他们对外的身份是房产的主人，以掩人耳目。他们称本·拉登为"谢赫"，月薪 9000 卢比。[9] 在袭击后的采访中，一些当地人说，他们以为房子中住的是普什图人，可能因家庭纷争而隐姓埋名。这种情况在当地也不少见。[10]

阿伯塔巴德调查组不明白的是，这位基地组织头目何以在此藏匿 6 年而相安无事。而且，在此之前的两年里，他就住在阿伯塔巴德以南的赫里布尔市（Haripur）。该调查组从地区、省级和国家级层面分析了原因，认为警察和情报部门失职，未能发现本·拉登藏身地无电话线、无电视线、孩子不上学等非正常情况。报告也援引警察和安全人员的话，说他们从未听到过任何有关本·拉登在本地藏身的说法。最后，无一人因此被问责，给出的解释是有关部门的"集体失误"。

这份报告还指出，地区和国家情报部门本应该更加关注阿伯塔巴德市，因为一些“高价值目标”就是在该市以及周边捕获的。恐怖分子阿布・法拉杰・利比（Abu Faraj al-Libbi）在此地的家中被击毙，距离本・拉登藏身地仅一公里。[11]2011 年 1 月，制造了巴厘岛恐怖袭击案的通缉要犯乌玛尔・巴德克（Umar Patek）也是在该市抓获的，表明基地组织在该地区有有组织的活动。

情报部门的一连串失误，加上本・拉登藏身地与巴基斯坦军事院校近在咫尺的事实，引起外界种种猜疑，认为本・拉登受到巴基斯坦政府或安全部门的保护。事实上，情况并非如此。后来，我在纽约见到彼得雷乌斯将军，问及他的看法。这位四星上将告诉我：普遍认为，巴基斯坦政府和三军情报部门对本・拉登的住地并不知情[12]。

我的观点是，美巴两国的目标对接出了问题。巴基斯坦并没有保护或藏匿本・拉登，因为此事的重大程度怎么说都不会过分。然而，找到本・拉登是美国的头等大事，但对巴基斯坦而言，其意义远非那么重要。乔治・W. 布什总统要求下属每天向他通报追捕本・拉登的进展情况，但巴基斯坦认为这位基地组织头目已经处于隐退状态，基地组织掌握实权的领导层已经转移至也门和非洲。美国方面同时也发现，基地组织出现地域上的重心转移。2013 年 12 月，琼斯将军谈起此事时告诉我：“四年前，我们就预测到基地组织的动向。我们说他们会跨越红海，穿过也门，进入索马里。然后，他们会去北非，去马里。他们会尝试去阿尔及利亚，但那会很困难，然后再到毛里塔尼亚，再下去到尼日利亚。因为他们（尼日利亚）有钱，他们有石油，他们什么都有。”

美国人处理美巴关系考虑的是他们自己的目的。巴基斯坦则有不同的利益，我们首先要强调我们的国家利益，因而议事日程不同。巴基斯坦不可能不重点关注印度这个自己长期以来最大的安全威胁。美国希望对恐怖分子展开“热力追踪”（Hot Pursuit），但巴基斯坦不会因此而牺牲国家主权利益。因此，两国之间在信任度上出现越来越大的裂痕。

然而，追捕本·拉登是反恐战役和阿富汗军事行动的关键所在。让这位头号通缉犯长年逍遥法外，无疑是国际社会反恐行动遭遇的重大挫折。巴基斯坦有法律义务遵守联合国决议，积极追捕本·拉登，不让美国对自己在此问题上的积极努力产生任何怀疑。[13] 现实问题是，巴基斯坦并未获得足够的有效情报。

巴基斯坦的关注点不仅受到印度的牵制，也受到国内日益猖獗的恐怖威胁的影响，但无济于事。[14] 巴基斯坦塔利班组织（TTP）已经开始袭击国家机构和军事设施。同时，基地组织继续开展针对美国的圣战，但并没有对巴基斯坦构成直接威胁。一位巴基斯坦前资深情报官员曾对我说：“巴基斯坦塔利班组织开始反对整个国家。美国和我们在目标上出现分歧。我们感到自己被抛弃了。”[15] 这并非说明巴基斯坦在藏匿和保护本·拉登，或者对其所作所为视而不见。外界的猜测并没有根据。

现在看来，两个国家是各唱各的调。虽然在反恐战争中是盟友，但却忙于各扫门前雪，并未顾及对方的瓦上霜。

“我们除掉了他”

2011 年 5 月 1 日，两架 MH-60 隐形“黑鹰”直升机从阿富汗东部起飞，瞬间消失在漆黑的夜空。这种飞机具有雷达屏蔽涂层，内置高性能的发热、噪音和振动抑制设备[16]。午夜时分，飞机进入位于开伯尔特区（Khyber Agency）的 Ghursal 和 Shilman 之间的巴基斯坦领空。随后，两架 CH-47 支奴干运输直升机出现，尾随其后。[17]

袭击时间是精心挑选的：正值月初，夜深人静，漆黑如墨。本·拉登的藏身地所在地区停电，直到军事时间 00：35 电力方能恢复[18]，因而小院内一片安静。海豹突击队员凭借夜视镜穿过黑暗，登上楼梯，搜寻代号为“曲轴”的目标。[19]

美国直升机进入巴基斯坦腹地深达 150 公里，行动持续长达 3 小时之多，造成 3 名巴基斯坦公民死亡。一架黑鹰直升机坠落，后被海豹突击队炸毁。

巴基斯坦主权受到侵害。在巴基斯坦不知情的情况下，一支外国部队公然穿越其国境，展开军事袭击行动。美国飞机入境，而巴基斯坦雷达未能觉察，其军事设施也饱受批评，国土安全令人担忧。

另外，本·拉登居所与巴基斯坦军事院校近在咫尺的事实，也让巴基斯坦更加难堪。实际上，距离远近在此并不相关。几年以后，美国大西洋理事会（Atlantic Council）在华盛顿特区组织了一次座谈会，我和两位美国前国家安全顾问布伦特·斯考克罗夫特（Brent Scowcroft）和史蒂文·哈德利（Steve Hadley）等人应邀参加。在我发言时，有人问："本·拉登距离那家军事大学那么近，为什么他们就没有发现呢？"

我回答说："军事院校的职责不包括调查附近都住着什么人，就好比任何人都可以在美国西点军校旁租一间房子住下来。发现可能的危险源，是地方情报部门和警察的职责，不是指挥官的责任。"

不过，本·拉登被发现藏匿在巴基斯坦机构的后院，无疑是一件令人难堪的事情。事后，当地三军情报部门负责人辞职，但直到最后也没任何人因为这一连串失误而被辞退。[20]

从某种意义上说，美国越境袭击的性质在国内事务上却帮助了巴基斯坦。巴政府和机构一夜之间从美国的合作者变成了美国行动的受害者。在政治层面，这反而是一种更加有利的处境，是对国内批评巴政府和美国人走得太近的人的一种回应。同样重要的是，巴基斯坦从此认识到，在此问题上美国并不信任自己。

美国前国防部长唐纳德·拉姆斯菲尔德（Donald Rumsfeld）是从陆军总参谋长马丁·邓普西（Martin Dempsey）那里得到击毙本·拉登的消息的。突袭结束，邓普西到家后致电反恐战争的发动者拉姆斯菲尔德：

"我们除掉了他。"邓普西说。

后来回忆起这件事，拉姆斯菲尔德对我说："我当时的第一反应是，首先他在我们眼前消失了。其次，有一种危险，大家会因此认为极端伊斯兰主义彻底结束了。事实上我们发现，每一次我们在伊拉克或阿富汗除掉一个基地组织头目，不出一个月就有别的人出来顶替他们。剩下的唯一问题就是：'新的头目会和他们的前任一样厉害吗？'"

"伊斯兰国"（Islamic State）在伊拉克和利比亚、博科圣地组织（Boko Haram）在尼日利亚以及其他极端组织所犯下的暴行，有力地说明恐怖主义正在发展成为一个全球性问题，因此要求国际社会比以往任何时候都要加强合作。战略合作伙伴之间建立足够的信任是打击此类好战分子的关键所在。本·拉登的发现是巴美关系发展上的一次重大挫折，造成的伤害仍需时间和努力去弥补。2001年至2006年，美国负责南亚和中亚事务的助理国务卿克里斯蒂娜·罗卡（Cristina Rocca）这样说："从美国的角度来看，在我们找到本·拉登藏匿的地方，找到了本·拉登，是我们两国双边关系发展中最坏的一件事情。因这一事件，双方最高层之间互不信任。"[21]

美国最不受欢迎的盟友

巴美关系历来充满挑战，双方的友谊出于实际需要，当相互需要的时候双方就会走得更近一些。自建国以来，巴基斯坦一直把美国视为一个军事和经济援助国。特别重要的事，美国主导着诸如世界银行（World Bank）和国际货币基金组织（IMF）等布雷顿森林组织（Bretton Woods Institutions），而巴基斯坦往往对这些机构具有很强的依赖性。同样，美国则看重巴基斯坦在南亚的重要战略地位，特别是在两次阿富汗战争中。所以，两国之间的关系主要是出于地缘政治需要，而非一种久经考验的友谊。因为能够在美国需要之时提供帮助，所以巴基斯坦成为其众多盟友中的一员。我常常说，巴基斯坦是“美国最受欢迎的盟友，也是最不受欢迎的盟友”。从 20 世纪 60 年代起，巴基斯坦就加入东南亚条约组织（SEATO）和中央条约组织（CENTO），现在是美国的非北约成员盟友，至此也签署了多个协议。然而，一旦受到挑衅或者双方关系重要性降低，美国这个超级大国的态度就会 180 度大转变。美国曾制裁巴基斯坦，并终止其援助。两国关系中的这一基本矛盾对双方都是一种挑战，让巴基斯坦对美国产生不信任，使两国背道而驰，最终导致交流终止。世界上没有哪两个国家的国家利益自始至终保持一致，但是双方一旦产生不信任感，正常外交关系受阻，双方就很难正确处理分歧。巴基斯坦和美国两国理应坦诚相待，搁置分歧。但是，两国却各自为政，分歧越来越大。

这并不是巴美关系首次触礁。为了更为全面了解情况，我和曾任杰拉尔德·福特（Gerald Ford）和老布什（George H. W. Bush）内阁国家安全顾问的布伦特·斯考克罗夫特（Brent Scowcroft）谈起此事。谈及巴美关系，他竟然用了“悲剧性关系”来形容[22]，其坦率程度令我惊愕。他说：“巴基斯坦建国之初，我们就相当于你们的保护伞，你们也处于我们的战略需要中心。第二次印巴战争之后，我们对双方都实行武器禁运。但武器禁运对印度影响不大，因为他们从俄国人手里完全可以买到自己需要的设备。”然而，巴基斯坦却深受武器禁运之苦。

斯考克罗夫特还说：“我个人感觉巴基斯坦从此转而购买核武器，因为它无法获得我们提供的（常规武器）。然后，俄国人入侵了阿富汗，我们又走到了一起，因为巴基斯坦人在为我们而战。”

即使在两国关系发展顺利的时候，美国也并非一直是巴基斯坦可以信赖的盟友。“一个很典型的例子是，一次我们卖给巴基斯坦几架 F-16 飞机，拿了钱却没有交货，”斯考克罗夫特说，“我们应该既是好朋友，又是盟友，但事情从来并非如此。因此这真的是悲剧性的，从某种角度来说印度对美国最为重要。”修复两国关系的各种努力，例如 2009 年美国阿富汗和巴基斯坦问题特使理查德·霍尔布鲁克（Richard Holbrooke）的周旋，均告失败。

突袭本·拉登和雷蒙德·戴维斯事件（Raymond Davis Affair）等一系列问题让早已变得脆弱不堪的巴美关系雪上加霜。美国方面不仅没有设法修复两国关系，反而单方面采取了更加极端的手段。美国人对巴基斯坦的安全措施很不满意，于是在巴基斯坦本土建立了自己的安全网络。当时的巴基斯坦政府默许了这一做法，给相关人员签证，允许其进入巴基斯坦。这些签证表面上是发放给保安人员和使馆官员的，但实际上却给了中央情报局员工和承包商。到了 2011 年，有报道称，持这样签证的美国人在巴基斯坦已有数百人之众，引发紧张情绪。[23]

通过在巴基斯坦建立自己的安全网络，美国人把反恐的主动权掌握在了自己手中。例如，他们因此可以收集到足够的有效情报，利用无人机在巴基斯坦境内展开军事行动，此事引发颇多争议。除了突袭本·拉登，美国还多次绕过巴基斯坦政府和情报部门，展开其他军事活动。巴基斯坦方面对外国军事力量在自己境内为所欲为则心怀芥蒂。这样一个安全网络似乎让一个主权国家沦为一个附庸国的角色，只能使得公众舆论转向对立面。结果，巴美盟友关系上的裂痕不断加深。

第四章

美国的交易性外交

我入职巴基斯坦政府时，只有巴基斯坦、阿拉伯联合酋长国（UAE）和沙特阿拉伯三个国家公开承认塔利班对阿富汗的统治地位。世界其他国家均拒绝与阿富汗新政府交往，部分原因是它的人权状况，部分因为塔利班外交不利，没有与外界建立必要关系。塔利班夺取政权几年后，联合国承认的依然是苏军撤离之后的政府，而事实上那届政府早已被塔利班废黜。

上任总统的前几个月，穆沙拉夫上将在与其他国家领导人会晤时常常提起塔利班，意在努力为新一届阿富汗政府寻求支持。每次会晤，他都积极呼吁其他国家为塔利班提供资源，帮助其巩固对阿富汗的统治。

担任巴基斯坦财政部长期间，我曾出席过一次这种会议。当时，我陪同穆沙拉夫来到阿拉伯联合酋长国总统谢赫・扎耶德・本・苏尔坦·阿勒纳哈扬（Sheikh Zayed bin Sultan Al Nahyan）的大殿。谢赫·扎耶德是阿拉伯联合酋长国的缔造者，也是阿布扎比酋长国（Abu Dhabi）的酋长。当时，谢赫·扎耶德身体硬朗。会议上，他睿智机敏，给我留下深刻的印象。言辞当中，我深感他阅历丰富，成熟稳重，为人诚恳。谢赫对巴基斯坦感情深厚——谢赫家族在拉希姆亚尔汗（Rahim Yar Khan）、拉合尔和卡拉奇均建有宫殿。每年，他都会带着猎鹰在科里斯坦（Cholistan）沙漠地区猎杀波斑鸨。

那是穆沙拉夫作为巴基斯坦领导人的第一次国事访问。我们来到位于阿布扎比（Abu Dhabi）的皇家宫殿，穆沙拉夫向谢赫·扎耶德表达了自己对塔利班政府近况的关切，委婉地指出塔利班新政府需要更多资金和支持。谢赫·扎耶德沉默寡言，耐心听穆沙拉夫讲完后说：

“上将先生，我对巴基斯坦感情深厚，对您为阿富汗所做的一切我个人深表谢意。不过，个人拙见，您可以与美国加强合作。要知道，美国一旦投资，数额自然相当可观！”这是一位政坛老手给出的金玉良方——争取一切可利用的投资。

然而，“9·11”事件令人悲痛。恐怖袭击后，巴基斯坦对塔利班的态度也逐渐发生了变化。

自 20 世纪 90 年代中期起，美国一直要求塔利班交出本·拉登（Bin Laden），同时表态要大力镇压基地组织——美国驻肯尼亚和坦桑尼亚大使馆遇袭之后，美国的态度更加坚决。然而，塔利班拒绝了所有要求——按照塔利班族内传统，基地成员是自己的客人，必须以礼相待。塔利班领导人毛拉·奥马尔（Mullah Omar）表示，唯一的解决方法就是安排本·拉登在宗教法庭接受审判，审判期间美方可以通过沙特阿拉伯递交证据。[1] 然而，对此提议，美国断然拒绝。

西方国家要求巴基斯坦对塔利班政府施压，逼其交出本·拉登；伊斯兰堡方面却对阿富汗政府不离不弃。之所以如此，很大程度上是因为巴基斯坦在历史上就与穆斯林武装有着千丝万缕的联系，加之巴基斯坦也曾遭受殖民之苦，深知亡国之痛。另外，与塔利班和睦相处在某种程度上也可以制衡印度通过北方联盟（Northern Alliance）对巴基斯坦施加的压力。

其实，巴基斯坦也并非有意帮助美国实现其诉求。2001 年初，穆沙拉夫上将曾请求毛拉·奥马尔，希望其不要毁掉位于巴米扬（Bamiyan）的两尊 16 世纪建造的神圣的佛像，结果毛拉·奥马尔不予理睬。泰国总理他信·西那瓦（Thaksin Shinawatra）也致电我，希望巴基斯坦政府能出面阻止阿富汗拆除佛像。我们派出内政部长前往喀布尔（Kabul），与塔利班进行交涉。泰国政府做出巨大让步，希望阿富汗政府能将拆除的佛像送给泰国。然而，对我们的各项请求，毛拉·奥马尔一概拒绝。最终，塔利班炸掉了佛像。

美国世贸中心大楼遭受大规模爆炸袭击之后，巴基斯坦、塔利班和美国之间的关系一夜之间彻底改变。

“9 · 11”恐怖袭击

透过纽约家中卧室的窗户，我的妻子目睹了飞机撞毁第二栋塔楼的整个过程。当时，她就在我们位于 34 层的公寓里。朝外望去，只见纽约的地标——世贸中心大楼，顷刻坍塌，灰尘四起。浓烟和灰尘悬在半空，遮天蔽日，好几天都散之不去。

消息传来，我悲痛万分。当时我身在伊斯兰堡，家人是否安好，我不得而知。我的儿子阿比德（Abid）在曼哈顿中心区域上班，第一架飞机撞上世贸大楼时，他已经离开了家门。像很多人一样，一开始，他也以为是突发事故，没当回事，径直走进了办公室。袭击发生后，移动电话信号被迫一度中断。联系不上儿子，心中自然焦躁不安。后来，接到妻子卢克萨娜（Rukhsana）的电话，说儿子下午时分平安回家。我如释重负，心中滋味难以言表。

那时，就像千百万普通人一样，我知道，世界将不复从前。对美国这样一个崇尚自由的国度，此次袭击无疑是公然的挑衅。此时此刻，恐怖主义已经成为全球性的问题。毫无疑问，世界的焦点很快就会转向巴基斯坦这方热土。

布什政府行动迅速。世贸大楼被炸毁几小时后，美国国务卿科林 · 鲍威尔（Colin Powell）直接致电穆沙拉夫上将。他言辞犀利，直言不讳：“你们要么与我们并肩作战，要么跟我们背道而离！”鲍威尔和副国务卿理查德 · 阿米蒂奇（Richard Armitage）对巴基斯坦起草了七项要求。他们没时间等国防部的确切消息：一分一秒都不容浪费。[2] 袭击马哈穆德事件发生第二天，阿米蒂奇把巴基斯坦三军情报局（ISI）局长马哈穆德·阿赫默德（Mahmud Ahmed）上将请进自己的办公室。当时，马哈穆德·阿赫默德正好在华盛顿访问，与中央情报局局长乔治·约翰·特尼特（George Tenet）举行会晤[3]。

在一次关键会议上，理查德·阿米蒂奇对马哈穆德·阿赫默德上将直言不讳："昨天，您去过某个国家。今天，您造访的国家截然不同。这里才是您该来的地方，这一点您应该心知肚明，您说呢？"

阿米蒂奇给马哈穆德·阿赫默德上将提出七点要求，包括中断对塔利班的一切资助，必须给美国及其盟友提供便利，允许美军进驻巴基斯坦。只有接受这七点要求，两国才有继续合作的可能——至于其余详细要求，我们下文再慢慢展开。阿米蒂奇告知马哈穆德上将，说自己"已经打电话请示过穆沙拉夫上将，他表示同意所有要求"。

总体而言，"9·11"事件之后，巴基斯坦与美国的关系发生了巨大的转变。布什总统公开表态，说自己会果断行动，打击任何藏匿恐怖分子的国家。阿富汗再次成为战地前沿，而巴基斯坦的战略意义也已十分清晰。美国需要借道攻打阿富汗，而巴基斯坦可以为其提供空中走廊、陆军和无人机基地。卡拉奇港被陆地包围，位置优越，物资可以从那里源源不断运往阿富汗。从阿拉伯海（Arabian Sea）通往阿富汗的最短路径就是借道巴基斯坦。若不走该路线，美军只能穿越俄罗斯和伊朗——而这两个国家与美国的关系都不大融洽。

一夜之间，巴基斯坦从人人敬而远之的军事国家摇身一变，成为西方国家最重要的战略伙伴。在此之前，多数国家领导人并未公开承认巴基斯坦政府，也不愿与新政府有任何往来。军事政变之后，巴基斯坦被取消英联邦成员资格。1998 年，巴基斯坦因核武器试验遭到了美国的制裁。之后，美国又不断提升制裁力度。1960 年组建的援巴财团（Aid to Pakistan Consortium）为巴基斯坦提供的国际资助也被大幅削减，所剩无几。反恐战争帮助巴基斯坦新一届政府获得了合法地位；“9·11”之后，各国数十年来紧锁的大门也突然向巴基斯坦敞开。

穆沙拉夫上将心知肚明，对巴基斯坦而言，这次事件无疑是天赐良机。巴基斯坦政府可以借此机会登上国际政治舞台。一次次遭遇暗杀，一次次死里逃生，穆沙拉夫本人早已对恐怖主义深恶痛绝。此时此刻，要与美国并肩携手，共同声讨基地组织（Al Qaeda），他自然也无须犹豫。他明白，此时继续支持塔利班无疑是自寻烦恼。在回忆录里，穆沙拉夫这样写道：“我理性分析，思量再三，以军人的缜密思维对事情的利害关系做了认真的梳理。”

当时，鲍威尔和阿米蒂奇列出七点要求，提出美国必须进驻巴基斯坦领土，借用其陆军和海军基地。考虑到此事的性质，穆沙拉夫对几项要求进行了言辞上的修改。[4] 至于是否要与塔利班断绝往来，美国起初还是希望巴基斯坦能与塔利班积极协商。据阿米蒂奇所言：“我们说，先忍一忍。不要急于行动！”美方委托马哈穆德上将登门造访，与毛拉·奥马尔（Mullah Omar）友好协商。据阿米蒂奇回忆说：“我们传达的信息是：如果毛拉·奥马尔愿意将塔利班势力撤出基地组织，我们就不会与他为敌。”结果，毛拉·奥马尔断然拒绝。

当初，穆沙拉夫上将发动军事政变，夺取巴基斯坦政权，一度饱受争议；然而，遇到“9·11”这样的恐怖袭击，他又坚决果断，毫不犹豫。当然，同时担任国家和军队的元首，他可以随时采取行动。美国对此十分看好——曾担任美国负责南亚和中亚事务助理国务卿的克里斯蒂娜·罗卡（Christina Rocca）对此记忆犹新。那是在华盛顿的一次大会上，当时她与时任副国务卿斯特罗布·塔尔博特（Strobe Talbott）坐在一起。斯特罗布·塔尔博特向她坦言，看到9月11日发生的那一幕，了解事件的前后经过后，他感谢上帝，幸亏当时巴基斯坦的领导人是穆沙拉夫。[5]

“9·11”事件发生一个月后，我们与美国进行了首次正式会晤。当时，我们在纽约华尔道夫－阿斯托里亚酒店塔楼（Waldorf Astoria Towers）里美国大使寓所内与布什总统共进晚餐。那天，我们受到热情款待，布什总统向穆沙拉夫上将保证，他一定会与巴基斯坦携手并肩，绝不会再次上演冷战后美国的做法，把巴基斯坦扔到一边，不理不睬。[6]想当初，克林顿在巴基斯坦仅仅停留六个小时，还提出一系列条件和要求；这一次同样跟美国总统会晤，气氛却截然不同。

那次会晤之后，科林·鲍威尔就成了经常光顾巴基斯坦的美国政府要员。科林·鲍威尔曾是美国陆军四星上将，同样出身军营，他跟穆沙拉夫很有共同话题。鲍威尔告诉我："在那三四年里，我们推心置腹，无话不谈。我们曾经数过，包括电话交流和面对面谈话，我们之间有过 82 次交谈。"

频繁往来对巴美双方均具建设性意义。通过交流，鲍威尔更加清楚，与美国亲近，巴基斯坦政府势必会在国内招致非议与不满。2001 年，在呈交布什总统的备忘录中，国务卿鲍威尔如是写道："'9·11'事件后，穆沙拉夫毅然决定与美国政府紧密合作，美巴关系空前扭转，而他却承担了极大的政治风险。"[7]

鲍威尔也帮我出谋划策，解决了一些经济问题。初任财政部长时，我的首要任务就是重组巴基斯坦政府外债。当时，只有延缓债务偿还时间，才能将其一一化解，进而帮助巴基斯坦集中精力，重振经济。对此，鲍威尔回忆道："当时，我们提供的是军事援助，不过你们急需的却是经济支持。"他开玩笑地补充道，"如今，肖卡特·阿齐兹（Shaukat Aziz）是巴基斯坦财政部长！那小子我认识，是个银行家。他自然对经济状况关心有加啊！每次，我们坐在一起，谈论问题，他总会提到'化解债务'！"

诚然，我头脑里最先想到的永远都是如何化解债务。记得那是在墨西哥蒙特雷（Monterrey）举行的联合国千年发展计划（Millennium Development Goals，MDG）峰会上。那次峰会是 2000 年由时任联合国秘书长的科菲·安南（Kofi Annan）先生和马克·马洛克·布朗（Mark Malloch Brown）共同发起举办。当时，我是巴基斯坦代表团团长，随团参会的还有巴基斯坦常驻联合国代表，同时也是峰会组委会成员，萨姆萨德·阿哈迈德（Shamshad Ahmad）以及巴基斯坦经济顾问阿什法克·哈桑·汗（Ashfaque Hasan Khan）博士。2015 年，联合国称千年发展计划峰会为“有史以来最成功的抗击贫穷的运动”，因为从 1990 年到 2015 年间，全球日人均消费低于 1.25 美元的人口数量已经由当初的 19 亿人骤降至 8.36 亿人——这个数字足以说明多边合作可以解决我们所面临的最紧迫的问题。[8]

那次峰会上，我也负责主持了几次全体会议。走进会堂，我就看见了布什总统。他跟鲍威尔和康多莉扎·赖斯（Condoleezza Rice）坐在一起。于是，我朝他们走了过去。见我走近，鲍威尔站起身，使劲地指着自己的额头，大声说：“我想起来了，肖卡特！我想起来了！全写在这儿！化解债务！”他低沉的声音响彻整个礼堂。

在场的人们大吃一惊，目光齐刷刷地投向了我们。鲍威尔赶忙解释，说我屡次三番跟他谈起化解债务问题，他想忘都忘不掉啊！直到今天，鲍威尔还总开玩笑，说就这个债务问题我都提过无数次了。不过，功夫不负有心人——华盛顿方面最终为巴基斯坦减免了 10 亿美元的债务，而且还同意推迟多项债务的还款期限。美方还鼓励巴黎俱乐部（Paris Club）、世界银行和国际货币基金组织为巴基斯坦提供实质性支持。如果没有美国强有力的支持，光债务问题就能把我们忙得焦头烂额。现在，债务得以化解，巴基斯坦经济复苏便有了强大的动力。

打击恐怖主义，一个不太引人注意的方面就是世界金融领域的反恐战争。美国财政部组建了金融行动特别工作组（Financial Action Task Force），专门追查非法资金转移。该工作是由2001年至2005年间负责国际事务的美国财政部副部长约翰·B.泰勒（John Taylor）牵头开展。

在其专著《全球金融斗士："9·11"后的国际金融幕后故事》（Global Financial Warriors）中，泰勒回忆了我们在打击金融恐怖活动领域的合作。泰勒提道："（阿齐兹）对南亚地区资金转移的各种方式了如指掌。他建议我邀请容易出现非法资金流动的各国财长列席七国集团首脑会议（G7）。我觉得他的主意不错，决定于2002年4月在华盛顿召集会议。阿齐兹主持了此次极具历史意义的扩大会议。会上，七国集团各国财长就非法资金转移交换了意见；会后大家也通过会议安排的联络人员继续相互交流。"[9]

此次会议为巴基斯坦提供了绝佳机会。通过这次会议，国际金融界看到：巴基斯坦有专业的金融人员，他们对银行和金融领域的任何细节都了如指掌。

美国对巴扶持

得到美国经济援助之前，巴基斯坦首先要解决的问题就是撤销贸易制裁，包括巴基斯坦和印度核试验之后所受到的各种制裁。其实，在世贸中心遇袭之前，有关撤销制裁的程序已经展开。9月11日当天，美国多个部门的官员按照事先安排前往国会山，就撤销对巴基斯坦制裁问题展开讨论。[10]

克里斯蒂娜·罗卡参加了会议的讨论。据她坦言："印度方面对此坚决反对。对印度政府而言，美国不仅不应考虑撤销对巴制裁，而且一项制裁都不能撤销。然而，大势所趋——美国政府已经决定，2001年5月撤销对巴基斯坦的多项制裁。"可即便如此，要真正取消制裁，尚需时日。然而，"9·11"事件起到了推波助澜的作用。世贸中心遭到袭击后才几天时间，美国政府立即撤销了对巴基斯坦的多项制裁。

各项援助源源不断。2003年6月24日巴美双方就撤销制裁事宜举行了关键会晤。会议期间，穆沙拉夫上将拜访了戴维营（David Camp）。当时，作为财政部长我也随团参加了会议。我们住在白宫国宾馆布莱尔宫（Blair House）。那天，我醒得很早。豪华轿车把我们送到华盛顿纪念碑脚下，在那里，我们登上"海军陆战队一号"直升机，飞往位于马里兰州弗雷德里克县（Frederick County）的总统度假别墅。一到目的地，我们就受到了身着便服的布什总统和夫人劳拉（Laura）、鲍威尔和康多莉扎·赖斯（Condoleezza Rice）的欢迎。我们乘坐高尔夫球车来到迎宾别墅，在那里我与鲍威尔进行了交谈——无疑就是缓解债务的问题。

至此，我们与美国的关系达到顶峰；因为反恐战争，我们成为相互依赖的盟友。就在四个月前，巴基斯坦三军情报局（ISI）与美国中央情报局（CIA）积极合作，在拉瓦尔品第（Rawalpindi）抓获了世贸大楼恐怖袭击的幕后指挥，本·拉登的左膀右臂哈立德·谢赫·穆罕默德（Khalid Sheikh Mohammed，KSM）。经过严密审讯，哈立德·谢赫·穆罕默德提供了有关基地组织行动的有力情报。大概就在那时，时任巴基斯坦三军情报局局长的伊赫桑·努尔·哈克（Ehsan ui Haq）上将出访华盛顿，并向副总统迪克·切尼 （Dick Cheney）提议美巴两国建立战略联盟。对此建议，美国政府其他官员犹豫不决，然而切尼却对其赞成有加。之后，美国国务院积极推进，精简程序，在白宫举行了几场相关会议。正是在我们与切尼的共同努力下，会谈的地址更换到了极具代表意义的地点——戴维营。

在戴维营会谈中，我们陈述了经济援助对巴基斯坦政府的双重意义：首先，不少巴基斯坦民众对美国颇有微词，赢得美国的援助有利于说服巴基斯坦民众，让他们相信巴基斯坦与美国的关系是互惠互利的战略伙伴关系；第二，巴基斯坦民众将近 2 亿，只有改善民众的生活，才能保证长期反恐战争的胜利，减少贫穷有助于遏制恐怖组织吸纳新人。美国政府接受了我的观点。美国负责经济事务的副国务卿艾伦·拉森（Alan Larson）透露：在随后 5 年里，美国将为巴基斯坦提供 30 亿美元的经济援助。经济援助中一半资金将用于提升巴基斯坦的军事力量；剩余资金用于基础建设、公民教育和医疗卫生等项目。

鉴于反恐战争中巴基斯坦为美国提供了支持，作为回报，美国国务院和国家安全委员会同意为巴基斯坦提供一揽子经济援助。该项目包括减免债务，直接援助以及由世界银行为巴基斯坦提供贷款。我建议将该援助项目与巴基斯坦机构改革相互关联。约翰·B.泰勒（John B.Taylor）还记得当时的情况："阿齐兹提出一系列国内经济改革措施——如提升财政预算透明度，严格管理支出项目等。巴基斯坦改革迫在眉睫。把经济援助与经济改革相互关联可以帮助阿齐兹摆脱巴基斯坦政府内部阻挠改革的干扰力量。正是由于穆沙拉夫、阿齐兹还有援助项目本身，在随后几年里，巴基斯坦的经济增长速度大幅上扬，从2001年的2%跃至2005年的8%。"[11]

戴维营峰会上，我们还谈及美国能否继续向巴基斯坦出售F-16战机的事宜。对巴基斯坦而言，能争取到F-16战机实属不易，可具体起售时间则成了困扰布什政府的一个难题（政府内部无法达成共识）。根据战略及国际研究中心（Centre for Strategic and International Studies Paper）2006年的一篇论文，美国国务院一位高级官员在接受采访时曾坦言："美国五角大楼愿意在2002年向巴基斯坦出售战机，然而当时华盛顿方面正在努力与新德里方面和好。国务院认为当时出售战机势必损害美国和印度的关系。最终，美国国家安全委员会决定推迟销售计划。"之后，每次与美方会晤，穆沙拉夫上将都会提到购买F-16战机事宜。终于，经过再三争取，美国政府2005年宣布恢复向巴基斯坦出售战机。

美巴两国国防部门展开协商，谈论美国军队、无人机和飞机进驻巴基斯坦机场和军事基地的具体事宜。巴基斯坦同意腾出雅各布阿巴德（Jacobabad）军事基地供美方单独使用，允许美军使用其位于俾路支省（Balochistan）的信德（Sindh）基地和舍姆西（Shamsi）基地用于无人机停放，同时还开放巴基斯坦西部从波斯湾（Gulf）通往阿富汗的空中走廊。每次出访华盛顿，我都与美方协商，敦促对方就征用军事基地和空中走廊给予巴基斯坦相应的补偿。与美国国防部主要官员唐纳德·拉姆斯菲尔德（Donald Rumsfeld）、保罗·沃尔夫维兹（Paul Wolfowitz）和多夫·扎克海姆（Dov Zakheim）的几次会谈中，我们共同起草了补偿协议，约定征用费用和后期维保费用详细条款。根据协议，美方应以“合作支持基金”的名目每年支付巴基斯坦数十亿美元。2002 至 2007 财政年度，华盛顿方面给巴基斯坦提供资助超过 45 亿美元，相关补偿费用超过 56 亿美元，另外还无偿提供了极具价值的业务培训和技术支持。[12]

戴维营会谈也帮助两国首脑达成友好关系。当时，布什总统人气正旺，政治实力如日中天，有穆沙拉夫与之携手共事，更是如鱼得水。二人齐步并肩，身后跟着布什的爱犬巴尼（Barney）。我也发现，布什总统平易近人，很容易就能让客人轻松自在，毫不拘束。后来，2006 年布什总统出访巴基斯坦时，还亲热地与我拥抱。当时，安全形势已不如从前。就在他造访巴基斯坦前几天，一位驻卡拉奇的美国外交官在一起炸弹袭击中不幸遇难。即便如此，布什总统毅然拒绝取消行程，且坚持要在巴基斯坦过夜。他的举动表明，美国对他在伊斯兰堡的盟友信任有加。

尽管布什总统个人表达了友好之情，美国与巴基斯坦的关系已经出现裂痕。我们发现，先前的承诺并未一一兑现——包括之前签署的关于重建机会区的协议，最终也是有名无实。该项目若能落实，巴基斯坦最穷苦的地区，尤其是部落区（Tribal Areas）将能享受到实质性的经济支持。另外，我们努力再三，想为巴基斯坦商品争取美国市场。该项目一旦成功，巴基斯坦的经济状况将会大大好转，但所有的努力还是以失败告终。我们本想与美国达成双边投资协定，然而美方条件苛刻，明显侵犯巴基斯坦主权，最终我只好主动放弃。

正如美国国家安全顾问史蒂夫·哈德利（Steve Hadley）对我所言：美国对巴基斯坦的态度和政策意味着这种关系仅仅是“双方各图所需的交易而已”。他坦言：“巴基斯坦民众早已看清，美国之所以亲近巴基斯坦，无非是想借巴基斯坦帮助自己打击恐怖分子——尤其是基地组织恐怖分子。可对巴基斯坦普罗大众而言，基地组织并非巴国之威胁。因而，美国与巴基斯坦合作，无非就是要联起手来，打击美国自己的敌人。为了这个事业，我们只能向巴基斯坦提供经济援助，支付征用补偿。看到美国如此的态度和做法，巴基斯坦政府难免心存忧虑，担心有朝一日又被美国扔到一边。毕竟 20 世纪 80 年代，巴基斯坦切身体会到‘一旦失去利用价值，美国人就不再理睬自己’。这表明，美国人根本不会顾及巴基斯坦的感受。”

哈德利建议，不要一味谋求打击恐怖主义方面的合作，还要重视“双方的经济合作。美国应向巴基斯坦提供长期投资，促进其经济改革，社会稳定和繁荣富强，这才是长远之计。您必须让巴基斯坦人民看到，投资绝非不时之需的投资，也非各取所需的临时之举——要让巴基斯坦民众相信：为了巴基斯坦的繁荣富强，美国会一如既往，长期投资；这样的做法才是美巴关系的正常态势”[13]。

有时，并非布什政府没有努力，而是国会内部频频阻挠。理查德·阿米蒂奇曾经坦言，意义重大的发展规划在华盛顿总是难以获得支持：“我确实连一分钱都搞不到。如果有钱，大规模能源基础项目必然对巴基斯坦大有益处。‘9·11’事件不允许我们为了巴基斯坦而关注巴基斯坦。阿富汗毒瘤不除，我们根本无暇顾及巴基斯坦。”

然而，巴基斯坦还得继续依赖美国的帮助，还得争取布雷顿森林机构的救助和支持。美巴两国的关系应该向战略性伙伴关系转化，不应仅仅停留在各图所需、相互利用的交易关系——可至少在我任职期间情况没有改变。巴美关系，何去何从，至今尚无定论。

反恐同盟的破裂

在合作反恐的最初几年里，巴基斯坦亦步亦趋，认真履行对美国的承诺，中断对塔利班的一切支持。我们的美国盟友一开始并未抱怨。理查德·阿米蒂奇跟我说：“我每天都会认真查看有关巴基斯坦、塔利班和巴基斯坦三军情报局的情报。必须承认，2005 年之前，三者之间仅仅相互联系，互通有无。就我所知，巴基斯坦三军情报局并没有（向塔利班进行）大规模的武器和资金转移。至少当时我没有看到此方面的任何情报。”

之后，情况发生了变化。阿米蒂奇说：“2005 年，我们发现了蛛丝马迹！塔利班搞到了武器。也许他们觉得美国已经苟延残喘，无力坚持了。巴基斯坦三军情报局也开始与塔利班频繁往来——他们之间不仅频繁沟通，而且还不时转移资金和武器。渐渐地，巴基斯坦又重新回归其一贯的政策！”

当时，美国忙于伊拉克战争，无暇顾及阿富汗和南亚地区。看到美国已经转移目标，塔利班随时可能东山再起，巴基斯坦军队和安全部门必须重新考虑国家利益，考虑是否与塔利班重归于好。一直以来，印度都是巴基斯坦的心头之患，要想与之抗衡必须找到制衡的方法，这种思想影响了巴基斯坦政策的制定。

在巴基斯坦，难免有人对塔利班心存同情，他们从未与塔利班切断联系。从阿富汗撤军的时间已经公布，塔利班随时可能再振雄风，巴基斯坦必须考虑切身利益，寻求与邻国的友好关系。政策的转变势必对巴美关系造成负面影响。阿米蒂奇认为：“这种影响会逐步升级，而美国又朝不保夕，最终结果只能是美巴同盟一朝破裂！不过，最终巴基斯坦并没有成为美国的敌人。在更大程度上，巴基斯坦只是在‘保护自己的利益’而已。”[14]

美国与巴基斯坦之所以关系紧张，一个原因是巴基斯坦对极端组织的态度时而坚决，时而暧昧。对巴基斯坦而言，有些恐怖组织并没有对自己的利益构成威胁，因而巴基斯坦安全部门依然与之保持着联系。史蒂夫·哈德利说："我觉得巴基斯坦总是后知后觉，抱有侥幸，觉得有些恐怖分子并不恐怖。"

伊斯兰堡方面否认与恐怖组织有任何联系，但政府高层心存侥幸，两国关系必受其害。美国人实在难以理解，为何总会有人支持恐怖分子。然而，纵观近代历史，在不同场合，不少国家曾经公开支持人们为自由而战，不管是在阿富汗，还是在叙利亚。我依然记得，当初在日内瓦，科菲·安南言简意赅，对我坦言："我们生活的这个世界日新月异，我们的观点也不断变化。不管是恐怖分子，还是'为自由而战的勇士'，今天我们与之不共戴天，也许明天他们就成了我们的朋友和伙伴！"

对于反恐战争，大家总是对巴基斯坦指手画脚，大加批评，这显失公平。然而，巴基斯坦国内面临重重挑战，试问又有何人知晓？阿富汗爆发战争，巴基斯坦却为之饱尝战争之苦。500多万难民穿越千疮百孔的国境线偷渡到巴基斯坦，混在其中的恐怖分子随后便在部族区安寨扎营。[15] 阿富汗经历了两次战争，巴基斯坦却因此要养活更多的人口。

与此同时，布什政府同时与印度和巴基斯坦发展关系，打着"印巴政策（India-Pakistan），一视同仁"的旗号，却区别对待，各有侧重。美国的做法无意间损害了巴美同盟。所谓的"一视同仁"，不过是想建立继冷战之后新的世界格局。历史上，印度一直与苏联关系紧密，而苏联也为其提供了大量的武器装备。当时，美国与巴基斯坦站在一边，将巴基斯坦作为其冷战时期在南亚地区制衡苏联的筹码。在过去的数年中，美国全力以赴，加强与印度的贸易合作和其他往来。众所周知，美国对印度的武器出售大幅提升——斯德哥尔摩国际和平研究所（Stockholm International Peace Research Institute）数据表明，2012 年到 2014 年期间，印度从美国购买的武器数量翻了好几倍，从每年 1.39 亿美元飙升至 11.41 亿美元。[16]

虽然时而明朗，时而模糊，该地区有切身利益的国家个个心怀忐忑。美国前外交官尼古拉斯·伯恩斯（Nicholas Burns）如此描述当时的情况："布什总统第一届任期时，美国政府已经意识到印度很可能会成为世界一大经济强国。果真如此，印度就会放眼全球，而不再满足小小的南亚。坦言之，我们希望日本、澳大利亚、印度和美国这些民主国家能够加强在印度洋和太平洋区域的军事合作。这样，万一中国崛起，也只能与其他国家平分天下，而不可能独揽霸权。"[17]

巴基斯坦清楚，美国与印度交好，无非是想借其制衡快速发展的中国。然而，美国与自己的宿敌无限接近，势必让巴基斯坦忧心忡忡。

与巴基斯坦关系恶化之后，美国开始频频出动无人机。跟传统战机不同，这些无人驾驶的武器不会危及美国军人的生命安全，操控人员坐在千里之外的电脑终端前，动动手指就可以轻松实施打击任务；当然，无人机容易被美国随意部署，故而饱受争议。布什总统授权中央情报局，允许其对高价值目标展开追踪并实施打击；如遇紧急情况可以先斩后奏，无须先行汇报，征询意见。

就在我首次正式访问白宫几天之前，无人机突然成了人们热议的话题。2006 年 1 月 13 日，美国一架携带“地狱火”（Hellfire）导弹的无人机对达马多拉（Damadola）村庄实施打击，造成至少 18 名平民丧生。虽然美方声称此次行动意在打击艾曼·阿尔-扎瓦希里（Ayman al-Zawahiri）恐怖武装，然而死伤人员中却没有一个基地组织成员，遇难者中竟然还有很多未成年人和孩子。那次事件引起民众的强烈不满，成千上万的巴基斯坦民众走上街头，示威抗议。当时，有人认为鉴于此次袭击事件，我应该取消华盛顿出访计划。不过，我觉得还是应该直视问题，当面解决更为重要。

当时，巴基斯坦民众大都认为，美军的每一次无人机袭击，巴基斯坦政府都难脱干系。我们确实在巴基斯坦北部地区为美军提供了简易跑道，但说美军每次无人机袭击都会预先告知我们却有失确切。坐在布什总统椭圆形办公室（Oval Office）里，我直言不讳，提及了几次无人机袭击事件。当时，迪克·切尼、康多莉扎·赖斯和史蒂夫·哈德利就坐在他的身边。我告诉布什总统，在达马多拉袭击中，巴基斯坦无辜百姓身首异处，令人悲痛。布什转身看了看周围几个人，说：“总理说得很对！”布什补充说，美国应该多与巴基斯坦分享实时信息。

自那以后，美国无人机袭击次数显著增多——巴拉克·奥巴马上任的第一年内，无人机袭击事件更是大幅增加。仅仅一年时间，无人机袭击次数竟超过了先前反恐战争时期所有行动次数的总和。

大多数袭击中，巴基斯坦都是重要打击目标。从 2004 年至 2013 年间，美军共实施了 300 多次无人机军事打击。巴基斯坦因此而丧命的平民人数在 400 至 900 人之间。2013 年大赦国际（Amnesty International）提供的报告更是一石激起千层浪。报告称："美国使用无人机实施军事打击已经成为世界人权问题最具争议的话题之一。美军无人机肆意滥用，这一情况在巴基斯坦尤为明显。"报告补充道："大赦国际甚为担忧。这些军事行动滥杀无辜，很可能已经构成法外杀戮或者战争犯罪。"[18]

奥巴马领导的美国政府断下结论，把巴基斯坦列为问题地区，并声称打击恐怖主义的主战场应该转向巴基斯坦，不应该仅仅盯着阿富汗。然而，不论是在字里行间、外交政策还是援助项目方面，美国又开始处处刁难巴基斯坦政府：《克里 - 卢格法案》（Kerry-Lugar Bill）的行文就让很多巴基斯坦民众极度不满。根据该法案，巴基斯坦想要合法获得 12 亿美元的援助，必须定期接受美国的考核，评定巴基斯坦方面在反恐战争中是否做出贡献，考量其是否合理使用援助资金。

《克里 - 卢格法案》将军事援助与资格审核绑定，将反恐、核武器不扩散，以及政府对军队的控制作为主要考核指标。巴基斯坦要获得援助资格就必须与美方紧密合作，"关闭巴基斯坦联邦直辖部落区（FATA）的恐怖分子营地，清除巴基斯坦其他地区包括奎达（Quetta）和穆里德盖（Muridke）的恐怖主义基地"；"巴基斯坦安全部门不得实质性干扰巴基斯坦的行政和司法机构"，

“巴基斯坦政府必须有效控制军队，包括控制军队财政预算，领导军事管理系统，决定军队高级将领的晋升”。[19]这一层次的要求显然很不合理，巴基斯坦方面也绝不会接受。法案一到伊斯兰堡，这些条款立刻遭到强烈反对。媒体、政党及军方均做出反应，言辞犀利。本来就有人认为，反恐战争并非为巴基斯坦而战，巴基斯坦只是被美国利用而已。在这些人看来，巴美关系本来就是各取所需、相互利用的交易罢了。看到法案中一个个苛刻的条件，他们更是义正词严。

巴基斯坦地势优越，掌握核武器技术，且关乎地区安全，美国需长期与之保持关系。但随着美军从阿富汗撤军，巴美关系很可能备受忽视，这并非良策。巴美双方必须不断努力，争取消除信任危机。

第五章

在阿富汗与盟友为敌

联合国秘书长科菲·安南（Kofi Annan）坐在日内瓦的办公室里，面对一份文件陷入深深的思考。文件左侧是十多个人名，顶部则是一些国家名。安南正在给这些国家的领导人逐个打电话，给他们一一报出那些人名，然后在他们的国家名上方打钩或者打叉。他正在决定战后阿富汗的命运，那些人当中获得一致认可的人将会被推荐为阿富汗的下一任总统。

“那绝不是一份普通的文件。”时任联合国副秘书长的马克·马洛克·布朗（Mark Malloch Brown）后来回忆说。[1]

2001 年，美国出兵阿富汗，很快推翻塔利班政府，但是阿富汗新领导人的问题却一直悬而未决。安南在牵头解决这一问题，伊朗、巴基斯坦、俄罗斯和中国也经常致电了解进展情况。[2]

安南名单上的人选中只有一人脱颖而出。穆沙拉夫总统最后推荐了人民圣战者组织前著名指挥官阿卜杜勒·哈克（Abdul Haq），然而在正式任命之前，哈克被塔利班逮捕，并于2001年处死。

之后，似乎各方意见比较一致的人选落到了哈米德·卡尔扎伊（Hamid Karzai）头上。卡尔扎伊一直比较低调，塔利班夺取政权后曾被捕入狱，但后来成功越狱。一位资深联合国官员后来回忆说："联合国开发计划署（UNDP）曾收到一条无线电信息：'我们在路边看到一个人，我们要把他带回来吗？'于是，卡尔扎伊躲在联合国开发计划署的一辆皮卡车的后座上，才得以流亡。"这位官员又说："既然有这样的事情发生，卡尔扎伊后来为其合法性而奋斗，就不足为奇了。"[3]

离开阿富汗后，卡尔扎伊在美国东海岸他们的家族饭店工作，塔利班垮台后又返回阿富汗。2002年，他被阿富汗大国民议会（Loya Jirga）推举为临时总统，两年后在选举中获胜，成为阿富汗总统。

有一段时间，各国盟友在阿富汗相互协调，工作颇有成效。然而不久他们的注意力转向伊拉克，推翻侯赛因·萨达姆独裁政府成为其主要目标。2003年至2006年间，琼斯将军担任北约驻阿富汗部队司令，他在美国出兵阿富汗两年后到任。接见驻阿美军时，他问："你们估计阿富汗境内有多少基地组织分子？"

"不到100人。"他们说。

琼斯将军接着又问："阿富汗的塔利班圣战分子呢？"

他们回答说大约3000人。

10年后，我和他坐在一起，讨论阿富汗问题，他回忆说："当时他们的态度是，任务已经完成，没什么大的问题了，我们转向伊拉克吧。”[4]

阿富汗过去的悲剧之一，是各列强未能汲取以往的历史教训。1979年，苏联入侵阿富汗，引发了旷日持久的冷战时期两个超级大国之间的代理人战争。美国以及盟友极力阻止苏联向南扩张，遏制共产主义的蔓延。巴基斯坦与阿富汗为邻，其独特的战略位置使其成为一个天然的作战通道；两国边境地区地势开阔，有利于穆斯林圣战者攻击苏联部队。巴基斯坦也有自己的担心：一旦苏联获胜，战争的前线阵地将移至巴基斯坦边境地区。

穆斯林圣战者主要来自中东地区的也门、沙特阿拉伯等国家，以及巴基斯坦和远东地区。年轻的穆斯林受巴基斯坦三军情报局（ISI）、美国情报局（CIA）、英国陆军情报六局（MI6）和沙特阿拉伯情报部门的资助，在巴基斯坦边境地区的训练营接受训练，之后派往前线和苏联部队作战。来自美国和沙特阿拉伯的援助便是经巴基斯坦运到圣战者手里。

这些国家后来又开始策划一系列活动争取巴基斯坦人对穆斯林圣战者的支持。随着时间的推移，成千上万的巴基斯坦人加入圣战组织。战争期间，数以百万计的阿富汗难民逃往巴基斯坦，两个国家的前途命运日益紧密，达到有史以来的最高点。

不久，苏联解体，东欧接二连三发生剧变，美国的注意力受到牵制。令人失望的是，明晰的战后退出计划缺乏，而阿富汗战争的经济考量相当脆弱，一套足以创造就业机会、重建基础设施和改善阿富汗人民生活质量的综合性方案成为当务之急。阿富汗需要大笔资金、各种项目的具体规划，以及高效的执行力，以推动国家重建的进程。然而，其盟国接受的资助份额远远达不到阿富汗的需要，布雷顿森林机构更是无一提供资金，填补缺口。

同时，西方国家也抛弃了他们武装起来的“自由斗士”，并未做出实质性的努力帮助他们返回自己的家乡。有些国家允许他们回家，但不少国家并不许可，担心经过洗脑的这些人对社会构成安全威胁。很多在阿富汗境内作战长达八年之久的士兵选择在当地定居，或前往巴基斯坦的部落区生活。这些地区的基础设施已多年失修，巴基斯坦和联合国在建设难民营和学校方面投入有限，难以应对不断涌入的难民所带来的压力。在联合国难民署（UNHCR）的资助下，难民得以安置，但很多人后来又迁往伊斯兰堡和白沙瓦等城市谋生。有些难民安置营管理有序，但有些则沦为贫民窟。

在世界各地穆斯林慈善机构的资助下，各种伊斯兰宗教学校于是乘虚而入。他们的大部分资金来自海湾国家，也有一部分通过巴基斯坦的宗教政治团体募捐。[5] 其他一些势力则利用他们破坏地区稳定。同时，阿富汗武器泛滥。尽管一段时间政府曾下令收缴美国人先前派送给圣战者的枪支弹药，但总的来说成效微乎其微，于是最终不了了之。

在战胜苏联入侵者之后，阿富汗武装随即分裂，各自回归自己的部落派别，开始争夺国家的统治权。政府垮台后，国家处于一个权力真空状态，一场残酷的内战在苏联的支持下爆发了。最后，很多阿富汗人对穆斯林圣战组织领导人感到极为失望，因为他们的内讧阻碍了国家的重建。于是，受国家经济灾难影响特别深重的坎大哈（Kandahar）和赫尔曼德（Helmand）两个地区成为孕育塔利班的温床。[6]

相互为敌的不同军事组织是按照部落划分的，但却效忠于不同的外部势力。北方联盟与巴基斯坦的宿敌、主要的安全威胁印度关系密切。巴基斯坦担心印度在阿富汗的影响不断增大而增添一条新的战线，于是主要通过一些普什图部落和塔利班结盟。塔利班的领导人名叫毛拉·奥马尔（Mullah Omar）。此人身材高大，是一位道貌岸然的资深伊斯兰圣战士，曾在对苏作战中失去了一只眼睛。塔利班最终击败其他势力，夺取了喀布尔的政权。执政后，塔利班实施保守的伊斯兰教法，特别是限制妇女的权利和自由，引起国际社会的广泛谴责。

联合国阿富汗问题特使拉赫达尔·卜拉希米（Lakhdar Brahimi）是曾经会见过毛拉·奥马尔（Mullah Omar）的为数甚少的官员之一。他告诉我："塔利班政府被推翻，是因为他们极端的宗教思想，但是塔利班和其他人的区别只是极端程度的问题。塔利班要求阿富汗人留胡子，限制妇女出户。这对阿富汗人来说并不过分，他们现在也如此。当然，人权积极分子当时感到很吃惊，但阿富汗人觉得很自然。很多人还认为塔利班解放了他们呢。"[7]当时，塔利班只关注自己的国家，甚至在夺取政权之后，他们还继续和其他势力角力，以稳固政权。

在塔利班夺取政权之前，一位名叫奥萨马·本·拉登的穆斯林圣战士创建了名为“基地组织”的恐怖军事组织，专门发动针对西方的战争。20 世纪 80 年代，本·拉登返回沙特阿拉伯，做短暂逗留并加入穆斯林圣战组织，之后重返阿富汗。从此，基地组织开始在全世界实施令人发指的暴行，其中包括 1998 年的美国驻肯尼亚和坦桑尼亚使馆爆炸案。

尽管国际社会强烈谴责，要求将基地组织驱逐出阿富汗，塔利班政府却无动于衷。卜拉希米回忆起他当时会见毛拉·奥马尔（Mullah Omar）并强烈要求他改变对待基地组织的态度：“我告诉他，我们也有着类似的文化传统。客人就是你家的一位主人，除非他开始向你家邻居院子里扔石块。这就是目前基地组织的所作所为。他们没有给你任何帮助，但却在危害别人。他回答说，‘那不是真的。他们告诉我他们什么也没做’。”

最终，本·拉登和毛拉·奥马尔越走越近，并一步步对塔利班施加意识形态上的影响，甚至在纽约世界贸易中心遇袭之后，塔利班也拒绝将基地组织驱逐出阿富汗。至此，在国际社会的一片谴责声中，塔利班已经自身难保。

巴美在阿富汗：“相互为敌”

“我们在阿富汗相互为敌，但谁也没有取胜。”前美国驻阿富汗大使莱恩·克罗克（Ryan Crocker）如是向我总结美国和巴基斯坦在为期 13 年的阿富汗战争中的伙伴关系。[8]

在事先缺乏明晰退出计划的情况下，美国贸然出兵阿富汗，结果陷入战争无法自拔，其盟友军队也毫无目的地长期驻留，而阿富汗国内敌意却日益高涨。后来，奥巴马总统宣布了 2014 年年底之前撤军的计划，显而易见的仓促行动致使美国出兵阿富汗后取得的部分成果化为乌有。

在插手一场冲突之前，如何介入和如何撤离的方案事先必须深思熟虑。当年联合出兵阿富汗对苏作战时，盟军没有做到这一点，如今同一错误再次出现。

同样，阿富汗战事的经济考量也未达到预期。例如，地方毒枭的影响力不断增强，但投入的打击力度有限。我多次和美国方面谈及此事，告诉他们毒品经营的收入有可能被用来培养恐怖主义和极端势力，但感觉自己的意见并未受到重视。

起初参加阿富汗重建进程的国家现在都有一种挥之不去的错失良机的感觉。琼斯将军是这样给我描述的："令人不快的是，当时有一个区域性方案，这个方案本可以让各方受益，但要求大家相互合作，而遗憾的是我们找不到愿意合作的人。缺少重建工作，单靠军事力量来消灭一支颇具规模的谋反势力一般是不够的。"

在琼斯将军看来，要改变这一局面，必须协调诸多方面的因素。他说："在阿富汗，唯一一件办成的事情就是安全问题解决了。但是，仅有安全远远不够。阿富汗有严重的毒品问题，法制社会的基础还未真正建立，经济状况仍然只能用千疮百孔来形容。现在一切都为时已晚。真是太糟糕了。”

现在，全世界的注意力已完全转移至不断恶化的伊拉克、叙利亚和也门的危机。尽管阿富汗局势还处在一个存在变数的过渡期，但对国际社会来说，其重要性已经大大降低。同时，早期滋生安全事件，致使阿富汗沦为恐怖分子藏身之所的各种问题依然存在。除非给予高度关注并及时采取措施，这样的权力真空或无序的管理状态只能使局势变得更糟。

到 2014 年总统选举时，西方与哈米德·卡尔扎伊的关系彻底宣告破裂。卡尔扎伊开始公开指责美国及其盟友，美军撤离阿富汗之后，他拒绝签署确保美国在阿保持军事存在的地位的协议。卡尔扎伊之所以这样做，一方面在于稳固自己在国内的地位，因为越来越多的阿富汗人反对美国在本国留驻军事力量；另一方面，卡尔扎伊对美国的强硬态度，也是由美国人在处理与这位阿富汗领导人关系上的失误造成的，其中也涉及卡尔扎伊对自己遗留问题的处理方式。

谈到美国和卡尔扎伊的关系，前美国副国务卿理查德·阿米蒂奇（Richard Armitage）说：“我们对他不公。首先，当‘还行’就足够的时候，我们却在寻找一位杰弗逊式的民主派。”

2009 年，美国驻阿富汗大使卡尔·艾肯伯里（Karl Eikenberry）批评卡尔扎伊的电报内容泄密，文中称其为“不称职的合作伙伴”，两国关系受挫。尽管如此，艾肯伯里后来继续留任，让阿美关系雪上加霜。

阿米蒂奇说："让我们的大使留任一年（多）的消息，对卡尔扎伊是一个严重的打击。美国必须认真考虑自己的各种做法的影响。"

美国前国防部长拉姆斯菲尔德认为，之所以会造成如此僵局，完全是因为在处理和卡尔扎伊总统的关系上出了问题。在美国撤军阿富汗几个月之前的 2014 年，他曾说："他们对待卡尔扎伊的方式既欠明智，又缺少外交常识。一批美国外交官公开批评卡尔扎伊，将他逼进了死胡同……，在我看来，除了反击，他别无选择。"[9]

拉姆斯菲尔德认为美国在处理该问题时应该更加现实一些："卡尔扎伊是民选总统，他必须为自己国家的人民负责。随着时间的推移，我们的利益和他们的利益最终会出现冲突。"

阿富汗战争前后持续 13 年，成千上万士兵阵亡，22000 多平民死伤[10]，财产损失数万亿美元。西方各国随后撤军，收拾残局、实现平稳过渡的任务落在了喀布尔新政府和巴基斯坦、伊朗、中国和印度等本地区大国的肩上。

巴阿关系

我人生第一次出国去的就是阿富汗。时间是 1967 年，我当时还在读书，和一个朋友乘坐政府交通汽车从白沙瓦到了喀布尔。我们每人花了约 5 美元，从开伯尔山口入境阿富汗。等待着自己护照上第一个印章的油墨慢慢晾干，我难掩兴奋之情。我们住在一个小旅馆，花了几天的时间在喀布尔市区游玩。我们去电影院看电影，在中心广场上欣赏本地广播电台播放的音乐。很多妇女穿着西装，市区大街上到处都是商贩的叫卖声。回国时，我人生第一次坐了飞机。那是阿里亚纳阿富汗航空公司（Ariana Afghan Airlines）的一架四引擎涡轮螺旋桨道格拉斯 DC-6 客机。我现在还记得自己登机时的激动心情。

2000 年，我重返阿富汗，喀布尔已满目疮痍，不少地方看上去更像战场，布满弹孔的墙壁诉说着苏联入侵和塔利班统治的噩梦。

作为财政部长，我带领巴基斯坦代表团参加了首届东京峰会，讨论波恩会议后如何援助阿富汗重建的问题。波恩会议召开后，阿富汗新政府于 2001 年成立。那是我第一次见到卡尔扎伊总统，当时他得到了美国支持。卡尔扎伊总统身穿绿色的长袍，戴着一顶圆帽，在一群客人中格外显眼。面对多位国家和政府首脑，他发表演讲，言辞间充满了自信。在与多位领导人的会谈中，我都强调有必要在阿富汗实施一种类似于马歇尔计划的方案。尽管东京峰会是一个良好的开端，但是绝大部分援助设定了很多条件，而当时阿富汗的吸纳能力极为有限。

尽管国际社会援助资金迟迟难以到位，我们在自身各种资源短缺的情况下，仍然给予了阿富汗力尽所能的帮助，启动了一项修筑道路和其他基础设施建设方面的计划。作为财政部长，我和时任阿富汗财政部长的希达亚特·阿明·阿尔萨拉（Hidayat Amin Arsala）商议设立了联合经济委员会。阿尔萨拉部长做了推动工作，两国经贸关系得以加强，促进了阿富汗的经济发展。该委员会也成为两国之间商议各种问题的一个重要平台，在促进双方贸易、运输、技术支持等方面合作上发挥了重要作用。我们在早期就达成一致看法，两国之间的分歧不应影响双方的合作进程。我们开通了伊斯坦布尔和喀布尔之间的商务航线，后来，阿富汗财长易人，但此项工作并未受到影响。新财长阿什拉夫·加尼（Ashraf Ghani）任职两年，他责任心强，工作充满激情，立志在阿富汗经济发展和重建工作中有所作为。

作为巴基斯坦财政部长，我经常会见卡尔扎伊总统，访问阿富汗的次数多于访问世界上任何一个国家。出于安全考虑，我们会谈的地址一般在阿富汗总统府，并不安排其他活动。总的来说，我们的会谈气氛融洽，尽管卡尔扎伊会让人捉摸不定。我有时觉得他比较情绪化，对很多问题的处理前后矛盾。当然我明白，他和本地区的伊朗、巴基斯坦以及印度关系密切，因而一直听取多方意见。然而，我还是相信，保持对话渠道畅通很有必要，因而并未因此减少访问阿富汗的次数。卡尔扎伊也曾带我拜访过住在总统府另一区域的穆罕默德·查希尔·沙赫（Mohammed Zahir Shah）国王。一次，我们会谈期间，他也邀请了阿迦·汗（Aga Khan）参加。阿迦·汗经常到访，在阿富汗的重建过程中发挥了积极作用。阿迦·汗被认为是一位极为可靠的协调人，受到普遍尊重。

在所有此类交往中，我有一个基本的前提，即对巴基斯坦来说，一个强大、稳定的阿富汗是最为理想的结果。卡尔扎伊总统曾和我们紧密合作，力争实现其发展目标，但是巴基斯坦和阿富汗的关系相当复杂，有时候不得不面对各种挑战。

双方之间缺乏互信一直阻碍着巴阿关系的发展。2007 年，我在联合和平支尔格大会发言时，第一次亲身感受到这一问题的严重性。本次支尔格大会由布什、穆沙拉夫和卡尔扎伊三位总统倡议召开，旨在解决当时面临的诸多问题。但是在会议中，巴基斯坦被指责支持和援助煽动在阿富汗实施暴力的极端分子和寻求所谓的“战略深度”（即将阿富汗变为巴基斯坦的附庸国）。面对这一责难，我在发言中问：“那我们自己何以能逃脱如此鼠目寸光、如此令人恐怖的政策所造成的后果的冲击呢？”[11]

在最近几次美国之行中，阿什拉夫·加尼总统多次提到，阿富汗和巴基斯坦已经重新开始合作。对巴阿两国来说，这无疑是迈出了积极的一步，尽管双方还需做出更大的努力，才能等到开花结果的那一天。

今日阿富汗

阿富汗政府所面临的最为棘手的问题之一是如何应对塔利班。2015 年，塔利班夺取了包括昆都士（Kunduz）在内的一些重要城镇，再一次震惊世界。目前，各方一致认为塔利班应该成为解决阿富汗问题的政治进程的一员，但问题是塔利班是否准备和阿富汗政府和谈，以及在何种条件下谈判。

有人认为，2001 年美国出兵后不久，阿富汗的盟友未能及时和塔利班达成和解，已错失良机。在近期，这样的机会很难再现，尤其是在塔利班出现分裂，致使谈判机会渺茫的今天。如果国际社会当初能有今天的行动，也许各国盟友和阿富汗的关系会完全不同。

“2001 年以后，我们大家犯了很多错误，”拉赫达尔·卜拉希米（Lakhdar Brahimi）告诉我，“塔利班参加波恩会议当时是不可能的。他们不能去，因为他们的独裁政府被推翻了。但是即使他们想参加，由于美国人，我们也不会让他们参加的。”[12]

卜拉希米说，波恩会议之后，“我们本应该尝试和塔利班谈判，在 2002 年初。但是，很多人说：‘别理他们，他们已经完蛋了。’这也许是最大的失误。如果我们当初和他们谈，他们当中不少人会来的”。

谈到西方国家应对塔利班的方式，马克·马洛克·布朗曾说：“美国的政策把塔利班和基地组织混为一谈，未能认识到主客之别。那是一个真正意义上的外交政策失误。”

阿富汗国内多种势力并存，权力纷争。一个政府若想正常运行，就需有能力将各种势力整合在一起。2014 年选举产生的政府代表了两个主要的阿富汗族群，朝着积极的方向迈出了一步。到目前为止，阿什拉夫·加尼总统领导的民族团结政府（National Unity Government）让人觉得曙光初现。前外交部长阿卜杜拉·阿卜杜拉（Abdullah Abdullah）成为国家的最高行政长官。两人权力背景不同，个人性格迥异，能否处理好两套班子间的关系还有待观察。

继续保持现阶段阿富汗国民军队的多民族性，对维护国家的稳定和不同力量间的团结，同样至关重要。一旦联合政府分裂，一个主要的问题便是军队如何站立场：我们会不会看到不同族群的军人各奔东西，加入不同的势力？会不会有更多军人选择当逃兵？一旦出现这种情况，造成的族群问题将不堪设想，国家将重蹈 20 世纪 80 年代群雄割据的覆辙。

现任政府必须设法提供更多的就业机会，促进经济增长，降低日益严重的失业率。在增加个人收入、改善民生的同时，政府还应改善通信设施，因为据世界银行统计，阿富汗的互联网使用人数仅占其人口的 6%[13]。政府对内需跨越族群差异，对外需与邻国和睦相处，经济上实施改革开放措施，创造良机。据世界银行统计，阿富汗 36% 的人口生活在贫困线以下，因此国家急需实施广泛的结构性改革。[14] 国家需要制定适合本国国情的综合性经济改革方案，通过主动捐赠机构、援助部门和开发商等多渠道筹措资金，并需加大力度开发本国矿产和自然能源。国家预算应充分考虑社会项目、教育体系和基础设施建设所需资金投入。政府需扩大小额信贷范围，允许个人和小型工商业贷款，同时激励中、小型企业发展，这样才能广开财路，引导国民恢复正常生活。

毒品交易对阿富汗经济发展有百害而无一利，因此必须共同努力，引导农民将主要收入来源从目前的罂粟种植转向经济作物，从而有效抑制毒品生产。包括阿富汗传统的优质水果种植在内的其他收入来源也应恢复。

要实现跳跃式发展，阿富汗必须成立相应的金融机构。国家需要建立实力雄厚、自主经营的中央银行和发展银行以及其他商业银行。尽管此类金融机构已以某种形式成立，但应凝心聚力，提升其经营水平。国家应鼓励私人资本进入，收购和并购银行业务。要做到这一点，政府必须增加透明度，为经济增长创造良好环境。包括货币兑换业务，即本地所谓“哈法拉”在内的其他非正规市场目前还游离于体制之外，需采取措施归口管理。此类改革需要时间，不可能因一纸文件在一夜之间理顺关系。我担任巴基斯坦财政部长期间，注意到阿尔萨拉（Arsala）和加尼（Ghani）在此方面均有改革举措，旨在给予此项业务应有的合法性。在各类金融机构的协助下，他们二人也曾尝试重组中央银行和财政部。

阿富汗需要的大量援助，需要多措并举。2001 年的时候我就认为，而且我现在也相信，一种马歇尔计划式的改革方案将有助于阿富汗的经济发展，即从包括美国、俄罗斯、中国、日本和欧盟成员国等诸多国家筹措资金。波恩会议虽然各方做出了承诺，但后来出现的问题是有些资金未能到位，到位资金也未能合理配置而发挥预期的作用。阿富汗需加倍努力和相应的国际开发机构合作，例如世界银行、国际货币基金组织、亚洲开发银行（ADB）、亚洲基础设施投资银行（AIIB）、丝绸之路投资基金（Silk Road Fund）以及伊斯兰发展银行（Islamic Development Bank），同时还应积极寻求双边援助机构的支持，以获取开发项目所需要的资金和技术支持，以便政府实现以经济发展为中心的任务。

尽管阿富汗部落地区的局势趋于稳定，但族群和宗教分裂的危险依然存在。具体而言，宗教方面要处理好什叶派和逊尼派之间的关系，族群上要照顾到普什图人（Pashtuns）、乌孜别克人（Uzbeks）和哈扎拉人（Hazaras）的利益。这些族群和宗教派别对试图挑战现有体制的各种势力特别敏感。政府因此必须具有果断坚强的领导力，激励不同群体为国家的统一而努力；创造足够的社会空间，让不同宗教、不同族群和不同部落间和平共处。这就是阿什拉夫·加尼肩上的责任，要团结阿富汗各派系，鼓励他们为建设国家的美好未来而奋斗。加尼总统告诉我，他希望阿富汗各方利益的代表回到谈判桌，他也在设法和塔利班沟通。[15]

拥有一支招之即来、来之能战的武装力量，无疑可以增加喀布尔政府在谈判桌上的筹码。新组建的阿富汗部队的应战能力如何——特别是考虑到这些军人都有自己的部落背景，而且一旦国家陷入内战，他们还将返回各自的部落这一情况——还有待时间的检验。

阿巴关系的未来

根据联合国的统计资料，巴基斯坦境内的在册阿富汗难民人数达到约 150 万。这是世界上最大的长期滞留的难民群。[16] 他们主要居住在阿巴边境的安置营之中，但是安置营也为极端分子和塔利班的支持者提供了一个安全的避难所和藏身之地。儿童在营地里接受的伊斯兰宗教教育有限。2007 年，我利用参加联合和平支尔格大会的机会，强调了遣返难民回国的重要性，尽管此事后来被搁置。

现在的形势变得更加复杂。遏制武器从阿富汗流入巴基斯坦的努力一直未见成效。而且，某些武装力量利用阿富汗的局势，做了不少伤害巴基斯坦的事情。喀布尔应该促进和伊斯兰堡的友好关系，拒绝仇恨巴基斯坦的极端分子和其他犯罪分子把阿富汗领土作为自己的庇护所。2013 年，美国部队在阿富汗抓获了巴基斯坦塔利班组织（Tehrik-e-Taliban Pakistan）的二号人物，而此人当时就和一些阿富汗情报人员在一起。[17] 这一消息震惊了巴基斯坦朝野，说明阿富汗境内的一些势力与巴基斯坦塔利班运动有瓜葛。前美国阿富汗问题特使扎尔梅·卡里札德（Zalmay Khalizad）谈到印度对巴基斯坦塔利班运动的支持时说："随着印度影响力的增强，我们可以感觉到这种事情也在升级。"[18]

印度在阿富汗除了大使馆，还设有四个领事馆。这一设置和印度在英国的派出机构规模相当，而英国的印度裔人口已超过 140 万。在阿富汗，印度人的数量大约为 1 万人。过去，印度人在阿富汗遭遇不少厄运，这一点可以解释为什么印度要派出更多机构对其公民提供额外的保护，但是我们仍然不明白为什么要设置那么多领事馆。巴基斯坦担忧这些领事机构事实上成为监听站，为印巴边境的间谍机构提供情报。一次和卡尔扎伊总统会面时，我问他："为什么印度在印巴边境附近设立那么多的领事馆？"

但是，我并没有得到令人信服的解释。尽管巴基斯坦不应过分怀疑阿富汗和印度的关系，但是各方均应该确信阿富汗不被任何国家利用，从事针对巴基斯坦的破坏活动。

在我任职巴基斯坦政府期间，我们的出发点是希望我们两个国家亲密无间。我经常说，我们应该“睦邻友好”。我们两国领土接壤，有着相同的历史和文化。大约 3500 万普什图人祖祖辈辈生活在巴阿边境线杜兰德线（Durand Line）两侧[19]，巴基斯坦也接纳了 500 万阿富汗难民[20]。阿富汗为内陆国家，需要巴基斯坦有一个和平的环境，以便获取物资来源，因为卡拉奇是阿富汗最为便利的物资港口。同时，巴基斯坦产品销往阿富汗。两国保持一种成熟的双边关系必然会产生一种双赢的结果。巴阿两国必须共建公路和铁路等基础设施，鼓励本国企业和银行在对方境内开设分行。近年来，两国在相互合作方面已初见成效，但在水运、电网和水泥等物资贸易等方面的合作还有待努力。诸如此类的互联互通既可以促进双方经济的发展，又可以给对方创造一种睦邻友好的信任感，特别是在两国边境地区。

巴基斯坦应该为阿富汗提供情报和技术上的支持，在帮助喀布尔新政府稳固其地位方面尽一己之力。两国应该在存在领土争议的边境地区联合执勤，加强国家安全领域的合作。巴基斯坦也可以在同塔利班展开对话的努力中发挥作用，这一层面的工作已有进展。

巴基斯坦应该做出规划，设立具体项目，真心诚意帮助阿富汗的建设，而非一味从中牟利。在此问题上，巴基斯坦应该积极主动，既表达善意，又为阿富汗的重建付诸行动。双方均需重建互信。在经历了因数以万计的难民进入巴基斯坦和恐怖分子入侵两国而造成的关系紧张之后，两个国家均需向对方证明自己的善意。

2014 年 12 月，阿什拉夫·加尼总统访英，我们曾共进早餐，谈起阿富汗的未来以及和巴基斯坦的关系。他告诉我，他希望“改变两国之间心知肚明的敌对状态，建立睦邻友好”[21]。他认为巴基斯坦和阿富汗之间存在一种“特殊关系”，两国理应达成协议，正常交往。两国需要重点发展“相互依存”的关系，从而建立互信。例如，双方可共建发电站，互通输电网络。重要的是，双方要吸引外资，促进经济增长。在这一点上，除了美国、欧盟和伊斯兰国家，中国在投入资金、增速发展和促进和平方面可以起到很关键的作用。

加尼总统与我分享了他对阿富汗的设想。

“我的设想是，阿富汗可以成为亚洲的交通环岛，一个能源、物流互通的中枢，一个农业、水运和灌溉的中心。”

他还说：“我们目前有一支 30 万人的部队和一支训练有素的警察队伍。我们现在不存在国家分裂的危险，我们决不允许任何人另立政府。现任政府会不惜一切代价确保政令畅通。”

问到他的政府如何应对塔利班，这位阿富汗领导人说：“我们正在设法和塔利班谈判，力争达成协议。大部分人都同意这是必要的，但是我们应该激励他们，从而接纳他们。我们必须以政治手段，而不是武力手段，来解决我们的各种问题。我们应该和他们建立一种伙伴关系。”

我们一致认为，我在任期间成立的巴阿联合经济委员会应该重新运作，定期召开会议探讨互连电网和共建大坝等两国合作新领域。委员会也可以拓展为一个随时解决两国其他事务的平台。

巴阿两国应该在合作中搁置争议。“任何一个问题都必须立马行动，马上找到答案，”加尼说，“我们得留出足够的时间，让我们的伤口愈合。”喀布尔和伊斯兰堡政府需要只争朝夕，共建一种共赢关系，这样才能顺利解决其他早先搁置的问题。

美国和阿富汗

在阿美关系处于低潮的时候，阿什拉夫·加尼接任卡尔扎伊成为阿富汗总统，立即着手修复两国关系，两国很快签订了驻军地位协议。美国同意在阿富汗留驻一支6000人的部队，协助阿富汗维护社会秩序，实现平稳过渡。这个时候，国际社会的合作、援助和重建方案对百废待兴的阿富汗来说，比任何时候都重要。

今天，美国作为阿富汗的经济援助国和维稳力量，对阿富汗的前途起着决定性的作用。过去，美国和苏联都曾在阿富汗修路造桥，现在类似的基础建设投资对阿富汗来说无疑是雪中送炭。尽管美国需要在阿富汗留驻军队，但是其军力一定要保持适度，否则会被视为占领军。一定的美国空中打击力量也是必要的，可在阿富汗政府需要之时以应不测。这样的空中力量，加上无人机和精锐地面部队，便可以应对各种纷扰，维护稳定。

然而，鉴于美国国内民意和财政预算压力，美国是否会继续在阿富汗投资，尚有变数。曾受命起草作战计划，率领北约部队进入阿富汗的北约司令琼斯将军曾说：“我预感到当年我们在越南时所遇到的麻烦。当年我们撤军大约两年后，国会切断了输入越南的资金链，北越进攻南越，南越溃败。我觉得目前存在历史重演的危险。”

一些人对阿富汗的安全局势则持一种很悲观的看法。美国前国家安全顾问布伦特·斯考克罗夫特曾告诉我：“我认为，在相当长的一段时间里，阿富汗对我们大家来说都可能是一个令人头疼的事。我们不应占领它，也不应过分干预，但是这个国家在很长的一段时期内都会给我们制造麻烦，令人头疼。”这种可能性能否得以避免，目前下结论为时尚早。但可以肯定的是，为维护本地区的和平与稳定，国际社会应更加关注阿富汗，加大援助力度，帮助其重整旗鼓。

我对阿富汗的未来充满期待，坚信这个国家会发挥自己的最大潜力，但是前提是要有足够的政治决心、果敢的领导力以及大量的外援。国际社会早一日认识到这一点，本地区和全世界就早一日更加和平、稳定。

第六章

卡扎菲的见面礼

“请，我们进去。”卡扎菲上校搂着我的肩膀，带我进入他的晚宴帐篷。那是我第一次和这位利比亚领导人亲密接触。

2006 年，我对利比亚进行国事访问。在的黎波里（Tripoli）机场，前来迎接我的除了一支仪仗队，还有利比亚总理巴格达迪·阿里·马赫穆迪（Al Baghdadi Ali Al Mahmudi）、政府内阁成员和一大批社会名流。马赫穆迪总理陪同我到了我下榻的宾馆，预示着当晚他将设宴招待我。

后来，安排发生突变，我接到通知说卡扎菲上校将亲自设宴招待我。听到这一消息，我感到既期待，又惶恐。到了晚上，我被接到了阿齐齐亚兵营（Bab al-Aziziya），这里是卡扎菲的总统官邸，房子和传统帐篷相互交错，宛若迷宫。

“领导兄弟在等着您。”我走进宴会厅旁的一间小帐篷时，有人这样对我说。令我吃惊不已的是，我看到委内瑞拉总统乌戈·查韦斯（Hugo Chavez）和卡扎菲在一起。我甚至对查韦斯总统身在利比亚也都毫不知情。

卡扎菲伸出一只胳膊，用力搂住我的肩膀。我向右侧一看，发现他的另一只胳膊也搂着查韦斯。当卡扎菲步入宴会厅时，数百名客人起立欢迎。我们一起走向了贵宾桌。

晚宴结束后，卡扎菲把我拉到一旁，说："明天我俩还会见面。"我们确定了会见时间后，我起身返回宾馆。送我上车时，卡扎菲问："你看到那些轰炸后的惨状了吗？"

1986 年，柏林一家酒吧遇袭，美国军人被炸身亡。该爆炸案与利比亚有关，从此卡扎菲的官邸就成了美国人的攻击目标。美国报复性地轰炸了阿齐齐亚兵营，但卡扎菲幸免于难。后来，他在炸弹爆炸处建了一座纪念碑：一只紧握的左拳，手中是一架捏碎的美国战斗机。他建议我去看看他的作品，还说："看看他们是怎样轰炸我和我的家人的。"

卡扎菲 1969 年通过军事政变上台。在长达几十年里，他独揽大权，与国际社会的关系起起落落。由于他与一些极端组织有联系，这种关系迅速恶化。1988 年，一架泛美航空公司客机遭受恐怖袭击，举世震惊，利比亚受到经济制裁。然而，纽约世界贸易大厦遇袭以及后来美国出兵阿富汗和伊拉克之后，据信他改变了自己的路线。他谴责基地组织的所作所为，叫停本国大规模杀伤性武器和核武器研发项目，并和西方建立友好合作关系。结果，他成为欧洲各国领导人的座上客，国外企业也到利比亚寻求投资机会。

在我简短访问的黎波里期间，我见证了卡扎菲上校与西方的新型关系。我下榻的科林西亚酒店（Corinthia Hotel）顶部整整两层都被一个美国先遣工作组占据，他们在为设立美国驻的黎波里大使馆做准备。酒店里的其他客人都是来自欧洲，前往附近的莱普蒂斯（Leptis）参观宏伟的罗马遗址的一日游游客。

因此，让我感到惊讶的是，第二天和卡扎菲会谈时，他对我说："我告诉你，不要相信美国人。"

我们的会谈是在另一间帐篷进行的，里面陈设相对简陋，有一台老式电视机，连接办公桌上的电话的电线也已拔出，悬垂在桌边。

"但是，领导兄弟，我住的酒店里住满了美国人啊，"我说，"您对他们这样友好，却告诉我不要信任他们。"

"是啊，"他说，"我不信任他们，但我不能惹他。"

起身告辞时，我邀请他安排时间访问巴基斯坦。他的回答又令我吃了一惊。"我不会访问巴基斯坦，"他说，"我永远不会忘记你们的国家处决了我的兄弟和朋友佐勒菲卡尔·阿里·布托（Zulfikar Ali Bhutto）。"

他接着说："我永远不会原谅的。我非常喜欢他，尊敬他。"

我对他拒绝访问巴基斯坦表示遗憾。在我向他表达致敬和告辞之前，再次请他重新考虑。尽管卡扎菲后来未到访，但是因为两国都致力于吸引外资，巴基斯坦和利比亚一直保持着密切的外交关系，更多的巴基斯坦人也前往利比亚工作。

前联合国秘书长科菲·安南（Kofi Annan）是这样给我阐述他对卡扎菲和西方关系的观点的："这种事情也许历史会做出结论。但是，他确实有办法让西方围绕他打转，他让他们相信自己改变了策略，他也愿意加入国际社会并接受那些规则。"[1]

然而，卡扎菲和阿拉伯世界的关系却没有发生任何改变。2006年，埃及举办世界经济论坛（World Economic Forum），吸引了诸多国家和政府首脑参加。会议期间，我会见了时任埃及总统的胡斯尼·穆巴拉克（Hosni Mubarak）。我们的会面地点是在沙姆沙伊赫（Sharm el-Sheikh）修剪一新的高尔夫草坪。我提到了卡扎菲，穆巴拉克只是淡淡地说了一句："我们不要惹他就是了。"

五年后，全世界都看到了卡扎菲是如何下台的。2011 年，一场民众起义之后，北约开始空袭利比亚，协助反叛力量推翻了卡扎菲政府。卡扎菲逃跑，但其人头被悬赏 200 万美元。最终，他被捕获，在他的家乡苏尔特（Sirte）被处以极刑。

卡扎菲被推翻之前，国际社会和他的谈判也在进行，但幕后的细节现在还无从知晓。除了托尼·布莱尔曾以"个人身份"两次打电话给卡扎菲[2]，还有一项更有组织的行动一直在和卡扎菲保持联系。民众反叛爆发之后，法国前总理多米尼克·德维尔潘（Dominique de Villepin）就参与了和卡扎菲的商谈，督促其自愿下台。他是这样给我讲的："我参与了和卡扎菲方面的商谈，直到最后一刻还在谈，距离达成协议只有咫尺之遥了。卡塔尔、法国、日本都参与了，当然还有卡扎菲的亲信。"[3]

这一切都发生在的黎波里政府垮台之前。参与商谈的人告诉卡扎菲："你可以保留一些权力，但你必须接受一个联合政府，并下台。我们并不想废除现有的东西。你用了一生的时间在利比亚建立社会秩序，取得了一定成功，但我们需要一个更加稳定的利比亚。我们现在需要解决这个问题。"其中，最为关键的部分是要卡扎菲下台。

但是，这些谈判是间接进行的。卡扎菲一方直接参与的人包括巴希尔·萨利赫（Bashir Saleh）等卡扎菲的亲信。德维尔潘说，"部分原因就在这里。我们不能直接找他本人谈。"

德维尔潘还说："卡扎菲不信任自己的盟友，所以最终未能达成协议。"

西方在介入利比亚问题的过程中存在的最大问题是，缺少一个成熟的战后计划，致使利比亚战后处于一个管理无序的状态。北约成立的初衷是遏制共产主义的传播，由北约主导去推翻一个北非的政府，从一开始就存在很大问题。质疑卡扎菲统治时期利比亚所出现的侵犯人权的问题，尽管可以理解，但是以军事介入的方式推翻一个现任政府，却开辟了一个不容模仿的先例。利比亚的社会治理结构不断恶化，但又无法找到切实可行的改良之策。同时，利比亚民众在卡扎菲统治时期所面对的贫困、自由受限、缺乏安全感等等问题依然存在。

卡扎菲倒台后，国际社会想当然地以为新的国家领导人会自动出现，参加民主选举，组建新的政府，而新政府则会逐渐成熟。实际情况是，国家领导层分裂了，治安状况每况愈下，国民经济陷入了泥潭。当一个国家政令不通，就必然会出现一种权力真空，非国家行为体就会乘机介入。战后计划的缺失，把利比亚置于一种变化莫测的境地，因为任何地方力量都无法占据主导地位，实施有效的治理。而且，在诸如利比亚这样的部落社会，国家治理结构一旦崩塌，整个行政管理体系就会瘫痪，民众就会转而效忠自己先前的部落。

利比亚整个国家崩溃了，沦为恐怖分子的藏身之所，石油输出也时断时续。于是，各种恐怖组织趁机浑水摸鱼，大肆利用这种权力的真空状态和部落间的隔阂，谋取一己之利。在有些地方，非国家行为体甚至接管了税收机构。整个国家混乱不堪，暴力盛行。2012 年，一伙全副武装的激进分子袭击了位于班加西（Benghazi）的美国大使馆，造成美国驻利比亚大使克里斯多夫・史蒂文斯（J. Christopher Stevens）及三名美国外交官死亡的惨剧。

多米尼克・德维尔潘（Dominique De Villepin）曾对我说："卡扎菲虽然劣迹斑斑，但他却能团结利比亚的各个部落。现在的问题是，一旦你出兵这些国家，最后的结果和他们经历几年的内战的结果不会有什么不同。到头来，我们还得支持同样的独裁政府。"

以外部军事介入的方式改变一个独裁政府，而非通过民主程序，必生后患。在缺少明晰的战后规划的情况下，用军事力量推翻一个现任政府而扶持其反叛势力，从长远讲其害无穷。这是用一种极为简单的方法处理无比复杂的问题，对存在的现实问题缺乏全面思考。政权的改变会导致巴尔干式的碎片化，国家的分裂和非国家行为体势力的增强，由此造成的创伤非短时间内能够愈合。

多米尼克·德维尔潘说："独裁政府的下台，在美国人、英国人，甚至法国人看来，必定意味着一个更亲近西方的政府的上台。但这是一个天大的误解。根本的问题是，如何让那些政府合法化，并且更好地服务于他们的人民。"

转型期要平稳度过，理想的方式是新的政府需要保留前政府的部分架构。卡扎菲被处决以后，利比亚人仍然愿意和原来在他的政府里任职的官员共事，但参与军事干预的那些民主国家却坚决反对。

出兵利比亚之后，英国首相戴维·卡梅伦（David Cameron）和法国总统尼古拉·萨科齐（Nicolas Sarkozy）多次公开发表讲话，媒体广泛报道，但并未能改善西方在利比亚的形象。时任萨科齐高级顾问的阿兰·明克（Alain Minc）后来曾对我说："那完全是一种内政策略。他们两人那样做，是为了影响国内的民众。"[4]

现在，国际社会又为如何更好地处理叙利亚问题和巴沙尔·阿萨德（Bashar al-Assad）政府的去留争论不休，我们不得不问自己：推翻一个政府真的有用吗？如果我们打算诉诸武力，我们是否对所面临的局势做了切合实际的评估，全面考虑了军事干预会产生的后果呢？

（1，2）与母亲和妹妹在意大利一起度假。这是我小时候第一次也是唯一一次乘坐飞机，后来上学后我才再次坐飞机飞往阿富汗喀布尔

（3）我父亲走在美国伊利诺伊大学厄巴纳－香槟分校（Champaign-Urbana）校园里，他在那里获得了电子工程硕士学位

（4）在卡拉奇工商管理学院（Institute of Business Administration in Karachi）读书时，我负责收取招待所相关费用，资金用于支付餐厅的餐费。我一个月有 40 卢比的补助

（5）在阿伯塔巴德（Abbottabad）公立学校跟两位班长合影。伊姆蒂亚兹 · 阿拉姆（Imtiaz Alam）来自达卡（Dacca），扎卡 · 邦杜克拉（Razzak Bandukda）来自卡拉奇。我一直在巴基斯坦上学

（6）与妻子卢克萨娜的结婚照。我们的婚礼在拉瓦尔品第五洲大酒店（Intercontinental Hotel Rawalpindi）举行，由伊拉克驻巴基斯坦大使，同时也是一位宗教领袖吉拉尼（H.E. Gilani）主持。之后，我和妻子在巴基斯坦北部斯瓦特河谷（Swat Valley）共度蜜月

（1，2）在花旗银行 30 年的工作生涯让我接触到全世界的高层人士。在玛格丽特·撒切尔（Margeret Thatcher）和乔治·布什（George H. W. Bush）离任后，我曾陪同两位前国家领导人进行花旗银行安排的全球巡讲

（3）总理贝娜齐尔·布托（Benazir Bhutto）与其丈夫阿西夫·阿里·扎尔达里（Asif Ali Zardari）突访花旗银行在新加坡为我安排的住所

（4）与马来西亚总理马哈蒂尔·穆罕默德（Mahathir bin Mohamad）合影

2

4

) 2014 年与花旗总裁约翰 · 里德（John Reed）及其夫人辛迪
ndy）在其位于波士顿的家中合影。当时，里德任 MIT 公司董事
席（MIT Corporation Board of Trustees）

3）花旗前任及现任管理人员：前任主席桑迪 · 威尔（Sandy
l）和琼 · 威尔（Joan Weill），在合资银行成立后，桑迪 · 威
约翰 · 里德共同担任总裁一职；现任总裁迈克尔 · 考伯特（Michael
bat）和副总裁艾伦 · 麦克唐纳（Alan MacDonald）

）与花旗银行副总裁保罗 · 柯林斯（Paul Collins）及其夫人卡
（Carol）合影

）在卡拉奇工商管理学院的校园里。一起合影的有花旗负责人胡
· 德 · 凯斯达（Julio de Quesda），工商管理学院院长阿卜杜 · 瓦
博士（Dr. Abdul Wahad），工商管理学院创办者、前任院长
尔博士（Dr. Mukhtar），伊纳亚特（Inayat Din）先生，法兹勒 · 哈
Fazle Hasan）及其他教职人员

）与理查德 · 胡贝尔（Richard Huber）合影。我曾作为其手下
旗银行多个职位工作过

6

（1）在日内瓦设立花旗银行沙特阿拉伯下属银行桑巴银行办事处。从左至右：海菲·阿拉维（Hafid Alawi）、扎卡里亚·卡巴（Zakaria Kabba）、总裁阿卜杜勒·阿齐兹·阿勒·高赛比（Abdul Aziz Al Gosaibi）、哈里尔·考尔迪（Khalil Kordi）博士、毛拉（Mulla）博士、山姆·米科德士（Sam Mikdashi）、拉希德·罗迈扎恩（Rashid Romaizan）和塔里克·塔米米（Tariq Tamimi）

（2）我在花旗银行的很多同事都担任了政府职务。照片中有：我曾经的顶头上司舒艾卜·阿赫迈德（Shuaib Ahmed），后来担任巴基斯坦国家银行行长的萨利姆·拉扎（Salim Raza），后来担任财政部长的肖卡特·塔林（Shaukat Tarin），担任巴基斯坦联合银行（United Bank Limited）行长的祖贝尔·苏姆罗（Zubyr Soomro）

（3）在巴林开设花旗银行第一家伊斯兰分行。与董事会成员、巴林首相谢赫·哈利法·本·萨勒曼·阿勒哈利法（HRH Shaikh Khalifa bin Salman Al Khalifa），谢赫·伊布拉西姆·阿勒哈利法（H.E. Sheikh Ebrahim K. Al Khalifa），穆哈穆德·阿勒－施璐齐（Mohammed Al-Shroogi）等合影

1

2

3

（1）在穆沙拉夫上将致电邀我入职政府，帮助巴基斯坦摆脱经济困境之前我从未见过穆沙拉夫本人。照片中我正与穆沙拉夫上将、伊赫桑·努尔·哈克(Ehsan ul Haq)上将、卡亚尼(Kayani)上将、基德瓦伊(Kidwai)上将及其他相关人员参加巴基斯坦国家指挥局(National Command Authority)会议

（2）在军事基地将战略导弹移交战略部队指挥部移交仪式

（3）与伊赫桑·努尔·哈克(Ehsan ul Haq)上将、穆沙拉夫总统、海军上将塔希尔(Admiral Tahir)、阿赫桑·哈亚特(Ahsan Hayat)上将共同参加每年一度的国庆日(Republic Day)大阅兵。照片中我指着从头顶飞过的由空军司令坦维尔·迈哈默德·阿赫迈 德(Tanvir Mahmood Ahmed)带队的空军编队

（4）卡拉奇国防产品出口博览会开幕式。接待我的是总负责人(Joint Chief staff)阿齐兹将军、信德(Sindh)省省长因沙托·乌勒·艾宾(Ishrat Ull bad)和阿里·哈密德(Ali Hamid)少将

虽然军事接管并未成为流血事件，新政府还是惶恐不安。新政府接管巴基斯坦几个月之后任总理纳瓦兹·谢里夫（Nawaz Sharif）一拘禁关押。美国总统比尔·克林顿和沙特阿国王阿卜杜拉·本·阿卜杜勒·阿齐兹·阿勒（Abdullah bin Abdul Aziz Al Saud）共同要放谢里夫。

（1）几年之后，我跟比尔·克林顿、歌手博诺（Bor前国会成员乔·斯卡伯勒（Joe Scarboroug在华盛顿出席一场盛大演出

（2）与沙特阿拉伯国王法赫德·本·阿卜杜勒齐兹（Fahd bin Abdul Aziz）在其皇家宫殿会

（3）与沙特阿拉伯国王阿卜杜拉·本·阿勒·阿齐兹·阿勒沙特（Abdullah bin Abdul Al Saud）合影

（4）与约旦国王阿卜杜拉二世·本·侯赛因（AbdII bin Al Hussein）合影

（5）我陪同穆沙拉夫上将与阿联酋领袖谢赫耶德·本·苏尔坦·阿勒纳哈扬（Sheikh Zabin Sultan Al Nahyan）在其位于阿布扎比（Dhabi）的宫殿会面。谢赫·扎耶德敦促穆沙上将与美国合作，共同应对阿富汗

"9 · 11"恐怖袭击震惊世界，全球目标转至阿富汗和对奥萨马 · 本 · 拉登（Osama bin Laden）的抓捕行动。巴基斯坦战略地位使其成为反恐战争的重要同盟。此状况帮助伊斯兰堡新任政府得到合法地位，西方也向我们敞开了胸怀。

（1）与乔治 · W. 布什在白宫花园里漫步

（2）卢克萨娜与劳拉 · 布什在白宫合影

（3）在椭圆形办公室里与乔治 · W. 布什商谈

（4）在唐宁街十号与英国首相托尼 · 布莱尔合影

（5）在出访华盛顿期间与美国副总统迪克 · 切尼（Dick Cheney）会谈

2

3

4

5

在美国和英国外交人员的努力下，穆沙拉夫总统与印度总理阿塔尔·比哈里·瓦杰帕伊（Atal Bihari Vajpayee）就克什米尔（Kashmir）问题达成初步共识。然而，印度政府的一个突变影响了整个进程。

（1）与瓦杰帕伊继任者曼莫汉·辛格（Manmohan Singh）总理合影

（2）在瓦杰帕伊总理出访巴基斯坦参加南亚区域合作联盟会议（South Asian Association for Regional Cooperation）时，我被指定作为其接待工作部长级官员。照片中是他卸任之后，在其位于德里的家中，他向我提出了克什米尔和平进程的秘密途径（Back Channel）

（3）我们启动了通往克什米尔的公交线路，帮助人们穿越管制线（Line of Control），这也是我们秘密解决方案的一部分。照片在管制线旁边拍摄

（4）出访德里期间我与克什米尔领导会晤。从左至右：沙博·沙阿（Shabbir Shah）、亚希尼·马利克（Yasin Malik）、赛耶德·吉拉尼（Syed Geelani）、米尔·瓦伊兹·欧玛尔·法鲁克（Mir Waiz Omar Farooq）、阿卜杜勒·加尼·巴赫特（Abdul Ghani Bhatt）

（5）在阿伯塔巴德（Abbottabad）附近位于加古尔的巴基斯坦陆军军校（Pakistan Military Academy in Kakul）参加结业汇报表演（Passing out Parade）并向获奖学员颁奖

（6）在德里与印度外交部长纳特瓦·辛格（Natwar Singh）、印度前任总理因德尔·古杰拉尔（Inder Gujral）、阿德凡尼（Lk Advani）和英德尔吉特（Inderjeet）先生共同出席巴基斯坦高级专员接待仪式（Pakistan High Commissioner's Reception）

1

2

3

4

（1）在的黎波里（Tripoli）我与穆阿迈尔·卡扎菲（Muammar Gaddafi）进行单独会议。与卡扎菲和委内瑞拉总统乌戈·查韦斯（Hugo Chavez）合影。当时，卡扎菲已经与西方恢复交往。然而，他对阿拉伯世界的态度却十分复杂

（2）欢迎孟加拉国总理卡莉达·齐亚（Khaleda Zia）来访巴基斯坦

（3）在印度尼西亚巴厘岛（Bali）举行的D8峰会上，与印尼总统尤多约诺（Yudhoyono）、尼日利亚总统奥巴桑乔（Obasanjo）、土耳其总理埃尔多安（Erdogan）、伊朗总统艾哈迈迪·内贾德（Ahmadi Nejad）、马来西亚总理巴达维（Badawi）合影

（4）在达沃斯我第一次遇到雷杰普·塔伊普·埃尔多安（Recep Tayyip Erdogan），当时他任伊斯坦布尔市长，之后成为土耳其总理和总统

1

2

（1）虽然阿富汗与巴基斯坦关系复杂，但我依然经常出访阿富汗，
哈米德·卡尔扎伊（Hamid Karzai）会面

（2）与阿富汗现任总统阿什拉夫·加尼（Ashraf Ghani）合影。在
任各自国家的财政部长时，我们合作紧密

（3）与阿富汗前任副总统、财政部长希达亚特·阿明·阿尔萨
（Hedayat Amin Arsala）合影

（4）与卡尔扎伊（Karzai）总统共同出席托克汗姆（Torkham）
往阿富汗贾拉拉巴德（Jalalabad）的公路开通仪式。该公路由巴基
坦出资修建

3

4

）我的防弹轿车在我参加选举宣讲活动时遭遇自
式爆炸袭击之后的惨状

）当选总理后在伊斯兰堡对国会发表演说

）自杀式爆炸袭击之后，很多人认为我会打点行
返回纽约，然而袭击事件却坚定了我为国效力的
心

）袭击之后我收到很多人的慰问信，包括黎巴嫩
理拉菲克·哈里里（Rafik Hariri），他从自己的
保车队中选出一辆防弹车空运给我。一年之后，
的车队遭到炸弹袭击，袭击中他也不幸身亡。图
中我与他的儿子、黎巴嫩前任总理萨德·哈里里
Saad Hariri）合影

）担任巴基斯坦总理时与我的团队成员合影，他
个兢兢业业

（1）与泰国国王殿下普密蓬（King Bhumibol）在夏宫（Summer Palace）会面

（2）与新加坡开国元首李光耀合影。我们初次见面是我在花旗银行新加坡分行担任行长期间

（3）与文莱苏丹（Sultan）和文莱王子殿下在苏丹位于斯里巴加湾市（Bandar Seri Begawan）的宫殿会面

（4）与李光耀的儿子、新加坡现任总理李显龙（Lee Hsien Loong）合影

（5）每次与澳大利亚总理约翰·霍华德（John Howard）会
总要提到板球运动

（6）与韩国总统卢武铉（Roh Moo-Hyun）在其位于首尔的
府青瓦台（Blue House）合影

（7）在亚利桑那州凤凰城（Phoenix Arizona）与墨西哥总统
迪·福克斯（Vincente Fox）商谈教育资金筹措问题

（8）在马尼拉与菲律宾总统拉莫斯（Ramos）合影。马尼拉
在花旗银行工作期间被派驻的第一个国外城市

）与德国联邦总理安格拉 · 默克尔（Chancellor
gela Merkel）在其担任反对党领导人一职时合影

）在柏林与德国前总统霍斯特 · 科勒（Horst
hler）合影

）在柏林参加总理欢迎仪式后与德国联邦总理格
德·施罗德（Chancellor Gerhard Schroeder）合影

）与阿迦汗（Aga Khan）合影。他在推进巴基
坦、阿富汗及其他国家发展项目和人道主义事业
面起到关键作用

）我出访曼谷期间受到泰国总理他信 · 西那瓦
haksin Shinawatra）的正式接待

（1）每次正式出访之后我都会向媒体简要陈述出访的成果

（2）在罗马与意大利总理西尔维奥·贝卢斯科尼（Silvio Berlusconi）合影

（3）在博鳌亚洲论坛与 APEC 发起人之一、澳大利亚前总理鲍勃·霍克（Bob Hawke）向与会代表致辞

（4）在吉隆坡市郊布城（Putrajaya）与马来西亚总理阿卜杜拉·巴达维（Abdullah Badawi）合影

（5）在担任南亚区域合作联盟（SAARC）主席和巴基斯坦总理时在不丹王国（Bhutan）国王的宫殿中与国王合影

（6）在布鲁塞尔与北约秘书长共同向北约理事会（NATO Council）致辞

基斯坦与美国保持紧密军事
F。“9 · 11”后，美国为巴
斤坦提供重要援助，帮助部署
雷顿森林机构对巴援助项目。

）我与科林 · 鲍威尔（Colin
well）建立了紧密的关系。
片拍摄于 2015 年，当时我们
的住所外面合影留念

）在布什总统位于得克萨斯
达拉斯的总统图书馆里，作者
乔治 · 布什见面

）在五角大楼受到美国国
部长唐纳德 · 拉姆斯菲尔德
onald Rumsfeld）的接待

2

3

1

在花旗银行工作期间，我曾在沙特阿拉伯和约旦负
花旗银行中东业务。入职政府之后，我经常前往两
旨在与海湾合作委员会（GCC）成员国建立并保
紧密联系。

（1）富兰克林·德拉诺·罗斯福（Franklin
Roosevelt）总统与沙特国王阿卜杜勒·阿齐
（Abdul Aziz）历史性会面。那次会晤巩固了美
和沙特阿拉伯之间的关系

（2）在我担任巴基斯坦总理出访华盛顿期间，参议员
翰·克里（John Kerry）主持了欢迎晚宴。出席晚宴
有参议院外交关系委员会的全体成员，包括美国参议
外交关系委员会主席理查德·卢格(Richard Lugar

（3）与阿拉伯联合酋长国文化和知识发展部部
（Minister of Culture and Knowledge Developmen
谢赫·纳哈扬·本·穆巴拉克·阿勒·纳哈扬（She
Nahyan bin Mubarak Al Nahyan）合影

（4）与国际实业家阿勒瓦利德·本·塔拉勒（Alwale
bin Talal）王子合影

2

3

4

第七章

反恐冷战

2015 年 11 月 12 日，五角大楼官员宣布，一架美国无人机在叙利亚的一次行动中，击毙了圣战者约翰（Jihadi John）。圣战者约翰是“伊斯兰国”（Islamic State）令人毛骨悚然的人物之一，因多次蒙面出现在残暴处置人质视频中而臭名昭著。他的死亡似乎是全球反恐战争的一次胜利，但由此带给人们的喜悦却昙花一现。仅仅一天之后，巴黎发生一系列有组织的袭击案，夺去了 130 人的生命，整个城市陷入恐怖之中。法国总统弗朗索瓦·奥朗德（Francois Hollande）宣布法国全境进入紧急状态。

至此，“9·11”事件点燃的反恐战争已进行了 14 年。在此期间，打击的对象不断变化，以适应新形势。我们看到了恐怖武装的建立，也看到“伊斯兰国”极端分子攻城略地。

美国前国防部长拉姆斯菲尔德是反恐战争的发起人，也曾主导推翻萨达姆·侯赛因政权和打击阿富汗基地组织的军事行动。2014年，我们会面时，就全球恐怖势力传播带来的威胁以及应对策略，我曾征求他的看法。

他说："我的直觉告诉我，这更像一场冷战。这是一场无法用子弹赢得的战争，而是一场意识形态领域的战争。我们需要时间和耐心，那场冷战就持续了几十年呢。伊斯兰主义者提倡的一些思想，在世界上有一定的说服力。他们现在还能筹措到资金，还能招募到人员。（尽管）国际社会给他们施加的压力取得了一些效果，但是决定这场战役最终胜败的不是西方的打击，而是来自他们内部的思想变化，也就是说他们得认识到极端主义不会给他们的人民带来好处，十年、二十年后他们受到的支持会不断削弱。"[1]

拉姆斯菲尔德的语言令我担忧。

我们得问自己：我们做错了吗？我们有哪些地方需要改进？

记得2005年英联邦高峰会议期间，我曾和英国首相托尼·布莱尔（Tony Blair）讨论世界所面临的日益严重的恐怖威胁。1999年的军事政变之后，巴基斯坦的英联邦成员资格被终止，允许六年后重新加入。我以首相的身份率领巴基斯坦代表团参加了在马耳他召开的这次峰会。参加会议的还有女王伊丽莎白二世（Elizabeth II）和托尼·布莱尔、南非总统塔博·姆贝基（Thabo Mbeki）、尼日利亚总统奥卢塞贡·奥巴桑乔（Olusegun Obasanjo）、马来西亚总理阿卜杜拉·艾哈迈德·巴达维（Abdullah Ahmad Badawi）以及其他名流政要。

我和布莱尔的会谈是在英国驻马耳他高级专员官邸进行的。时值伦敦交通系统遇袭事件发生之后仅几个月，那是英国历史上发生的最为严重的有组织的恐怖袭击。寒暄之后，我们的谈话正式开始，我主动提起了反恐的话题："在帮助英国的穆斯林融入英国社会方面，你的政府应该做更大的努力。他们不应该被边缘化。年轻人应该有更多的接受教育的机会、就业的机会以及参与公平竞争的机会。不然的话，他们就会以比较极端的方式发泄不满情绪。"

2014年，我再次见到托尼·布莱尔时，他已经卸任首相七年了。我们两人都感到恐怖主义的威胁不但没有降低，反而增加了。随着"伊斯兰国"的出现，恐怖主义已演变到一个新的阶段。布莱尔回忆起我们在马耳他的会面时说：

"我记得当时你非常简明扼要地给我阐述了恐怖主义对全球的威胁，以及对英国的威胁。那是第一次有人用如此清晰的方式给我讲恐怖主义，让我第一次认识到，我觉得，在我们国家我们将会应对一件影响颇为深远的事情。"[2]

我问他如何看待目前英国所存在的恐怖主义威胁，他说："我认为这种威胁更为严重了。我觉得问题目前依然存在，程度并没有减低的趋势。"

尽管英国在此方面取得了一些成绩，但是在帮助穆斯林融入英国社会，使其成为社会的有机部分方面仍有大量的工作要做。英国的巴基斯坦裔人口比例居全球前列，但大约三分之二属于"低收入"人群，在英国各族群中占比最高。[3]

要根除诸如此类的问题，工作要从社区开始，具体任务包括创造更多的就业岗位和机会，提升教育水平，以及增强公平和平等意识。同时，穆斯林应该认识到，生活在英国这样的国家，他们必须接受较好的教育，掌握相关技术，并积极为社会做贡献。

目前，地中海东部因内外各种势力的支持而出现的危机，其影响远远超出了该地区。这些国家要么宗教冲突频发，饱受内战摧残，要么经国外力量干预出现政权更迭，因而形成了众多分裂势力。“伊斯兰国”，又称“伊拉克和沙姆伊斯兰国”或“伊拉克和黎凡特伊斯兰国”，就是其中之一。萨达姆·侯赛因代表逊尼派穆斯林，但一直统治着什叶派占人口大多数的伊拉克。但是，后来成立的以什叶派主导的政府在政治进程中拒绝吸纳逊尼派，引发强烈不满情绪，国力因此日益凋敝。

在伊拉克问题上，出现了几个失误。首先，在国家百废待兴之际，缺乏应有的经济刺激计划。在任何一种战后重建中，必须有一套切实可行的经济振兴方案，还需要世界大国和布雷顿森林金融机构的支持和资助，以及一系列行之有效的结构性改革。就伊拉克战争而言，这样一套包含加强基础建设、刺激经济增长和创造就业岗位的综合规划显然是不存在的。

2014 年，一位前美国资深官员曾对我说：“我当时在国务院工作。美国花在伊拉克经济建设上的钱，大约相当于美军一天的伙食费和其他维持费用。”[4] 经济的发展本应该让各种对立派系相信，国家正朝着一个正确的方向发展。然而，伊拉克战后的内忧外患状态，却让那些试图破坏地区稳定的势力有机可乘。

国际社会需要在策略上聚焦于一点，才能应对目前事态的发展，以及其中所涉及的千丝万缕的派别、部落、族群、民族以及宗教等问题。到目前为止，我们还不清楚各种势力的发展动向及其发展壮大的策略。我们需要更为详尽的情报，以了解他们的经费来源、组织管理的运作方式、最终的奋斗目标，以及不同恐怖组织间的联系。

全球性的恐怖主义对每一个受到威胁的国家来说，都是一件生死攸关的大事。2014 年 6 月，“伊斯兰国”夺取了伊拉克最大城市之一的摩苏尔（Mosul），并宣布成立哈里发，世界为之震惊。据报道，“伊斯兰国”占据区目前的总人口已超过 600 万，他们实行铁腕统治，实施恐怖政策，掠夺资源，谋取财政收入。[5]

难民潮

随着打击“伊斯兰国”战争的激烈进行，成千上万的难民背井离乡。大部分难民逃到邻国约旦，也有不少人长途跋涉至土耳其和欧洲。据报道，每天有多达 5000 人试图渡过爱琴海（Aegean Sea）以便登陆希腊。

站在人道主义立场上讲，接受战争难民是不容置疑的义务，而且这场危机需要妥善处理，但是这场难民潮如果处理失误，将给欧洲带来极为不利的后果。

我国政府曾接受了 500 万阿富汗难民，我个人因此深有体会。我认为，如果不能很好地控制这股难民潮，将给欧洲带来不少长期难以处理的问题[6]。在巴基斯坦，难民已逃至卡拉奇，在市区搭起帐篷，而恐怖分子很容易渗入难民居住区。这些难民并非过境难民，即使其本国局势稳定下来，他们也不会返回本土，而各种遣返工作却以失败告终。欧洲目前面临同样的问题。

随着伊拉克和叙利亚危机的持续发酵，欧洲各国的决策者需认真研究他们的难民政策以及这些来自战乱地区的难民会给本国带来的安全问题。2015 年，我会见了前欧洲理事会主席、前比利时首相赫尔曼·范龙佩（Herman van Rompuy），并征询他对此事的看法。他说："欧洲所面临的挑战主要是经济方面和人口方面的挑战，而移民从某种角度上讲也是解决问题的途径之一，但要说服民众却是难上加难。"[7]

他接着说："到 2050 年，如果欧洲人口数量下降 4000 万，而按照目前的趋势计算，增加移民人口 5500 万，问题是：即使我们需要移民，我们有没有接受移民的社会基础？由于目前经济的疲软和现有的社会治安措施的不足，我们现在的答案是否定的。"

如果走中间路线的温和派领导人不能很好地处理目前的难民危机，那欧洲国家的两极分化现象将会进一步加剧，结果将被极端民主主义运动和极右团体所利用。世界需要能够团结各种社会力量的领导人，从而创造一种民族精神，让那些试图推行强硬路线的人无计可施。

路在何方?

和过去的传统战争不同，我们现在面对的这些敌人会充分利用高度互联、高度全球化的世界环境，轻而易举地把触角伸到世界各个角落。他们会运用现代化的技术手段，从海外招募力量，和其他恐怖势力相互勾结。他们拥有先进的互联网和社会媒体手段，甚至开发出了他们自己的手机应用软件。恐怖主义问题的全球化和跨国性质，意味着不容我们再任其发展几十年的时间。

上述问题已经远远超出了恐怖分子活跃的地区。恐怖组织现在已经能够成功从世界各地招募好战分子。到 2014 年年底的三年间，到达叙利亚和伊拉克参加恐怖组织的外国人已达大约 2 万人[8]，其中约 4000 人来自欧洲。在欧洲各国，参加人数最多的是法国，其次是英国、德国和比利时。我们也看到，还有加拿大和澳大利亚青年远赴中东参战。

恐怖组织鼓动那些生活中的受挫者，以壮大自己的队伍。他们的目光盯着那些易受伤害、仇恨社会的群体，动摇了我们社会的根本。这一群体被边缘化的心理在极端分子的宣传中得到有效的释放，形成他们对现代性和全球化的仇恨，从而鼓动他们决心行动起来，试图维护他们心中对阿拉伯帝国的幻想。

我们一直把这种现象仅仅视为一种公共安全和军事情报方面的问题，但是问题并不止于此。这种现象涉及的是我们社会中被边缘化、受忽视的一群人，而诱惑他们的宣传则具有很强大的吸引力。我们应该通过更加人性化的方式去赢得他们的心，而不是运用军事手段去解决问题。

琼斯将军曾对我说："总的来说，无论在越南还是巴基斯坦还是阿富汗，极端行为（后面）都是一种理念，承诺他们一种更加美好的生活。如果你真要消灭恐怖主义，那你首先要从消灭那些引起人们不幸福的根本因素着手。这些因素无非包括衣、食、住、行，也就是生活必需品。"

这就要求制定一套整体性的方案，涵盖经费、技术、通信、人力资源、就业机会和教育的普及等内容。解决恐怖主义蔓延问题的关键是让人们抛弃无助感，对未来充满足够的信心。

中东地区目前存在的地区性冲突，不应孤立地看待。在很多情况下，问题的根源在于我们国内，在于我们自己的社会之中。建立紧密的家庭单元，使之相互关照，应该受到足够的重视。各种宗派、部落、宗教和族群问题日益国际化，助长了恐怖主义在全球的传播；被边缘化的社区无论处于世界任何地方，都可能成为极端分子的目标。世界各地的不平等现象日益加剧，致使这一问题进一步恶化。

我在 2005 年同托尼·布莱尔见面时就谈到，各国政府和社会应该提倡民众相互包容，让每个人感到自己受到重视，对社会有益。我们的社会中还有很多隐形断裂带值得我们进一步研讨，并找到解决方案，其中包括种族和经济层面的歧视现象、贫富差距和宗教对立等。我们首先应该承认诸如此类的断裂带的存在，然后不断努力，提升社会的包容度，改变这些现象背后存在的惯性思维方式。

一些国家已经注意到自己的国民加入圣战组织的事实，德国便是其中之一。据报道，目前有800多名德国人奔赴叙利亚或伊拉克[9]。关于此问题，我征求了德国前总理格哈德·施罗德（Gerhard Schroder）的看法。他说："从长远讲，反恐战争取得胜利的前提是，人民感到他们的生活有了成就感。和平的红利不应该只是理论上的东西，而应该是看得见摸得着的实惠。要消灭狂热主义的滋生源，我们必须给全世界一种政治、物质和文化上的安全感。"

我们仍需继续努力，以防止心怀不满的民众采取激进措施。研究表明，恐怖组织最初招募新人都是当面进行——而非网上招募——这也是我们要在"薄弱方面"，如教育机构、监狱和地方社区加倍警戒，防患于未然的原因。[10]在英国，马基德·纳瓦兹（Maajid Nawaz）及其所创立的奎利姆基金（Quilliam）已经做了极具价值的工作，提醒人们注意极端行为的现实状况，并提出应对措施，但诸如此类的努力仍显不足。

激进行为常常被称为"不同文明间的相互冲突"。要解决此问题，我们需促进不同文化间的相互理解，强调不同文化之间的共性。与此同时，我们需要更加重视哈佛大学学者约瑟夫·奈（Joseph Nye）所提出的"软实力"。该概念的内涵是一个国家要提升其自身吸引力；要增加投资，促进发展；要使用电影、互联网等多种媒体，以宣传自身的价值观。面对伊斯兰国家大肆的自我吹捧，我们立即展开批评，但对自己国家启蒙性治国方略却宣传甚少。我们需要使用各种现有方式以应对极端分子所传达的信息。他们怂恿人们使用暴力，已经得到全球数万人的响应，然而我们的应对性言论却相对不足。

伊斯兰教

伊斯兰教提倡和平、包容以及对他人的信仰、保障和安全的尊重。我的童年就是一个绝好的例证：我读书的学校是基督教传教士举办的，到了晚上我在一位老师的指导下学习《古兰经》。然而，我心中温和、包容的伊斯兰教现在被极端分子的宣传所歪曲，他们蛊惑人心，宣扬暴力和仇恨，但却屡屡得逞。

恐怖主义并不属于某一宗教信仰或道德信仰。尽管我们目前面临的强硬好战理念大多源于对宗教信仰的歪曲，但是这种理念更多地和历史上臭名昭著的恐怖组织诸如“巴德·迈恩霍夫集团”(Baader Meinhof Group) 和 “红色旅” （Red Brigade) 所提倡的理念相一致，而并非来自他们自己宣称自己所代表的宗教。恐怖主义组织的宣传方式和招募手段看似有效，但所从事的却是反人类的活动。

西方在中东地区军事介入的负面作用是给恐怖组织的宣传起了推波助澜的作用。目前的派别、部落和族群矛盾被那些企图控制该地区的势力所利用。目前，关键问题是鼓励该地区的各种势力和平相处，避免暴力行为的升级。所面临的挑战在于回到《古兰经》的文本，理解伊斯兰教教义的本意，以消除极端分子对《古兰经》的歪曲。

然而，世界各国政府正在采取措施遏制恐怖主义的传播。在这一方面，我们应该向反恐取得成功的国家学习。一个很好的例子是马来西亚。这个国家的穆斯林人口很多，但治安形势比较稳定。我在马来西亚生活过一段时间，目睹了这个国家所取得的成绩。我也有幸会见了马来西亚前总理马哈蒂尔·穆罕默德（Mahathir Mohamad）博士。马哈蒂尔是马来西亚有史以来在任时间最长的总理，在他的领导下国家大刀阔斧地开展结构性改革，加快了现代化建设的步伐。他努力团结各种不同社会群体，向世界证明种族不同、信仰各异的社会力量完全可以和平相处。他建立了一个马来人、华人、印度人共同参与的政府，极大地增强了马来西亚人的国家荣誉感，带领国家走上经济增长之路。

2014 年，我与马哈蒂尔博士会面，问他对伊斯兰世界所面临的复杂问题有何见解。在其位于吉隆坡市郊布城（Putrajaya）的办公室里我待了一个小时，倾听他的真知灼见。他说穆斯林民众参与恐怖活动的最初原因是一些误导性的宗教布道和人们对《古兰经》的误读。

马哈蒂尔博士说，“最近我应邀前往埃及，他们问我穆斯林有什么错。我告诉他们穆斯林策略不明朗，不知道自己想做什么、能做什么。司法体系薄弱。穆斯林解读《古兰经》有误。穆斯林领导者必须重新回归伊斯兰教最初的教义，而非为了自己的政体而对其随意个人解读。”[11]

针对伊斯兰圣战运动所宣称的穆斯林可以杀死不同教派的穆斯林同胞，他评价道：“世界上只有一个穆斯林。我们总是过多强调教派差异，可我们都是穆斯林，而各种穆斯林文化均应严格遵守《古兰经》，不应有教派之分。”他强调说，伊斯兰世界的派别之分是对穆斯林乌玛（Ummah）的损害：“我们必须将其视为我们共同的信仰，消除差别。”我们一致认为国际组织，如伊斯兰合作组织（Organization of Islamic Cooperation），有义务推进伊斯兰世界的统一。

马哈蒂尔博士呼吁追求先知所宣扬的容忍与和谐：

“我们凡事都应遵照《古兰经》行事。严格遵守《古兰经》可以让我们彼此融合，因为我们有共同的信仰。暴力文化很难彻底消除。孩子很小时就可能学会暴力，因此要给孩子输入和平、分享、和谐的价值观。”

国际社会

面对恐怖主义在世界范围内的传播，国际社会比历史上任何时候都需加强合作。只有真正联合起来，才能有效应对这一生死攸关的威胁。

因此，问题的关键在于世界大国应该搁置分歧，携手行动。这些国家包括美国、中国、俄罗斯、欧洲各国和伊斯兰国家。

世界上的极端势力是无法运用传统的战争手段或者治国策略

消灭的。科菲·安南在和我见面时回忆起他与阿富汗塔利班领导层私人交往的经历，与我分享了他对我们所面临的各种挑战的真知灼见。安南是会见过塔利班外交部长瓦基勒·艾哈迈德·穆塔瓦基勒（Wakil Ahmad Muttawakil）的为数甚少的官员之一。

他是这样给我讲述他们的谈话内容的："我给他讲法制以及依法做事，但他说：'在我们的体系里，我们所做的一切都是合法的。'我告诉他：'你们的朋友没几个，如果你们这样做，那几个朋友也会离你们而去，而且你们会受到制裁。'他说：'制裁？什么制裁？'我说：'不允许你们外出，不允许你们转账。'他说：'外出？我们为什么要外出？去哪里？'"[12]

安南接着说："我们坐在纽约的办公室里，以为我们提到经济制裁每个人都会吓得发抖。但是，他们根本不知道制裁是什么，他们一点不担心。他们有自己运输钞票的渠道，不需要我们的银行。所以，我们控制不了他们。这就是我们发现的问题，因为人们的标准不同、理念不同。你以为对你重要的东西、在你们本地适用的东西，对他们也适用。你怎么能肯定在地球另一边的人对法制、对制裁的理解和你没有不同？如果他们的理解不同，那他们就不关心，那你们的做法和你们安理会的决议就是对牛弹琴。"[13]

解决非国家行为体的问题，也需要我们做出更大的努力，找到有效的途径。正如安南所说，经济制裁很难对他们产生影响，因为他们根本不在体制之内。他们资金转移的渠道扑朔迷离，无人知晓。在这些新的挑战面前，传统的调查手段已经显得过时，联合国和国际社会在此问题上却未能发挥应有的作用。

在情报和安全工作方面，我们应该积极出击。过去，我们太被动，总是在不得不行动的时候采取应对措施。2001 年的纽约世界贸易中心恐怖袭击案就是一个很好的例证。前英国内政兼外交大臣杰克·斯特劳（Jack Straw）给我谈到“9·11”事件之后英国反恐政策的变化：“‘9·11’之后，我们情报部门的整个工作重心完全聚焦于打击基地组织和伊斯兰极端主义势力，这一点和以前完全不同。以前也应该如此。我担任内务大臣时，分管军情五处和安全事务，他们找事做，因为他们针对俄罗斯的反间谍任务减少了，来自爱尔兰的威胁也在减少。因此，安全部门的任务主要成了打击严重犯罪，就剩下国内的黑帮团伙。现在情况已经发生了天翻地覆的变化。”[14]

回归社会的风险

掌握受极端组织蛊惑的青年的动向并阻止他们参加圣战，只是问题的一个方面。可以说，另一个更为重要的方面是他们返回本土后会出现的问题。我们必须为从恐怖组织返回本土的极端分子制定出一套安置方案，包括帮助他们恢复正常的社会生活，并确保他们不对他人造成威胁。这些人重新回归社区的问题需要认真思考。

有人建议立法，对返回社会的青年进行有组织的去极端化教育，这样可以消除他们对社会的隔阂等问题，也可以解决他们所承受的心理问题。这样的做法的目的在于让他们很好地融入社区，并给他们灌输一种不同于先前极端思想的理念。[15]同时，我们还需要注意观察，以防他们当中的一些人拉拢其他人参加极端组织。

所有这些工作原则上不应落在地方警察部门的头上，而需要经过特殊训练的专业人士去做。地方警察队伍应该接受反恐的专门培训，以便有能力及时发现并打击暴力行为。我们应该给警察部门划拨专门的反恐经费。

我们应该制定出一套全球性的战略，以应对有史以来最大数量的远赴中东地区参战的极端分子。他们当中很多人已经返回本土，这意味着不少国家已经不得不面对数量惊人的归国参战者和本土极端分子。如果我们不能采取统一行动帮助他们回归社会，历史的悲剧很可能重演。过去，苏联在阿富汗的军事行动宣告失败后，参战的穆斯林游击队员未能得到合理安置。现在，我们必须避免同样的错误。

我们可以从诸如突尼斯这样的国家汲取经验。2011 年革命之后，突尼斯一方面应对国内各派势力的纷争，一方面力求向民主国家转型。国内各派力量后来均受邀参加政治进程，并确保其应有的所有权，以防止国家转型进程遇阻。主导这次政治进程的是突尼斯总统贝吉·卡伊德·埃塞卜西（Beji Caid Essebsi）。他在国内有足够的影响力，以引导国家走上正轨。尽管突尼斯的经验不可能是一剂包治百病的灵丹妙药，但该地区的其他国家可以从突尼斯这段历史中汲取经验。

来自外部的干预不是解决该地区问题的良方。谈到地中海东部地区出现的危机，一位前美国政府高官这样对我说："美国在该地区保持军事存在，是'伊斯兰国'求之不得的事情。这样他们便可以把西方描绘成入侵者。"相反，该地区需要的是一种成熟的、多国相互协调的行动方案。到目前为止，在该地区的很多行动都是一时的权宜之计，而国际社会应该制定出一套遏制极端主义传播的长期性策略。

土耳其总统雷杰普·塔伊普·埃尔多安(Recep Tayyip Erdogan)在国家发展的关键时期表现出非同寻常的领导力。1999 年，我作为总理首次参加达沃斯世界经济论坛（World Economic Forum in Davos）见到埃尔多安。他自我介绍说他是伊斯坦布尔前市长，并说他希望担任土耳其下一任总理。我们一边吃午餐，一边联络感情，在座的还有世界经济论坛主席克劳斯·施瓦布（Klause Schwab）。我提到历史上土耳其和巴基斯坦一直是好朋友，两国人民之间感情密切。土耳其是世界穆斯林乌玛中的主要国家，是伊斯兰世界的一大支柱。

2003 年担任总理以来，埃尔多安领导土耳其发展经济，提升国家的国际威望，土耳其已成为一个重要的地区性大国。在目前欧洲出现的难民危机中，土耳其发挥了关键性的作用，接纳了来自中东战乱地区数以百万计的难民。

土耳其需要和该地区的沙特阿拉伯、阿拉伯联合酋长国、埃及、伊朗、卡塔尔和约旦协调合作，为该地区的和平共同努力。要把该地区不同国家联合起来，美国可以发挥重要作用，当然也离不开中国、俄罗斯和欧洲的支持。

在全球范围内打击恐怖主义是国际社会有史以来所面临的一项最大挑战。反恐战争已经进行了多年，但我们的世界却变得更加令人缺乏安全感。世界各国单独行动不足以应对这些挑战，唯一切实可行的方案就是多国之间的协调合作。只有组成联合阵线，才有可能打赢这一场生死攸关的战争。

第八章

与印度谈核安全

大学本科毕业后，我租住在国防协会（Defence Society）的一幢楼的附楼里，房间面积很小，位于卡拉奇郊外的一处富人区。和我同住的是和我在同一家银行工作的阿卜杜尔·巴基（Abdul Baqui）。他来自东巴基斯坦，负责筹办花旗集团的达卡分行。那些日子我们过得很轻松，无忧无虑。我当时买了一辆米黄色的二手德国大众甲壳虫汽车，我们两个人整天开着车在卡拉奇市区跑来跑去。

1971 年 12 月 4 日，在经过长时间的秘密挑拨和对孟加拉分裂势力的鼓动之后，印度武装力量穿越国际线进入东巴基斯坦。与此同时，印度海军对位于卡拉奇的巴基斯坦海军基地发动闪电式袭击。印度部队双线行动，目的在于将巴基斯坦一分为二。战争持续了 30 天，巴基斯坦最终战败，我所熟知的名为“巴基斯坦”的国家从此分裂。东巴基斯坦被割裂出去，成为独立的孟加拉国。德里（Delhi）政府对西巴基斯坦也有图谋，但迫于国际社会的压力，最终放弃。

我小心翼翼，尽量设法避免和巴基提起这一话题，于是我们的生活暂时相安无事。但是，国家战败所带来的紧张情绪和屈辱感却无法回避。一夜之间，生活在巴基斯坦的孟加拉人感觉自己成了另类。

一天晚上，我下班很晚，回到房间后径自上床休息。第二天起床后，却不见了巴基的人影。原来，他连夜收拾了行李，返回家乡去了。他的离开令我不快，但我理解他的无奈。和成千上万家庭因此而难以团圆的痛苦相比，失去一名室友也许算不了什么。巴基斯坦战败给每一位决策者、部队官兵和爱国人士心里留下的屈辱感，在此后的多年里，都将挥之不去。

印度的军事行动是其十多年来处心积虑削弱巴基斯坦的结果。印度的情报机构“研究与分析局”（RAW）成立于1968年，具体任务就是分裂巴基斯坦。印度在东、西巴基斯坦分裂中扮演的关键角色一直以来是一个公开的秘密。到了2015年，印度总理纳伦德拉·莫迪（Narendra Modi）终于承认了这一点。[1]

现在，印度表面上力争在本地区发挥更大的作用，但是其军队的主要力量，即其13个作战兵团中的8个，仍然针对巴基斯坦而部署。[2]2014年，一位英国高级外交官告诉我：

“印度有自己的计划。他们所有的军事训练都针对巴基斯坦。

巴基斯坦的军事原则与之形成相应的对照关系，也就是其军事训练也都围绕印度进行。”[3]

现在，印度采取了一种更加危险的方式来破坏巴基斯坦：避免公开对抗，但积极扶持巴基斯坦境内的极端势力。2015 年 5 月，印度国防部长马诺哈尔·帕里卡尔（Manohar Parrikar）公开警告说，德里有能力搅乱巴基斯坦。在新德里的一次记者会上，他阐述了一种针对巴基斯坦的以牙还牙的政策。他说：“要拔掉一个肉中刺，你需要另一个刺。”

几天以后，外交事务顾问萨尔塔·阿齐兹（Sartaj Aziz）说：“巴基斯坦对印度支持巴基斯坦境内恐怖主义活动极为担忧。这一定是有史以来首次一个民选政府的部长，以防止来自那个国家或其非国家行为者的恐怖主义为借口，公开提倡对另一个国家使用恐怖主义行为。”[4]

把印度国防部长的言论视为一时心血来潮的随意发挥，也许有一定的道理，但是他证明了印度政府长期以来对巴基斯坦的侵犯图谋。印度政府官员如此毫无顾忌地谈论印度企图破坏其邻国巴基斯坦的稳定，反映了印度长期以来对巴基斯坦所构成的威胁又增加了新的因素，实在令人担忧。

德里政府为何要采取这种策略呢？主要原因在于印度现在已经无法像 1971 年那样依靠其更为强大的常规军事力量，因为双方拥有的核武器数量已经使得发生冲突的风险极高，而常规战争已经无法应对。在过去的几十年里，巴基斯坦拥有的战略武器已经成为和平局势的有力保障。

冷启动军事理论

1974 年 5 月 18 日，印度实施了首次地下核试验，地点在拉贾斯坦邦（Rajasthan）的波克赫拉姆（Pokhram）试验场。巴基斯坦随即启动了自己的核计划项目。1998 年，印巴两国先后进行核试验，并向世界宣布成为核武器拥有国。尽管巴基斯坦的国力永远无法让自己在常规军事力量上与印度匹敌，但是在战略性军事力量上却能够与之抗衡。

就在巴基斯坦不断充实自己的核武器库的时候，印度却决定专注于常规武器的研发。2004 年，印度辛格（V. K. Singh）将军在一次演讲中宣布了名为“冷启动”（Cold Start）的军事理论，目的在于构建一种快速反应体系，以便以较小的行动规模给予巴基斯坦致命打击。这种短平快的军事攻势可以避免战争升级为核战争。[5] 这种快速反应体系也有助于印度在极短时间内达到目的，免受外界压力的影响。戴维·卡梅伦的国家安全顾问、前任英国驻联合国大使和驻巴基斯坦大使马克·莱尔·格兰特（Mark Lyall Grant）曾对我讲：“冷启动意味着在国际社会做出反应之前，他们足以圆满完成自己的预定任务。”

印度退役上校艾利德·艾哈迈德（Ali Ahmed）曾就印度的诸多政策撰文数篇，他是这样阐述这一军事理论的：“该理论要求政府的所有职能部门高度协同一致，以便这些力量在一定的时间内准备就绪，到达作战地点。”[6]

陆军中校哈里德·基德瓦伊（Khalid Kidwai）曾任巴基斯坦国家统帅部（National Command Authority）顾问，也是巴基斯坦战略规划部（Strategic Plans Division）首任主任，任职长达约 15 年之久。2015 年，他在美国华盛顿特区的一次会议上谈到巴基斯坦的核能力时，是这样分析印度的冷启动理论的：“相当于一个程序化、预定的体系，好比速度极快的站姿射击，起始于战术层面，快速进入军事战略层面。”

对冷启动军事理论持反对意见的人认为，印度并不具备实现这一理论的物质条件。美国驻印度大使蒂姆·罗莫尔（Tim Roemer）发回华盛顿的一份电报曾泄露说：“印度军队的‘冷启动理论’是神话和现实的混合体。由于受到物质条件的严重制约，这一理论从来没有，也许永远也不会在战场上得到应用。但是，自从 2004 年公开以后，已发展为一种很成熟的进攻方案，目的是一旦出现危机，在 72 小时内得到实施。”[7] 尽管如此，巴基斯坦对这一理论却决不能掉以轻心。

与此同时，印度一直在继续发展自己的常规军事力量。斯德哥尔摩国际和平研究所（Stockholm International Peace Research Institute）认为，2014 年印度的武器进口高居世界前列。[8]2002 年至 2011 年，印度国防预算增长速度位居世界第八位，位居五个联合国常任理事国、日本和沙特阿拉伯之后。[9] 印度一直在增购先进的远程和短程轰炸机、预警系统、卫星系统，以及巴基斯坦最为关注的反弹道导弹系统。正是由于此项计划和冷启动理论，巴基斯坦绝不能忽视来自邻邦大国印度的危险信息。

战术性“和平之核武”

和印度的国情不同，巴基斯坦无法在常规武器上进行如此大规模的投入，也缺少印度那样的购买高科技武器的渠道。相反，巴基斯坦则将重心转移到发展战术性核武器上。

当美国前国家情报局官员皮特·拉沃伊（Peter Lavoy）第一次到访基德瓦伊将军位于拉瓦尔品第（Rawalpindi）的办公室的时候，他注意到墙上贴有几张巴基斯坦完成试验的一些导弹的图片。在他最后一次访问时，他看到两面墙上已经贴满了类似的图片。其中一幅哈塔夫 9 型战术导弹（Hatf IX）引起了他的特别注意。这是一种十分精密的短程地对地导弹，可以携带多枚核弹头。[10]

在 2013 年 11 月的年度军事演习中，巴基斯坦向外界首次展示了其核打击能力。在受邀嘉宾眼前，哈塔夫 9 型战术导弹现场发射。印度国防部到访官员也在其中。这种战术导弹是巴基斯坦核武器发展模式的重要组成部分。近期，巴基斯坦又成功进行了沙欣 3 型（Shaheen-III）的试验。这种中程弹道导弹射程远远超越哈塔夫 9 型导弹，可达约 2750 公里。[11]

基德瓦伊将军现已卸任，他是这样描述自己对巴基斯坦发展“全光谱威慑力”（Full Spectrum Deterrence）的见解的：“巴基斯坦非常严肃地看待冷启动军事理论，因其会对我们的国家安全产生直接威胁，我们的目的是在双方常规武器力量不对称的情况下，维护国家安全。为了对冷启动军事理论下不断出现的军事行动进行威慑，巴基斯坦选择发展各种类型的低产短程核武器，也就是所谓的‘战术性核武器’。巴基斯坦通过增加各种各样的战术性核武器，以及通过战略性稳定辩论，成功地堵塞了印度发动重大军事行动的渠道。”

巴基斯坦的新一代战术性核武器旨在降低其将来诉诸核武的门槛，其目的在于填补印度已经用其冷启动军事理论所填补的空白。

这种发展核武器的理念其实并无新意。冷战时期，战术性核武器曾经占北约武器力量的很大一部分。这些武器部署在德国，其目的是阻止来自苏联的致命攻击。这种做法的核心是给敌人发送一种政治信号，表明自己的坚强决心。

发展战术性核能力还有另外一个原因：如果受到来自印度的攻击，巴基斯坦可以利用这种武器发起短程战术性核打击，在印度本土攻击其军事力量。艾哈迈德上校称之为“赛加拉选项”（Sehjra Option）。这意味着巴基斯坦在本土“首先”使用核武器，但可避免战斗升级为全面的国际性战争。

发展战术性核武器是巴基斯坦国家防御战略的重要组成部分，有利于将核遏制方式从全面战争规模降低为小规模战争，也会减少短平快式常规战役的“作战空间”，从而阻止敌人发动侵略战争。

如果降低核门槛，小规模核战斗升级为战略性核战争的风险就会增加。这意味着双方均有责任克制自己，尽力避免因挑衅对方而发生擦枪走火事件。正因为这样，我个人认为核威慑力已经成为该地区维护和平的保障。

基德瓦伊将军甚至说："我喜欢称这种武器为'和平之核武'，因为这些武器遏制了侵略者的欲望。"他还说，"战争会被政治利用，但这些武器关上了通往战争的大门。"

然而，巴基斯坦的战术性核威慑力常常让其他国家感到不安。他们担心，一旦发生危机，局势千变万化，有可能发生误判、意外和指挥失灵。我们必须万分谨慎，严格阻止骚乱和非常规性或代理人战事升级为核战争。

这一点对战术性核武器尤为重要。前任美国国家安全顾问史蒂夫·哈德利（Steve Hadley）曾对我说："这些武器越是短小，越易于发射，也就越难以管控，落入恐怖分子手中的风险也就越大。"

我并不同意他的后半句话。巴基斯坦的战略性武器藏储非常专业，维护也非常用心。问及此事，基德瓦伊将军是这样评述巴基斯坦的核武器安全性的："我们投入了大量的资金、人力、设备，我们的人员训练有素，安全措施齐全。"

当问及巴基斯坦的核潜艇计划时，基德瓦伊将军这样回答："一艘潜艇只是一个平台。我们也会有这样一个平台的，我们也会有攻击型的武器。我可以满怀信心地说，不会让大家等待很久的。我想，就是今后几年的事吧。"

他接着说道："巴基斯坦目前只完成了我们既定任务的95%。我们应该瞄准第二次打击能力。"

我个人认为，巴基斯坦的全面核遏制能力已经足以阻止小规模冲突升级，但是一些引发关系紧张的短板依然存在。1999年，我加盟巴基斯坦政府数月之前，巴基斯坦和印度在卡尔吉尔（Kargil）高海拔平原发生的冲突，将这一点显露无遗。当时，作为最高军事统帅，穆沙拉夫指挥了那场战争。

卡尔吉尔战争的爆发，致使印巴关系在世纪之交降至冰点。与此同时，巴基斯坦在全球反恐战争中与美国的密切合作也成为另外一个导致关系紧张的因素。2014年，我在哈佛大学肯尼迪政府学院（John F. Kennedy School of Government）见到前美国常驻北约代表尼古拉斯・伯恩斯（Nicholas Burns）。他是这样描述全球反恐战争中这一变化的：

"在阿富汗问题上，我们当时和巴基斯坦关系更为密切，这是一种战略关系。巴基斯坦对我们来说是一个更为重要的国家，这一点印度十分不悦。他们会问，'你们为什么不和我们合作？'我们会回答说，'巴基斯坦处于反恐的中心地位啊，因为他们和阿富汗是邻国。'"

美国战略与国际研究中心（Centre for Strategic and International Studies）2006年的一份研究发现，在2001年秋天，"对巴基斯坦成为全球反恐战争的主要受益者，印度领导层感到愤愤不平"。这份研究援引一位美国高级政府官员的话说，"每次和印度人会晤，总少不了一个话题，那就是巴基斯坦。”

如果有合适的土壤，这种紧张态势势必会演变为冲突。2001年12月恐怖分子袭击新德里的议会大厦以后，我便见证了一系列事件的发生。当时，恐怖分子开车从12号门进入，在试图进入议会大楼（Parliament House）时遭到保安人员拦截，在接近预定目标前他们引爆了自己身上的炸弹。结果，14人被炸死，其中包括5名恐怖分子。于是印度把矛头直指巴基斯坦。

国大党政府认为印度必须态度强硬，以平国内民愤，于是向邻国巴基斯坦施压。仅用了5天时间，印度便在印巴边界地区部署了50万兵力，共3个武装师。印度部队排兵布阵，随时准备发起攻势。巴基斯坦也做出回应，调遣兵力30万。这次事件后来被称为“两百万只眼”事件，因为双方士兵均两目相视。印巴军队均部署就绪，等待开战命令。

穆沙拉夫总统在陆军总司令部（General Headquarters）作战指挥室召开紧急会议。他说，印度军队若发起攻击，就距拉合尔咫尺之遥。因为我是财政部长，他要求我评估这次冲突会给国家经济造成的影响、国家现金储备的情况，以及应对急需的能力。我汇报了当时的国家预算情况和应战能力。各位将军们接着讨论我们的应对策略。他们一致认为要引起国际社会和足以影响印度决策的两三个国家的高度关注，特别是美国。如果全世界的目光都在注意印度的一举一动，印度人自然会表现出克制。但是，有一点是毋庸置疑的：如果印度动武，巴基斯坦会不惜一切保卫自己的国家。

双方调兵遣将，一直持续到当年岁末。2002 年，有好几次我们感到战争已迫在眉睫。当时，我们给几个友好国家致电，婉转地告诫印度不要贸然行动，逼迫巴基斯坦使用战术性核武器。

随着时间的推移，局势不断升级，但战争的可怕后果又使双方都难以找到退路。后来，阿塔尔·比哈里·瓦杰帕伊（Atal Bihari Vajpayee）领导的国大党不得不冒着颜面尽失的风险，宣布撤军。此后的 5 月 24 日，巴基斯坦进行了一系列的导弹试射，其中也包括可携带核弹头的武器。

就在当月，巴基斯坦侦察到一支印度突击部队正在沿着极具战略意义的印巴边界西侧行动。显然，印度认为他们可以攻取拉合尔，但相信巴基斯坦不会使用战术性核武器来应对。[12] 有资料显示，印度的军事计划“非常大胆，以至于他们也从未模拟过”。[13]

后来，驻扎在查谟（Jammu）的士兵家人遭受恐怖袭击，双方的紧张局势进一步升级。不久，两国开始不断相互暗示有可能使用核武器。时任美国国务卿的科林·鲍威尔（Colin Powell）曾向我回忆说：“他们极为严肃。他们（印度）把储备物资运到了前方，把司令部搬到了前方，把弹药送到了前方。穆沙拉夫也开始放话：‘无论印度采取什么行动，我们都有应对之法。’”

鲍威尔还说，“局势已经失控，因为印度人明白他说的是什么意思，而他们也如法炮制。”

国际社会也开始努力缓和两国间的紧绷局势。英国、美国和日本开始介入，中国和俄罗斯也积极配合。这些国家均派出官员在两国领导层之间斡旋。

危机期间，负责南亚事务的美国助理国务卿克里斯蒂娜·罗卡（Christina Rocca）几乎每个月都要赴该地区进行斡旋。她后来回忆道："载有外国代表团的飞机在其首都上空排起长队，等待降落。那是一次全世界、全方位的合作。我们也在积极为可能到来的核战争做准备。我本人也参加了无数的会议，会上大家都在讨论美国公民的撤离方案，战争会造成多大的伤亡，战后问题如何处理，天气情况如何等等问题。"

美国出版了一份《防御情报报告》，预测最坏的结果将是900万到1200万人将直接死于这场战争，成千上万的人也将因受到核辐射而在今后的日子里死去。[14]然而，印巴两国谁也不打算让步。

鲍威尔当时在巴黎陪同布什总统访问欧洲，但他也同样感觉到事态的严重性："我们很紧张。我们应该感到紧张，因为如果再有一件和该事件起因一样的事件发生，战争就在所难免。"

他径自走到美国驻法国大使的办公室，拿起电话拨通了穆沙拉夫的号码。他告诉穆沙拉夫："我们今天必须是两个将军间的谈话，而不是总统和国务卿。好吗？"

穆沙拉夫表示同意后，鲍威尔说："将军，您要吓死我们了。你我都知道核武器是无论如何都不能使用的。1945年日本遭受原子弹袭击后，您和印度都不可以首先使用核武器。对整个人类而言，那都将是毁灭性的。你一定要协助我们来缓和紧绷的局势呀！"

众多利益攸关方都在努力，以求缓和紧张局势。就巴基斯坦而言，决不放弃使用核武器是一言九鼎的承诺。巴基斯坦军方也公布了基德瓦伊策略（Kidwai Doctrine），声明巴基斯坦会在三种情况下使用核武器：（1）巴基斯坦受到攻击，且失败已成定局；（2）巴基斯坦的核武器或核设施受到攻击；（3）巴基斯坦国土被包围。

6月25日，穆尼尔·阿克拉姆（Munir Akram）履新任职巴基斯坦常驻联合国代表。他受邀召开关于印巴时局的记者招待会，会上一位印度记者问及巴基斯坦是否会使用核武器的问题。

阿克拉姆后来回忆道："我说，'我们研发了核武器，部署了核武器，我们不是在玩游戏。我们已经非常清楚地阐述了我们会在何种情况下使用这些武器。这个问题绝不是学术问题。'"

记者招待会后，穆沙拉夫总统打电话给阿克拉姆问道："你怎么能那样讲呢？"

阿克拉姆回答道："我是那样讲的。您可以否定我的说法，说我一时狂妄自大。但事实是我们的政策已经公之于众了。"

阿克拉姆的言论顿时成为世界各大报刊的头条新闻。孟买股票交易所指数下跌，各国大使馆开始撤离家眷，印度商界也忧心忡忡。

最后，阿克拉姆说："印度开始让步，他们终于同意后退。"

最终，新德里撤回了他们的军队，长达10个月的紧张局势开始降温。

尽管参与各方在缓和印巴危机方面发挥了重要作用，但是在战争一触即发之时，起到关键作用的还是巴基斯坦的核威慑力。双方在整个危机过程中竞相威胁说会使用核武器，无疑加剧了局势的紧绷度，但是同时也为危机的最终化解找到了出路。

印巴的核打击能力

大约在动员令开始一年之后，我们又终于可以缓一口气了。然而，巴基斯坦核威慑力的发展依然令西方世界担忧。

2005 年，美国与印度签署了一份民用核发展协议，承认了印度拥核国家的合法地位。但是，巴基斯坦却被忽视了。在我个人看来，那次是我们错失了良机。造成这一结果的因素很多，其中我们的核技术扩散是主要原因。另外，根据当时任职美国国务院的一位官员的说法，因为印度在美国四处游说，所以要把巴基斯坦纳入该协议必须首先想方设法争取在美国国会通过才行。[15]

20 世纪 90 年代，美国开始逐步改变其在南亚地区的外交政策，这种变化有一种可称为“个别化”（De-hyphenation）的趋势。也就是说，美国不再把南亚地区视为一个整体来制定外交政策，而是一国一策。上面提到的民用核发展协议就是布什政府在这种思路下发展美印关系的一例。结果，巴基斯坦愈发受到冷落。

事实上，类似协议应该和两个国家同时签署。这样，两国就有了加入世界核俱乐部的同等机会，也理应承担相应的责任。对巴基斯坦而言，美国和印度间的核协议无异于一记重击，打击了其对美国的信任。对缓和南亚地区的核竞赛，该协议有害而无益。

2006 年 1 月，我造访白宫拜会布什总统，我和他提到巴基斯坦本应该被纳入该协议。令我感到极为吃惊的是，他竟然同意了。几年后，我又一次向布什总统的国家安全顾问史蒂夫·哈德利提到此事。

他说："我觉得现在可以做了。当时我们是不能做的，就是因为你们的核物理学家 A.Q. 汗。你讲了印度那么多，他们并没有成为核扩散源。当时，我们要把你们纳入，印度方面是很麻烦的：如果我们执意要做，印度会嘲笑我们的。但是，现在我们也许可以做了。"[16]

据说，奥巴马政府 2015 年已经开始探讨与巴基斯坦签署类似协议的可能性[17]。此事最终如何发展，我们现在还无法预测。

克什米尔：秘密渠道

从一开始，印巴领土的划分就存在争端。不少人认为，印度本应该是一个完整的国家，而巴基斯坦只能是其一部分。南亚地区早先存在数以百计的自主王朝，这些王国因军事力量薄弱，均以协议形式附属于德里苏丹国。在有些信奉印度教的人口占多数的地方，统治者是穆斯林国王，但在一些穆斯林人口占多数的地区，国王却是印度教教徒。后来，国家分裂，国王们被告知自己的国家只能从印度和巴基斯坦两者中选择其一。然而，印度却迅速用武力征服了由穆斯林国王统治，但信奉印度教的人口占大多数的海得拉巴（Hyderabad）和朱纳加德（Junagadh）王朝，从此埋下了仇恨印度侵略的种子。[18]

克什米尔与巴基斯坦相邻，穆斯林人口占大多数，统治者却是印度教教徒，但是当时并未执行前面所说的分治办法。这一做法导致克什米尔以及其他王国的归属问题悬而未决。第一次印巴领土冲突发生之后，联合国在 1949 年确定了停火线，克什米尔从此一分为二。最具政治敏感性的是克什米尔山谷地区（Valley of Kashmir），穆斯林人口占大多数，但目前由印度管辖。印度教徒较多的查谟（Jammu）现在也驻扎着印度军队。其余的地方则由巴基斯坦管辖，巴方设立了自治性质的自由克什米尔（Azad Kashmir）。

印度和巴基斯坦两国均不承认联合国划定的停火线的合法性。印度宣称对整个克什米尔地区拥有主权，因为印巴分治时克什米尔邦主请求加入印度。巴基斯坦则接受 1947 年印巴战争后联合国做出的决议。根据联合国决议，克什米尔人民的命运应该由克什米尔人民举行全民公投来决定。印巴两国都宣称对克什米尔拥有主权，表明两国维护国家认同的决心，这一点是必要的。结果，克什米尔的领土归属问题几十年来一直悬而未决。

在我和停火线两侧的克什米尔领导人的多次会谈中，我一再强调巴基斯坦坚决支持他们依据联合国决议所进行的合法的公投行动。几十年来，克什米尔人民不畏压迫，以坚定的决心，勇敢地进行着艰苦卓绝的斗争。在长达 70 年的斗争中，无数克什米尔人家破人亡，亲朋难聚，但一代又一代的克什米尔人在枪林弹雨中成长。

对印巴两国来说，克什米尔不仅具有极其重要的战略意义，而且南亚许多重要河流都发源于该地区。因此，无论在印度还是在巴基斯坦，克什米尔问题既涉及战略，又涉及情感。

巴基斯坦总统穆沙拉夫和印度总理瓦杰帕伊曾试图就克什米尔问题展开对话，但却无果而终。2001 年 7 月，两国领导人在印度北部城市阿格拉（Agra）会面，目的是就打击恐怖主义和克什米尔问题发表一项联合声明，但印度在最后一刻退出谈判。瓦杰帕伊总理领导的印度人民党（BJP）历来仇视巴基斯坦，致使印方最终放弃努力。2002 年发生的“两百万双眼睛”核危机事件最终导致瓦杰帕伊改弦更张。

2003 年 4 月，瓦杰帕伊提议和巴基斯坦进行新一轮谈判，试图通过“全面对话”（Composite Dialogue）的方式，解决包括水资源、贸易和克什米尔问题在内的一系列问题。两国关系正常化初现端倪。最为关键的是，一个秘密渠道在两个政府间开始形成。

巴基斯坦方面，负责此事的是和穆沙拉夫总统关系亲近的政府高级官员塔里克·阿齐兹（Tariq Aziz），而印度代表则是其国家安全顾问布拉杰什·米什拉（Brajesh Mishra）。巴基斯坦向印度表明，巴方将严肃对待印度在反恐问题上的关切。受各自国家领导人的重托，塔里克和布拉杰什表明，双方将寻求“切实可行”的方案，解决两国间的诸多问题，特别是查谟（Jammu）和克什米尔争端。

为了促使秘密渠道发挥应有的作用，英国人也受邀参与其中。时任英国驻巴基斯坦特使马克·莱尔·格兰特（Mark Lyall Grant）

向我吐露："塔里克·阿齐兹让我负责第一次会谈的后勤保障工作，此事高度敏感。"

双方首次会面地点选在泰国仰光，因为仰光既是世界交通要道，又不易引人猜疑，而伦敦则招人注目。莱尔·格兰特回忆说："他们不想让位于仰光的巴基斯坦大使馆知道此事，所以英国驻泰国大使馆负责后勤保障。那是他们第一次会谈，从那以后或多或少参与其中。他们建立这个秘密渠道，逐渐开始非常严肃地起草一些文件。卡亚尼将军（General Kayani）参与了后来的一些会谈。"

这些工作促成了穆沙拉夫总统和瓦杰帕伊总理 2004 年的会面，引起世界关注。当时，南亚区域合作联盟（the South Asian Association for Regional Cooperation）峰会在伊斯兰堡举行，而瓦杰帕伊代表印度参加会议。此次峰会原计划 1999 年由巴基斯坦承办，但由于巴基斯坦的军事政变和卡尔吉尔事件（Kargil Episode）而推迟举行。

按照南亚区域合作联盟峰会的惯例，参会国家元首会礼节性拜访主办国元首。在经过审慎外交交涉之后，瓦杰帕伊总理提议在 1 月 5 日拜访穆沙拉夫总统。那是一次代表团级别的会谈，双方探讨了两国外交关系正常化的可能性。两国领导人还讨论了当时正在谈判中的克什米尔问题，这是两国第一次在外交场合提及这一问题，当时参加会见的包括巴基斯坦外交部长库尔希德·卡苏里（Khurshid Kasuri）、印度外交部长亚施旺特·辛哈（Yashwant Sinha），以及塔里克·阿齐兹和布拉杰什·米什拉等人。

会谈还涉及双方联合声明的定稿问题。穆沙拉夫总统表示他对塔里克·阿齐兹和布拉杰什·米什拉起草的文本很满意。重要的是，巴基斯坦在恐怖主义问题上做了让步，而印度则同意重启 1999 年因卡尔吉尔事件而暂停的“全面对话”进程。

我本人的任务是担任瓦杰帕伊总理的陪同，全程陪同他出席所有活动和会议。我时任财政部长，承担这项工作显得有点意外，但我却有了一次亲身感受两位元首处理事务风格的机会。陪同瓦杰帕伊总理对我来说是一次有趣的经历：有两天时间我和他亲密接触，并且陪同他出席各种官方会议。我们长时间讨论世界格局和发展趋势，我觉得他充满智慧。他极具语言天赋，富有幽默感，尽管西方国家领导人会觉得他不善言辞，沟通起来很困难。这次外交活动给我留下的印象是：穆沙拉夫和瓦杰帕伊都希望印巴两国能和平共处。

我们两人都喜欢音乐和板球。有一次，他坐在房间里，一边休息一边观看一场印度板球队的比赛。我起身离开，以便他更好地休息。我告诉他我还有一大堆文件要批复，但是他让我留下，开玩笑说：“你们这些财长，都是工作狂。”然后，我们就在伊斯兰堡塞利那酒店（Serena Hotel）他的房间里看了几个小时的板球比赛。

瓦杰帕伊总理热情好客，风度翩翩。他甚至夸赞我身上穿的舍瓦尼外套（Sherwani）好看。峰会结束后，我让巴基斯坦著名服装设计师阿米尔·阿德南（Amir Adnan）飞往伊斯兰堡，为瓦杰帕伊量身定做了一套舍瓦尼服装。后来，阿米尔·阿德南以我的名义亲自将衣服邮寄到新德里。

印巴之间秘密渠道持续完善。因为有北爱尔兰和平协议谈判的经验，英国人也不断向我们提供建议。马克·莱尔·格兰特（Mark Lyall Grant）曾对我说："我们带一些巴基斯坦人去了北爱尔兰，因为很显然眼前即将出现的就差不多是一份《北爱尔兰和平协议》。如果现在的协议基本确定了，就是一份类似的协议：柔性的边界、跨边界的机构、自由出入境。我想他们并不是刻意要去模仿，但是两者真的很类似。《北爱尔兰和平协议》之所以在北爱尔兰被接受，是因为北爱尔兰规定他们对整个北爱尔兰拥有主权。毋庸置疑，他们不会放弃这一条。同样，印度和巴基斯坦双方都不会放弃领土主权。"

最后，穆沙拉夫和瓦杰帕伊就一项分四步走的方案达成共识距离仅一步之遥。这一方案包括克什米尔地区的领土划界、撤军、民族自治和共同治理[19]。按照这一方案，双方实行开放式边界，印控克什米尔地区和自由克什米尔（Azad Kashmir）地区可自由贸易。由此看来，这一方案前途一片光明。

我们也一直和克什米尔地方领导人保持沟通，因为他们的参与至关重要。我们也已经开始制定方案，例如开通穿过克什米尔停火线公交线路。在几位内阁部长的陪同下，我也乘车视察了停火线地区。我觉得协议已经指日可待，事情的进展超出预期。机遇就在眼前，双方达成共识的意愿是一致的。

印巴两国之所以有可能就此达成协议，主要原因在于两国的时任领导人在国内执政地位相当巩固。穆沙拉夫和瓦杰帕伊也都认识到，解决克什米尔争端将给两国带来长期、持久的和平环境。

科菲·安南（Kofi Annan）后来描述了他和印度总理瓦杰帕伊的一次谈话内容。他对我说："我记得我和瓦杰帕伊的会谈。他说：'秘书长，我现在有点信心了。我想我们现在可以和穆沙拉夫做点事情了。我们在和巴基斯坦打交道过程中遇到的问题，是他们的政治领导人常常控制不了军队。一件事情正在顺利推进，但他们的军队会突然介入，然后整个事情的发展方向就变了。如果我能遇到一位在军方和政坛都有重大影响的人，当然也有点良好意愿，那事情就能取得进展。'"

安南接着说："他说他可以和穆沙拉夫做点事情了，我听了很感动。"

正如马克·莱尔·格兰特所说，就在"一切就绪"的时候，命运突转，印度人民党在2004年的竞选中败北。胜出的国大党开始执政，曼莫汉·辛格（Manmohan Singh）出任印度总理。不久，会谈终止。莱尔·格兰特对事态的急转直下表现出极大的失望之情。他说："我认为印度放弃会谈，是一个严重的战略性失误。"就在此时，我出任巴基斯坦总理，亲眼看到印度一方故意冷落巴基斯坦，从而放弃签订协议的努力。

2007年，因解职首席大法官，引发大批律师抗议，加上其他国内问题，穆沙拉夫执政地位大大削弱，给了印度搁置会谈更多的理由。莱尔·格兰特说："印度犯了一个极为典型的错误，认为'我们最好等一等，让巴基斯坦完成过渡，出现一个民主（政府）。’”然而，等到巴基斯坦民选政府上台，重启会谈已经太晚了：伊斯兰堡各种利益集团的意愿已经荡然无存。

总的来说，我个人发现，印度国大党政府在一系列有关克什米尔和其他争端的问题上表现出明显的不作为态度。我所关注的是印巴两国间的经济外交，热切希望有所作为。增强两国间的贸易往来和互联互通，增进两国的相互依存度，是促进两国关系向前发展的重要步骤。每次到访印度，我都会想方设法去推介这一观点。然而，结果往往是，印度的官僚似乎刀枪不入，我的倡议最终会石沉大海。

2004 年，我到访新德里，和曼莫汉·辛格举行了双边会谈，地点是他的办公室。我向他提议印度银行和巴基斯坦银行分别在对方国家开设分行。金融基础设施的建设将会极大地促进两国间贸易。我建议，一开始应该是象征性的，两家印度银行分别在卡拉奇和拉合尔开设分行，巴基斯坦银行则把地点选在孟买和新德里。当天，我就打算宣布这一消息，发出两国开展贸易的一个信号。

辛格一开始非常赞成我的建议，但咨询了他的同事们以后，他却犹豫了，理由是印度的中央银行是独立的，而他不能替代他们宣布这一决定。然后，我建议我们宣布一个较为宽泛的政策，允许两国银行在对方国家互设分行，中央银行自己可决定是否开设。然而，后来此事却不了了之。

我提出的增强两国间相互连通和相互依存的一些设想和倡议在

印度媒体得到积极反响。令人遗憾的是，在将我的想法付诸实践方面，我却并没有取得同样的效果。我所力推的另一件事情是两国间的水泥贸易。

“我知道你们水泥短缺，”我对辛格总理说，“我们的水泥有余量，我们可以用火车运送给你们。”他的反应是积极的，并说双方的联络处应该具体谈论细节问题。后来，我们接到印方要求，说一个印度官方代表团要访问巴基斯坦，并参观几家水泥厂，假托要在进口巴基斯坦水泥之前考察产品质量和生产标准。对一项普通的出口贸易来说，这种要求极为罕见，但我还是予以批准。但是，我们同意之后，印度代表团并没有如期来访，这表明印巴两国之间的关系距离正常的外交关系还有相当大的距离。尽管如此，巴基斯坦的水泥最终还是出口到了印度。在印巴两国之间，应有更多诸如此类的合作项目，两国的关系才能得以改善。

纳伦德拉·莫迪(Narendra Modi)政府具有仇视穆斯林的历史。这一方面源于2002年古吉拉特邦（Gujarat）发生的反穆斯林暴乱，上千人在这场暴力事件中丧生，莫迪时任该地区的省长。近期，印度极右团体湿婆神军党（*Shiv Sena*）又袭击了在印度演出的巴基斯坦艺术家，并洗劫了巴基斯坦航空的办公室，使得局势进一步恶化。然而，2015年，莫迪到访拉合尔，并会见巴基斯坦总理纳瓦兹·谢里夫，印巴两国关系向前迈出积极的一步。奥巴马政府对此也做了积极评价，可见世界大国也愿意看到印巴两国和平共处，这无疑有利于印巴两国缓解紧绷态势。

其他问题

人口增长、城市化和气候变化都会使南亚地区本已极为短缺的水资源问题雪上加霜。1992 年至 2000 年曾任世界银行副行长的伊斯梅尔·萨拉杰丁（Ismail Serageldin）曾说：“如果说本世纪人们是为石油而战，那下个世纪我们将为水而战。”

目前，在印度河盆地，巴基斯坦和印度在六条河流的分界上存在争议：印度河（Indus）、拉维河（Ravi）、萨特卢杰河（Sutlej）、杰纳布河（Chenab）、杰赫勒姆河（Jhelum）和比亚斯河（Beas）。1960 年签署的《印度河河水条约》（Indus Water Treaty）以一些大坝和渠道为界划分了河水归属，该协议多年来成为双方合作的典范，但协议现在也急需修订和补充。

巴基斯坦认为印度建设的几个大坝违反了《印度河河水条约》。这些大坝水源来自巴基斯坦一方，已对巴方构成社会和安全威胁。

我在任总理期间，印度在杰纳布河（Chenab）上建造了巴格里哈水坝（Baglihar Dam）之后，巴基斯坦于 2005 年首次以《印度河河水条约》的仲裁条款向世界银行指定专家提请仲裁。仲裁结果于 2011 年公布，巴基斯坦败诉。然而，在同一年，国际仲裁法庭（International Court of Arbitration）宣布巴基斯坦在另一项仲裁中胜出，并敦促印度暂停正在查谟（Jammu）和克什米尔修建的吉萨甘戈水电站（Kishanganga Dam）工程。

1960 年以来两国用水量激增，印巴在众多地域水资源又无法可依，因此这一问题已成为急需解决的问题。尽管《印度河河水条约》制定出了两国间水资源划分的基本规则，但是伊斯兰堡在保护本国水资源方面仍需要提高警惕。从长远来看，这一点更为重要：根据美国乔治城大学的罗伯特·沃辛（Robert Wirsing）所述，印度未来计划在印度河及其支流上建造 33 座水坝。

我在任期间，我们开始筹备在吉尔吉特 - 巴尔蒂斯坦（Gilgit-Baltistan）地区建造第阿莫 - 巴沙水电站（Diamer-Bhasha Dam）。其他筹划中的水电站，如旁遮普（Punjab）的加拉伯克电站（Kalabagh Dam）和斯瓦特河（Swat River）上的蒙达电站（Munda Dam），也将大大缓解该地区的水资源供应，提升农田灌溉水平。巴基斯坦所面临的现实问题是水资源短缺，人口的快速增长、农业的发展需求和国内水资源的分布不均，又使得这一问题雪上加霜。一年中关键季节流入平原地区的水量决定着农业的收成，水量的减少往往会对农作物的产量以及成千上万依赖土地生存的人民的生活产生致命的打击。

如何建立互信

印度和巴基斯坦两国目前仍然相互敌视，缺乏互信感，难以和平相待。双方均怀疑对方企图干涉本国内政，因此视对方为潜在安全威胁。如何以和平手段解决这一问题呢?

巴基斯坦方面在不同场合数次向印度提出建立战略性克制机制的设想，其中包括1998年两国竞相进行核试验几个月之后，但印度方面一直未做任何表态。很多其他试图改善两国关系的努力也未产生实质性作用。印度对巴基斯坦实行的外交政策核心是维持现状。对话的大门并未关闭，巴基斯坦认为印度在干涉巴国内政，支持巴国境内的极端势力。这种外交策略能够给印度带来一些眼前利益，但从长远来看，却只能增加双方的不信任感。我个人认为，作为较大和较强的一方，印度应该表现得更为积极，以消除双方之间的误解。印度应该体现出大国风采，主动向巴基斯坦伸出橄榄枝。

作为邻国，印度和巴基斯坦没有理由相互为敌。和平的环境给两国带来的红利将是不可估量的，有利于双方的发展和两国人民生活水平的改善。在不牺牲各自核心利益的前提下，两国如能实现关系的正常化，对南亚地区来说将创造一次经济腾飞的机遇。印巴两国山水相连，在文化和历史上藕断丝连。在相互尊重国家主权和领土完整的前提下，这种关系应该得以巩固和发展。

近年来，印巴关系发生了一些积极的变化，但仍需做出更多的努力。双方应该采取更多的手段，例如通过贸易和旅游的合作来建立互信。两国均需继续放宽签证政策，取消贸易限制，鼓励旅游和投资，在对方国家互设银行。这些民间交流将有助于强化两个国家间的关系。

在加强两国关系的同时，南亚的区域合作也应得到重视。南亚地区是世界上经济融合度最低的地区。世界银行定期公布地区间在物资、资本和智力等层面的贸易统计数据。2015 年，南亚区域贸易仅占其贸易总额的百分之五[20]。

这一问题的根源之一是南亚区域合作联盟（the South Asian Association for Regional Cooperation）组织不力，未发挥其应有的作用。联盟成员国派出的代表仅为政府中层官员。我在任期间，曾建议外交部长或者外交秘书级别的官员担任联盟秘书长，但这一建议却被束之高阁。现在的南亚区域合作联盟领导力极为有限，仅听从其他一些国家的指示。该联盟应该重组，发挥南亚区域合作和互通互联的催化剂的作用。建立一个可靠的南亚经济集团，团结印度、巴基斯坦、孟加拉国、斯里兰卡、尼泊尔、阿富汗、不丹和马尔代夫，将为南亚各国创造众多机遇。例如，南亚地区能源匮乏，但可以通过关税减让措施从海湾合作委员会（Gulf Cooperation Council）成员国和伊朗购买能源，从而促进该地区的贸易和投资。

克什米尔问题是需要面对的关键问题，这一问题的解决对南亚地区的持久和平至关重要。多年前，我曾想从马克·莱尔·格兰特（Mark Lyall Grant）所披露的有关北爱尔兰协议的签订中寻求借鉴。

托尼·布莱尔是北爱尔兰协议的签署过程中的一个关键人物。我曾征求他的意见。他说："你得让两个大国建立一种全新的关系，他们可以看到一个共同的美好愿景。如果英国和爱尔兰没有克服各自的心理障碍，那北爱尔兰协议就不可能签订。

"我自己的一代人是与前辈不同的一代英国人，而伯蒂·埃亨（Bertie Ahern）也是新一代的爱尔兰人。结果，尽管英国和爱尔兰长期为敌，但我们当时可以说：‘世界在发展，我们两国都是欧洲国家，我们有合作的空间，我们完全可以搁置历史恩怨。’所以，我认为我们两国化干戈为玉帛，可以说既是政治性的，又是情感性的和心理性的。”[21]

布莱尔又补充说：“我们当时规划了一系列的合作项目，包括跨境贸易、商务和跨文化(活动)。其次，当然这一层面困难更大一些，为了创造一种有利的政治进程，安全局势必须得到控制。”

时任英国内政大臣的杰克·斯特劳（Jack Straw）也曾是北爱尔兰协议谈判进程的参与者。谈到北爱尔兰问题，他说：“你得从谈不敏感的事情开始，譬如说开辟公交车线路，培养两国人民的互信度，促成家人团聚等。接下来，人们就认识到了边境和平的重要性。”[22]

必须让印度明白，与巴基斯坦建立睦邻友好关系，不仅是一件双赢的事情，而且符合印度的切身利益。印度很显然视中国而非巴基斯坦为竞争目标，长期以来也以此来自我定位。但是，如果这种定位意味着同巴基斯坦的争端可以束之高阁，那就错了，两国间就很有可能再一次出现危机。

斯特劳接着说：“同爱尔兰新芬党（Sinn Fein）和爱尔兰共和军一样，巴基斯坦在相当长的一段时间内不会放弃对克什米尔的主权要求。但是，他们在实际上却不再将其视为急需解决的头等大事。这一点极其重要。”

几十年来，克什米尔问题一直悬而未决。印度和巴基斯坦必须就此问题重启谈判。两国领导人在各自国家权力最为巩固之时，就是这一问题解决的最佳时机。现在，纳瓦兹·谢里夫和纳伦德拉·莫迪（Narendra Modi）在各自国家的议会中均受到大多数议员的支持，两人理应在这一问题上有所作为。

任何一项和平方案，必须得到所有利益相关方的认可。就巴基斯坦而言，一项和平进程需得到军方、政府和外交领域的许可，才能保证其公信力和执行力。更为重要的是，涉及克什米尔的任何和平进程，若与克什米尔人民的愿望和期待相左，则完全不能接受。

不能以孤立的视角来审视印巴关系，国际社会完全可以协助缓解南亚地区的紧张态势。同样，印巴两国与域外地区大国间的关系也会增加该地区的紧张程度。在全球反恐战争中，巴基斯坦与美国关系的亲近，会让印度感到不安；同样，巴基斯坦也密切关注着新德里与华盛顿关系的深化所带来的危险。

尽管印巴间的持久和平，需要印巴两国在谈判桌上共同努力，但其他国家在双边事宜上亦可扮演协调者的角色。例如，由于与该地区的历史渊源，英国便有一定的发言权，同时由于英国的巴基斯坦－印度和克什米尔裔人口众多，所以英国也有理由参与其中。2015 年，前英国国际开发事务大臣克莱尔·肖特（Clare Short）曾对我说：“我个人认为，有一个问题长期以来一直未给予足够的重视。在寻求和平途径来解决两国间的问题上，印巴两个国家显然要承担主要责任，但是来自国际社会的努力却微乎其微。”[23]

印巴两国最终要签署行之有效的和平协议，前提条件只能是协议由双方自行协商，并且得到各利益攸关方的支持。印度和巴基斯坦必须做出共同决定：双方是否需要长期的和平环境？如果这意味着两国需要相互妥协，那双方必须有足够的思想准备。两个国家中注定会有反对和平协议的势力，所以任何努力都需要远见、领导力以及和相关各方良好的沟通能力。但是，毋庸置疑，印巴两国必须学会和平共处，因为只有这样，南亚地区才能充分发挥其最大潜能。

第九章

和普京共进晚餐

塔吉克斯坦总统埃莫马利·拉赫蒙（Emomali Rahmon）轻轻拍了一下我的肩膀。

“喂，我们是朋友。”他说。

2005年，上海合作组织峰会在哈萨克斯坦的阿斯塔纳(Astana)举行。我正在和来自其他几个国家的政府首脑一起吃工作餐。我参会的目的是讨论巴基斯坦的有关经济和政治议题以及巴基斯坦在上海合作组织中的作用。换句话说，我是在工作。然而，我的行程后来发生了一个意想不到的变化。

拉赫蒙把我拉到一边，说："今天晚上，我们有一个私人晚宴。"

他告诉我晚宴是哈萨克斯坦总统努尔苏丹·纳扎尔巴耶夫（Nursultan Nazarbayev）安排的一个私人性的聚会，参加人员包括弗拉基米尔·普京（Vladimir Putin）、乌兹别克斯坦总统伊斯兰·卡里莫夫（Islom Karimov）以及他自己，地点是在阿斯塔纳郊外他的私人别墅内。受到他们的邀请，我颇感意外。于是，在那个温暖的夏天，傍晚时分，我启程前往纳扎尔巴耶夫的私人官邸。

太阳还没有落山，我们便坐在了总统别墅花园中的一个凉亭下，开始吃烧烤。那天，普京看上去心情颇佳。他言语不多，但严肃认真。

纳扎尔巴耶夫后来又带我们参观了位于别墅内的育马场，向我们展示了他饲养的一些纯种马匹。像很多哈萨克人一样，纳扎尔巴耶夫对马情有独钟。他的别墅里既有一个室外赛马场，又有一个室内赛马场，还有几个占地面积很大、室温可控的养马房。一位金发女驯马师向我们介绍了那些骏马的产地，并展示了它们的力量和速度，在场的所有人都惊叹不已。

晚宴安排在一间可以供五人用餐的小房间，私密性极好。餐桌上摆满了极具地域特色的炭烧肉串，包括牛肉、羊肉和马肉，还有各种各样的饮料和当地美食。聚会一直持续到深夜。纳扎尔巴耶夫为我们安排了丰富多彩的娱乐节目：既有来自俄罗斯和中亚的知名艺术家的演出，又有当地传统音乐家和舞蹈家的表演。

在场的客人中，只有我一个人听不懂俄语，所以我身后一直站着一位翻译。在欢乐的气氛中，我一边喝着汽水，一边仔细观察身边四位国家领导人的互动交流。他们当中，明显存在一种级别上的差异。普京个性鲜明，主导着当晚的谈话，他讲话时在座的人都全神贯注地听着。其他三位领导人对他特别尊敬，有时甚至表现出敬畏之情。

他们几位均在自己的国家执政十余年之久。纳扎尔巴耶夫、拉赫蒙、普京和卡里莫夫任职总统的时间分别是1992年、2000年和1990年（普京与卡里莫夫）。苏联解体之后，他们便主政自己的国家，其中普京和纳扎尔巴耶夫因境内自然资源丰富给国家带来了经济的高速增长。现在，10年过去了，当年在座的这四位总统仍然大权在握，想起来也真是奇迹。

纳扎尔巴耶夫希望我们能多停留一天，因为第二天是他65岁的生日。然而，我们都事务缠身，无法现场为他庆贺。不过，在为国家重大活动建造的总统府里，一场正式的生日早餐会在一间富丽堂皇的大厅举行，与会的所有国家的领导人都应邀出席。我们享用了熏三文鱼、鱼子酱和其他美味之后，各自奔赴机场。

大约一年之后，我参加上海合作组织峰会，再次见到了这些领导人。会议在莫斯科举行，氛围比上一次更为正式，我又一次看到普京是如何对待他的中亚邻国领导人的。参加会议的国家元首和政府首脑来自大约15个国家，但只有中国总理温家宝获得和普京共进早餐，单独会谈的机会。

与此同时，其他国家的代表团团长却只能在克里姆林宫普京的办公室集体和他会谈。普京坐在一张U形长桌的主位，而其他14位领导人分坐在桌子两侧。我们每位都被告知，发言时间不能超过3分钟。

轮到我发言时，我说："很荣幸来到莫斯科，我们经常参加上合组织峰会，但开完会却很少有实实在在的行动计划。上合组织要发挥作用，我们在如何执行某一具体倡议上应该达成一致。”

其他的参会代表都看着我，大概觉得我的讲话有点过头。所有代表都发言之后，普京做了总结。令我感到吃惊的是，他对我的观点表示同意，认为上合组织应该加强行动导向。于是，我要求我们的驻俄罗斯大使尝试安排一次我与普京的单独会谈。当天晚上，我们接到克里姆林宫的通知，说第二天上午普京将和我有半个小时的会见。

在这样的最高级别的会谈中，我想极力阐述巴基斯坦的改革计划。我和普京的会谈安排在克里姆林宫他的办公室，我们的卡兹（Kazi）大使陪同我参加。会谈中，我说：“总统先生，从苏联时期起，俄罗斯给巴基斯坦的印象有两个标志性的东西。”

接下来我谈了在我还在上学的时候，人们就经常谈论由苏联协助和出资建设的钢铁厂和石油天然气开发公司（Oil and Gas Development Corporation）。两个工程使用的技术、基础设施和顾问团队均来自苏联，但是两家企业现在都面临更新和改建的问题。

我告诉普京，我们正在打算对钢铁厂实行私有化，石油天然气开发公司也需要改建。如果俄罗斯企业有意参与这两项工程，也是巴俄友好的体现。同时，我承诺工程建设将保持良好的透明度和公平的竞争原则。

普京看着我，说：“总理先生，我们在 30 天内和你们联系。”

不到一个月的时间，俄罗斯代表团就到了巴基斯坦。当代表团团长、俄罗斯天然气工业开放式股份公司总裁阿列克谢·米勒

（Alexey Miller）走进我的办公室时，我立刻注意到他气色不好。寒暄过后，他坐下来，问："顺便问一句，你给我们的总统都说了些什么？"

原来，米勒刚做完手术，建议巴基斯坦的行程稍做推迟，但却被告知30天的期限不能突破。总的来说，我们的商谈富有成效，俄罗斯天然气工业开放式股份公司愿意和巴基斯坦政府和我们的石油天然气开发公司合作。

不久，一家俄罗斯公司联合一家沙特企业，参加了钢铁厂的私有化项目的竞标，并启动了能源开发资格的申请工作。这是我在任期间，所遇到的速度令人印象最为深刻的跟进项目之一，充分体现了普京的管控能力。他是一位严肃、认真的国家领导人，不仅掌控力极强，而且注重结果。

令人遗憾的是，由于钢铁厂职工后来提出法律诉讼，最高法院中止了私有化项目。联邦政府立即提出审核申请，但目前巴基斯坦最高法院还将举行听证会。我仍然认为，我们所做的努力值得深思。

此事造成的损失目前已数以万计。钢铁厂需要改建，设备需要更新，管理也需要更专业化。如果听证会能够举行，该项目的最终私有化还是有希望的。

俄罗斯的扩张

阿斯塔纳（Astana）的晚餐聚会给我留下了很深的记忆。10

年后的今天，俄罗斯与美国和欧洲各国的关系变得日益复杂，有时甚至相互为敌，所以将目光更多地投向中亚邻国。上海合作组织由俄罗斯和中国主导，被视为与北大西洋公约组织和其他多边国际组织抗衡的一支力量。上海合作组织也在接纳新成员，巴基斯坦和印度在以观察员国身份参加多年之后，于 2015 年获得完全成员国地位。2014 年，俄罗斯就中俄天然气管线和中国达成协议，标志着这两个大国之间的关系更加密切。

俄罗斯和东方越来越亲近，对美国和欧洲意味着什么呢？乌克兰危机使得双方的关系变得十分紧张，导致美国和欧洲对莫斯科采取了严厉的制裁措施。俄罗斯吞并克里米亚（Crimea），世界为之震惊。此后不久，我会见了德国前总理格哈德·施罗德（Gerhard Schroder）。此时，国际石油价格暴跌，经济制裁使得俄罗斯经济雪上加霜，通货膨胀率达到两位数，国民实际工资和收入受到严重影响，市场需求疲软。

施罗德和俄罗斯一直关系密切。我征求他对莫斯科和欧美关系发展变化的看法。他说："主要问题是俄罗斯的走向，是更亲近欧洲还是亚洲？现在，欧亚接合部地区的政治、经济和军事合作的雏形已经显现出来。莫斯科如此亲近亚洲并不符合欧洲的利益。相反，欧洲和俄罗斯更加紧密地合作，对我们有利。"

俄罗斯正在国际舞台上扩大自己的影响力。2015 年秋季开始，俄罗斯展开了在叙利亚的军事行动，以支持巴沙尔·阿萨德（Bassar Asad）。这是冷战后莫斯科在其境外的首次攻势，也是 10 多年后在中东地区的首次军事介入。随着俄罗斯战机在叙利亚领空的穿梭，莫斯科在该地区的影响急遽加大，掀起了一场政治地缘上的重组运动，势必对亚洲、中东地区和全世界的政治产生决定性的影响。

第十章

扭转经济颓势

1999 年我就任财政部长时，巴基斯坦的经济岌岌可危。整个国家依靠国际货币基金组织接二连三的援助项目苦苦支撑。低增长率、不确定的储备水平、持续增长的赤字，以及巨额债务严重阻碍了经济的发展。到期债务如幽灵般困扰着我们，挥之不去。

巴基斯坦有大约 4 亿美元储备可供支配，可在借贷者那里我们的信誉受到严重损坏，因此，以高额利率借贷只是为了偿付那些到期必须支付的账单。这就意味着，我们要以损害资金流动性作为代价。最坏的可能性是，这会影响我们进口石油、食品和其他生活必需品。这样的危机可能会导致内乱、国内局势动荡，甚至会影响国家的安全和地区的稳定。

更让人忧虑的是，巴基斯坦处于外汇危机边缘，还会产生其他严重的后果：无形中给了其他国家凌驾于我们之上的优越感，因为我们越来越依赖他们的援助。这无疑会伤及巴基斯坦的主权。

走进伊斯兰堡财政部办公室的第一天，浏览这些数据的时候，我便意识到，常规的行事方式于事无补，必须进行改革。前任政府一直倾力“救火”，采取渐进主义的措施以使国家能够正常运转，但是情况却越来越糟。经济危机的阴影一直笼罩在人们心头。

整个国家背负着沉重的外债包袱，且没有切实可行的办法去偿付，这些巨额债务必须设法清理掉。巴基斯坦三分之二的财政收入被用来偿付这些债务。然而，国内的债务负担却在继续增长，从1998年的200亿增长到1999年的390亿。面对这种难以为继的局面，我和我的团队在仔细磋商之后，清醒地认识到，我们正处在一个重大抉择的关头：要么进行改革，从根本上改变巴基斯坦传统的经济运行模式；要么在危机中继续勉强维持。

我们要面对的首要挑战就是稳定巴基斯坦的经济，阻止外汇储备的大量外流，致力于壮大外汇储备，因为外汇储备的外流会极大地损害经济实力和信用。其次，要使国家处于增长的态势并且充分释放它的潜力。另外，我们还必须使整个国家和外部世界相信，我们正在进行的改革计划是可靠并且有效的。新政府执政伊始，我们必须向人们表明，我们有能力管理经济并且能够给人民一个美好的未来。所幸我有优秀的，富有才华、忠诚、敬业的财经团队做后盾，致力于将国家的经济导向正确的方向。

随后的几年里，我们使巴基斯坦摆脱了半破产状态，不再依赖国际货币基金组织的援助，并且成功地从国际资本市场筹得了所需资金。在2005年，国内生产总值（GDP）飞速上升至7.7%，1999年至2007年，国内生产总值平均增长率为4.9%。[1] 生活在贫困线以下的人口从1999年的32.1%降至2007年的17%。外汇储备从1999—2000年的9.91亿美元增长到2007年的165亿美元。[2] 在经济发展过程中，巴基斯坦的经验和教训同样适用于当今很多发展中国家和债务缠身的国家。

受制于国际货币基金组织（IMF）

我现在还清楚地记得，履职财政部长的第一天，我便深感压力巨大，回家后我忧心忡忡。摆在面前的任务似乎比我预期的要更加艰巨，更让人畏难而退。但我同时明白，这也是一个绝佳的机遇。我感觉，这是命运的安排，我才有了一个为国效力的机会。这是我自己回馈祖国的一个最佳方式。我下定决心，要使勤劳、富有活力的巴基斯坦人民有光明的未来。当下最大的问题是，如何在尽可能短的时间内实现这一目标。那晚，躺在床上，眼睛盯着天花板，我久久难眠。

首先要应对的主要问题是国家的储备水平与外汇现金外流问题，债务状况与有限的资源问题。能够使巴基斯坦经济走出泥沼的唯一办法，就是实行强有力的改革，从而保证经济在一段时期内高速增长。在像巴基斯坦这样的发展中国家，人口增长迅猛，合理的经济增长速度是保障目标成功的唯一驱动力。

但说时容易做时难。我很快便意识到，重大的变革实际上是不可能的，因为我们一直都处于国际货币基金组织那只看不见的手的支配之下。2000 年，作为财政部长，第一次给国际货币基金组织团队提交工作报告，我很想听取改善巴基斯坦整体情况的任何建议。然而，事实证明，任何建议和协商几乎是不可能的，因为来自华盛顿的那些官员权力有限，几乎没有修改项目条款的自主权。他们解释说："运行规则就是如此。管理层要求我们这样做。我们无力改变这些条款。"

后来，同样的问题反复出现。我发现，他们的季度报告缺乏鼓励性措施和建设性，但每当我们建议修改有关条款时，他们的代表总是说要征得管理层的同意。事情最终就不了了之。尽管我们的建议是善意的，但是我们发现，我们被基金会死死地束缚住了。

换个角度看，国际货币基金组织的立场也是可以理解的。在他们看来，巴基斯坦信誉不良，因为之前的几个援助项目都未能如约完成。在担任财政部长后，我很快发现，我们在给国际货币基金组织提交工作汇报中存在数据造假的问题。很显然，我们必须尽快重塑自己的信誉。

即便如此，国际货币基金组织工作人员的工作方式还是过于死板，缺乏变通。他们过分关注紧缩财政、债务管理、是否符合指标等问题，而对增长和改革关注不够。援助项目要求我们采取艰难的补救措施，然而，在经济运行中，国际货币基金组织又约束太严，管理过细。每个季度，在税收、通胀、赤字、兑换率和储备方面，我们都有既定的目标。国际货币基金组织对机构改革和鼓励增长的措施不感兴趣。让我感到费解的是，他们对本应关注的问题，比如创造新的工作机会和贫困问题缺乏关注，尽管这些援助项目旨在“削减贫困”和“促进增长”。管理经济意味着要处理和协调一个动态的、相互关联的复杂机制。如果某些指标体系必须遵循，那么其他的一些因素就未必能够兼顾得当，配合紧密。因此，全局策略是必需的。

国际货币基金组织在巴基斯坦问题上的处理方式，难以帮助我们扭转经济颓势，重返健康发展轨道，因为造成危机的根源并未触及。

国际货币基金组织是一个人才济济的庞大机构，但是，所有人都受制于其主要股东的强势管理，甚至干预。美国是国际货币基金组织的主导者，拥有17%的表决权，因此足以否决任何重大的决策。中国占有其中6%的权力。另外，由于历史的原因，国际货币基金组织的总裁一直由欧洲人担任，其24人组成的董事会中有9位常务理事来自欧洲。新兴市场希望增加代表，其呼声不断，但总是石沉大海。机构内的高级职位总是被极少数股东所瓜分。比如，常务副总裁一直是美国人。

世界强国在布雷顿森林机构中扮演重要角色，这本无可厚非，但同时，这也可能会导致他们的决定被政治化。国际货币基金组织要实现真正的全球化，在其领导人人选上应唯才是举，而非以出身论英雄。该组织应该效法企业界的惯常做法，广纳英才。这些国际金融机构精英化程度越高，其世界影响力就越大。同样的问题也出现在世界银行之中，其行长一直是美国人。在董事会选举之前，美国政府事先就会宣布对行长的任命决定。在这些全球性的组织机构中，任人唯贤应该成为至高无上的原则。

国际货币基金组织的架构确立于 1944 年，我们现在所处的世界已经发生了天翻地覆的变化，但其组织形式却未因应时代变化发生任何变革。在与该组织的交往中，我发现其执行董事会的体制设置效果欠佳。国际货币基金组织的机要部门由非常有才干的人员执掌，但他们受常驻董事会制约，在某种程度上，这减损了管理的空间和灵活性。虽然，为了行使监管职能设置董事会是必要的，但担任董事的前提是必须全职而且常驻华盛顿，这无形中损害了管理层的执行力。在今天这样一个互联共通的时代，董事会如此频繁的会面没有必要。董事会可以一个季度会面一次，明确政策的方向，赋予执行政策的官员一定程度的灵活性。如果有紧急情况需要咨询股东，完全可以通过视频会议的形式进行。这样，在不损害股东作用的情况下，可以降低运行成本，提高管理效率。正如一位前欧洲董事会成员对我说的那样：“国际货币基金组织需要扮演像总统或者最高行政长官一样的角色，需要有绝对的权威。”[3]

以上问题本来应该被及早发现。在创立之初，著名的经济学家约翰·梅纳德·凯恩斯（John Maynard Keynes）就对国际货币基金组织的架构持有异议。历史学家罗伯特·斯基德尔斯基（Robert Skidelsky）在他撰写的凯恩斯传记里，对国际货币基金组织和世界银行的创立有过如下的描述：“两个主要问题将美国和英国割裂开来，即，国际货币基金组织和世界银行的所在地以及国际货币基金组织的行事方式。英国主张两个组织非政治化，以专业的标准来决定事项。为了实现这一目的，英国主张，这两个组织将办公场所设在华盛顿之外，而且希望，特别是国际货币基金组织，能够在其常务董事和工作人员的管理下不受妨碍地运作，其 12 名执行董事以及其继任者能够代表他们各自的国家和地区，在兼职基础上享受兼职薪水。美国则希望，国际货币基金组织和世界银行将办公场所设在华盛顿，常务董事应该全职，享受高额薪水。他们还设想设置 300 个技术人员岗位，但凯恩斯认为，其实 30 个技术人员‘对基金组织的业务来说已经显得太多了’。”

最终，事情以有利于美国的方式被确定下来，凯恩斯则认为，“大错已经铸就”。他的观点是极有预见性的，因为，常驻董事会的确妨碍了基金会的运行效率。

这些管理问题不仅出现在国际货币基金组织，世界银行和亚洲发展银行也设有常务执行董事会。伊斯兰发展银行并未效仿这个模式而独树一帜。让人欣喜的是，新成立的亚洲基础设施投资银行也未设置常驻董事会。

就像其他的国际组织一样，在这些机构供职的人员，一般都会长期效力于这些组织机构。问题的关键是，要聘用最优秀的人员从事这些工作，确保高水准的工作表现，从而确保这些机构人力资本的世界水准。当下的世界，在许多国家经济前景堪忧的情形下，这些组织机构的作用比以往任何时候都重要。重新检视世界金融机构的状况这一工作显然没有跟上时代发展的步伐。为了确保援助项目切实有效，必须适时地对这些多国参与的机构进行改革，使其与现代管理规范相适应。

前任的首脑和常务董事均采取了很多措施以提高组织的管理能力。值得称许的是，詹姆斯·沃尔芬森，在他担任世界银行行长的时候，实行了内容广泛的改革。他重组了世界银行的组织架构，提升了工作人员的工作能力。当然，改革应该有延续性，而且改革的力度还应继续加大。

2015 年，我见到沃尔芬森并与其探讨了国际金融机构面临的一些问题。他认可鼓励精英管理的主张，主张废止常驻董事会。他认为，我们应该在项目管理上用力，抵制腐败，并且增加首席执行官的权力。他告诉我："股东本就应该做股东应该做的事情。"[4]

他还强调，在董事会中，国家持有的股份应该与该国家的国内生产总值相匹配。世界银行的机构应该重组，因为，经济合作与发展组织成员国的国民生产总值持续下降，人口减少。世界强国应该认识到机构改革的必要性，有些国家在世界银行中的角色应该更加合理化，或许，可以考虑废除所有成员国在组织中的否决权。

初见成效

第一次给国际货币基金组织提交报告的经历让我感到卑微和羞辱。我暗下决心，一个主权国家再也不能这样讨生活，必须尽快拿出一个可靠的方案扭转巴基斯坦的局面，摆脱国际货币基金组织的援助。我明白，问题在我们自己，不能去责怪国际货币基金组织。是我们自己没能管理好经济，不然，就不需要伸手求援了。像巴基斯坦这样的国家，吃下国际货币基金组织给的药是苦涩的，从传统的行事方式寻找突破是艰难的。我们认为，国际货币基金组织应该与东道国政府密切协作，根据具体情况量身制定解决问题的方案，而不是一味采取约束限制的办法。

必须鼓励人们打破常规，寻找创造性的解决方案。而此时，政府提出的机构改革方案是以如何获得更多的国际货币基金组织的援助资金为目的，而不是以如何对国家的发展有益为目的。

通过与团队充分沟通，我使他们也认识到摈弃传统解决方案的必要性。争取新的援助项目不是我们的目的。我提出了一个双管齐下的工作策略，一方面要赢得经济主权，另一方面要保证宏观经济稳定。我们一直扮演着渐进主义者的角色，国际货币基金组织操控一切。我的目标是通过促进增长，使巴基斯坦摆脱国际货币基金组织的羁绊。而要实现这些目标，我们必须做出根本性的改变。

在艰难的改革道路上我们如履薄冰。改革需要资源保障，但我们非常欠缺。预算的 66% 被用来偿付债务，要进一步地改革，还本付息的费用必须先降下来。

在研究不同方案的基础上，我们拿出了一个新的工作方案：进行债务重组，通过提高财政收入和鼓励投资来改善我们的收入来源。通过更有效的经济管理方案，鼓励私人经济份额的增长和投资，从而创造更多的工作机会，增加国民收入。恢复国内生产总值的增长，促进宏观经济发展的稳定性是当务之急。为了促进增长和发展，鼓励国内外投资，就必须从资本市场获得资金支持，而这一切都要以重树信誉为前提。

我们遵循的理念是，放宽管制、自由化、私有化。为了提高运行效率，我们从私营企业挑选精兵强将，让他们经营国有实体企业。董事会的成员均是训练有素的专业人员和行业专家。随后，我们拿出了一个综合性的机构改革方案，涉及银行、能源和社会保障等各个方面。这一改革方案招致来自国内外的许多批评，特别是那些想继续保持现状的既得利益者，对此批评更甚。既然已经踏上征程，我们只有义无反顾，静待结果。在方案实施的前 12 个月，经过努力，我们与银行家、债权人和布雷顿森林机构建立了良好的信誉关系。很多年来首次，巴基斯坦顺利通过了国际货币基金组织的审查，贷款款项按时拨付到位，经济发展的势头得以重新建立。[5]

另外，需要着手处理的是如何应对新的债务雪崩。就任伊始，我便着手与巴基斯坦的主要捐赠国进行了沟通，主要是美国、日本、英国，还有巴黎俱乐部的主要成员国。巴黎俱乐部是一个包括几乎所有主要债权国的财团，为负债国提供债务减免和债务管理服务。我的目的很明确，就是想让他们相信，我们正在致力于以创新的方案解决巴基斯坦的问题。

首先，必须组建一个我们自己的团队。财务秘书长莫因·阿夫扎尔（Moeen Afzal）是一位很有经验和能力的官员，他在实施改革方案中起了关键作用。联邦部长们也被我们充分调动了起来，比如，尤尼斯·汗（Younis Khan）、纳维德·哈桑（Naveed Ahsan）、谭沃·阿里·阿加（Tanwir Ali Agha）、瓦卡尔·马苏德博士（Dr.Waqar Masood）、贾维德·萨迪·马利卡（Javed Sadiq Malik）、哈利德·萨伊德（Khalid Saeed），还有其他一些高级政府官员，包括萨尔曼·沙博士（Dr.Salman Shah）、哈菲兹·谢赫博士（Dr.Hafeez Sahaikh）、阿士法克·哈桑·汗博士（Dr. Ashfaque Hasan Khan）等等。就任总理时，我对财政问题尤为关注，将两位国务次长奥马尔·阿尤布·汗（Omar Ayub Khan）和希娜·哈尔（Hina Khar）带进了财政部。

我们聘请该·侯赛因博士（Dr.Ishrat Husain）为新的中央银行行长。他是一位令人尊敬的前世界银行官员，他的加入，为我们的团队和改革进程带来了信誉。银行的利率从 1990 年代最高时的 20% 降至平均 5% 以下。收入领域由像阿卜杜拉·尤瑟夫这样的官员来执掌，他们在赋税收入领域实施了强有力的改革措施。在捐赠人的资助下，我们实施了税收改革，并且追加投资以提升中央税收总局的专业素养，包括聘用私有企业的专门人才。

巴基斯坦事实上一直在跟巴黎俱乐部接触以处理债务问题，但一直以来都是采取临时补救应对的措施，而不是长久的解决办法。1999 年 1 月 30 日，根据所谓的休斯敦条款，巴基斯坦的债务被调整为 33 亿美元；2001 年 1 月 23 日，则重新调整为 18 亿美元。[6] 这一点也不奇怪。有两种通行的债务调整模式：“流量调整”和“存量调整”。休斯敦条款采用的是“流量调整”模式。他们关注的是即将到期的债务。如果某个国家陷于危机，无力偿还即将到期的债务，那么，债权国便会扣除到期的债务，并且对其余债务的偿付日期进行调整。他们会将即将到期的巨额债务打包，然后推迟偿付年限。他们只减免债务整理期内的到期债务，并不会减免整个的债务存量。

相反，“存量调整”关注的是整个的债务额。“存量调整”意味着在双方同意的情况下推迟偿付年限，并且给双方提供协商和降低利率的机会。比如，如果借款时的利率为2%，那么，在延长偿付期限的情况下，利率可能会调整为0.5%。我设想将债务的偿付年限延长，并且降低利率，通过这种方式，重塑巴基斯坦的信誉以便应对其巨额债务问题。这样做有两个目的：如果利率降低，一方面国家的债务额会缩减；另一方面，服务成本也会大幅度减少。这样一来，整个的支出会降低，以现有的债务期限估算，也会有很大的价值折扣，这也能为其他需求创造更多的财政空间。

在像巴基斯坦这样的国家，这样的做法前所未闻。按照巴黎俱乐部的通行做法，只有特定的“高负债贫穷国家”，比如乌干达、马里、尼加拉瓜，才有资格享受公债的豁免权。[7]巴基斯坦被列为中等收入国家，属于“管理不善”的国家之列。可我想让巴黎俱乐部在这件事情上破例变通，因为，只有债务的“存量调整”才能使巴基斯坦不再依赖别人，重新站立起来。但我明白，这个要求有些苛刻。

我们初步的努力就是想向人们表明我们坚决改革的立场态度。

起初的两次债务调整也使得我们从债权国那里赢得了信誉。然而，要达成最终的目标，给即将展开的重大结构改革打下良好基础，我们仍然有大量的说服和准备工作要做。

这个问题事关重大。我觉得，应该亲自将这一信息传达给我们的债权国，从而保证我们的设想能够顺利实行。我在国际金融机构30年的工作经历的确帮了大忙。我先后飞往巴黎、波恩、伦敦、罗马、华盛顿、东京，面见财政部长和高级官员，向他们说明，在对债务进行调整的同时，巴基斯坦将推进切实可行的改革，以确保巴基斯坦顺利发行债券，并从资本市场筹集资金，而不是一味地依赖援助和救济。这将有助于提高人民的生活水平，刺激增长和投资。在整个的游说过程中，我既激动又兴奋，我坚信，这个方案一旦顺利实施，必将会成为扭转巴基斯坦经济局势的胜负手。

在游说巴黎俱乐部的过程中，最重要的一场会面要数与时任法国财政部长洛朗・法比尤斯（Laurent Fabius）的会面。他曾担任法国总理，之后出任法国外交部长。巴黎俱乐部的行政权事实上由法国掌控，为了使这个动议顺利达成，我们需要他们的支持。我带着巴基斯坦驻法国大使前往，法比尤斯也与巴黎俱乐部的主席一同参加了会面。

我向法比尤斯详细阐明了我们希望通过债务调整以应对沉重的债务包袱的理念，因为，只有通过这种途径，我们才能创造足够的财政空间实施改革并刺激增长。我还跟他说明了财产私有化，促进经济增长，创造更多的工作机会，使巴基斯坦向所有的投资开放的一些设想。

法比尤斯是一位经验丰富的政治家，他在听闻我们的改革计划和设想之后表示，我们的改革措施是切实可行的，法国愿意支持我们发展经济的努力。他的支持在我们与巴黎俱乐部商讨债务重组条款的过程中发挥了关键作用。美国在我们达成债务重组目标中也发挥了重要作用。美国国务院经济事务副部长艾伦·拉森负责帮助我们与相关国家进行磋商，并成功地说服他们支持我们的债务改革方案。

在拜访债权国财政部长们的同时，我也跟国际货币基金组织进行了接触，负债国要进行债务重组，他们的首肯也是必要的。

我与时任国际货币基金组织总裁，之后的德国总统霍斯特·科勒（Horst Köhler）有一次非常有趣的会面。我告诉他，我们努力的目标是摆脱国际货币基金组织的援助项目，重获巴基斯坦的经济主权，从资本市场筹措资金，不愿再一味依赖国际货币基金组织的援助。我对他说："事实上，国际货币基金组织对巴基斯坦一直以来的帮助是巨大的。我们必须获得经济主权，否则永远不可能走出经济泥沼。我们已经成功地完成了改革方案的第一阶段工作，因此，我们已经走过了依靠援助勉力维持的阶段。我们希望继续沿着这条路走下去。"

听了我的陈述，在场的一些科勒的同事显得很不自在。他对我说："我认可你们的改革方案。顺利地从资本市场筹措资金的确有助于重塑巴基斯坦的自信心。总体来讲，这也正是我希望其他负债国应该做的，而不是一味依赖国际货币基金组织的援助勉强维持。”

“9·11”恐怖袭击事件极大地推动了我们计划的实施。在推动改革方案的前两三年，巴黎俱乐部成员国已经开始对我们另眼相待，因为我们已经向世人展示出，巴基斯坦是一个透明的、致力于改革的政府，但“9·11”恐怖袭击事件还是起到了很大的助推作用，因为这些国家也开始意识到巴基斯坦在反恐怖战争中的重要作用。

2001 年 12 月 13 日，巴黎俱乐部所有的成员国代表在法国首都巴黎召开会议，讨论巴基斯坦的债务重组提议，整个会议连续开了好几天。在大会上，我提出了巴基斯坦债务问题，并且向与会代表申明了为什么我们主张对债务进行前所未有的存量调整。会议非常成功，我们达到了预期的目的：经过协商，我们将在 38 年内偿付 125 亿美元债务，其中有 15 年的宽限期。涉及整个双边的债务存量，占巴基斯坦债务总额的 90%（世界银行和国际货币基金组织的债务并未调整）。以当时的利率计算，整个债务总额减少了三分之一，这让巴基斯坦获得了非常宝贵的喘息机会和发展空间[8]。此事在巴基斯坦的金融发展历史上是里程碑式的，反映了捐赠国对我们改革方案的信心。

大会所签署的协议之后被称作“巴基斯坦条款”。它已成为行业标准，并且历史性地为那些希望重新调整自己债务的中等收入国家开了一个先例。这个独创性的设想也得到了学者们的认可。经济学家鲁里埃尔·鲁比尼在其著作中对此有过专门论述。他对此项举措带来的变化有过如下的评论：“在肖卡特·阿齐兹的领导下，巴基斯坦的债务重组在释放其经济活力、刺激增长、促进繁荣的过程中是具有转折意义的事件。”

瑞士联合银行集团的基尔·道奇（Jill Dauchy）在债务重组时对我们进行过指导，他后来对我说：“2001 年，巴基斯坦创造性地打破常规，为其他情形类似的国家扫除了障碍。这些国家自己从未做出过如此大胆的尝试。这是非凡的成就。在随后的几年里，巴黎俱乐部开始主动关注处于同样情形之下的负债国，特别是当这些国家出现政治危机时，比如前南斯拉夫和伊拉克。”[9]

起初，巴黎俱乐部只是通过了一个多边债务重组协议——“会议纪要”。为了加强其约束力，接着，巴基斯坦与巴黎俱乐部财团的其他国家协商签订了双边协定。美国、英国，还有其他一些国家在协议执行过程中做的比协议规定的更多。加拿大、德国和荷兰也同意我们进行债务置换，这在当时的情形下也是前所未有的。

可还有一些债权国是不愿意我们这么做的。日本不同意我们对债务进行存量调整，在说服其同意我们进行重组债务中，美国发挥了重要作用。日本是巴基斯坦最大的债权国。每当涉及破例对债务进行重组的问题时，日本总是很不情愿。美国的艾伦·拉森（Alan Larson）率先替我们跟日本政府和其他债权国进行磋商，并帮助我们使这些债权国相信，我们的重组计划是切实可行的。最终，日本同意降低利率并延长债务还款期限。

亚洲发展银行也全力支持我们的计划。在美国、日本等国的支持下，总部设在马尼拉的亚洲发展银行主要关注亚洲问题。他们对巴基斯坦的发展需求反应积极，大力支持。亚洲发展银行行长千野忠男（Tadao Chino）、黑田东彦（Haruhiko Kuroda），还有时任亚洲发展银行副行长的金立群（Jin Liqun），均给我们提供了很大的帮助。之后成立的亚洲基础设施投资银行是一个多边金融机构，致力于对亚太地区的基础设施建设项目提供资助。另外，总部设在沙特阿拉伯吉达市（Jeddah）的伊斯兰发展银行，在其行长，一位从业经验极为丰富的银行家艾哈迈德·穆罕默德·阿里博士（Dr. Ahmad Mohamed Ali）的领导下，也给我们提供了非常有价值的帮助。

总体来看，与巴黎俱乐部的成功协作为我们争取到了可贵的财政发展空间，使我们得以将资金从偿付债务投向发展项目，成功地将偿付债务所占预算的份额从三分之二降到了三分之一。财政支出实现了向社会保障，特别是教育的倾斜，债务的重组成功地释放了改革的活力和投资的热情。财政收入大幅度增加，国民经济的高速增长期开始了。国外的直接投资也开始回暖，到 2007 年外国投资总额增加到 51 亿美元。[10]

作为总理，最值得我骄傲的一天就是，我向议会郑重宣布："今天，巴基斯坦重新赢得了经济主权。"

在参加议会会议之前，我指示财政部长提前偿清所欠国际货币基金组织的债务余额。站在下院议员们面前，我庄严宣布："女士们、先生们，我有一件非常重要的事情要宣布。"我让自己情绪尽量平静下来，并向议会宣布："我们已经偿清了国际货币基金组织的所有债务余款。"我的话音刚落，财政委员席位的议会委员甚至是反对党席位的议员纷纷站起来为我鼓掌。

这完全是一个基于自身国情的经济振兴方案。虽然国际货币基金组织和世界银行并未鼓励我们实施这个方案，但如果没有他们的援助和支持，我们的计划也是难以完成的。事实证明，任何国家，如果想要获得同样的经济复兴，首先必须找到自己内在的驱动力，必须掌握整个运作过程的主动权。正如道奇所说的：“例外的条款和非凡的成功只能由该国自己来主导。否则，即使有富有才华的国际货币基金组织的官员为你制定出如何拯救经济的计划，也不能保证你的国家可以走出经济的困境。即使所有的债权国免除了你们所有的债务，如果一个国家自己没有称职、有才能的人去创造性地制订发展计划并有效地实施它，那么，一切都是徒劳。”[11]

我们坚定不移地遵循自己的计划行事，最终取得了圆满的结果。

在实施改革计划时，我得到了穆沙拉夫总统的全权委托。早些时候，我对总统说：“我们即将实施的改革，可能会伤及从低效产业获益的投资者和公司的利益。”他对我们的改革计划表示充分理解和支持。

接着，我们着手从资本市场筹措资金。为了达成这一目的，我们必须重建巴基斯坦在世界投资者心目中的品牌形象。我策划了一系列在亚洲、欧洲和北美洲的全球巡回宣传活动，通过活动让人们了解我们的发展前景，向人们推介巴基斯坦的投资项目。如同债务重组一样，我觉得我必须身先士卒，充分利用自己在全球性银行的工作经验，号召国际社会一起支持巴基斯坦。

与求助布雷顿森林机构这样的传统做法相比，从国际资本市场筹措资金则具有很大的风险。但花旗银行的工作经验和对市场的了解使我坚信，这个方法是正确的。我们专门成立了一个以阿什法克·哈桑·汗博士为首的债务管理办公室，负责组织巡回宣传活动，处理与投资者的关系，因为随着持股人数量的增加，投资人关系变得越来越重要。

2004 年 2 月 12 日，我们发行了五年期的 5 亿美元欧洲债券，受到了投资者的热烈回应。[12] 这期债券的发行量超过预期发行量 4 倍。这是我们在吸引国际投资方面迈出的关键性一步，而以往，国际投资者对巴基斯坦是不屑一顾的。

欧洲债券的收盘和定价均是在伦敦举行的。我拜会了英国财政大臣戈登·布朗（Gordon Brown），巴基斯坦驻英高级专员玛丽哈·劳黛（Maliha Lodhi）与我一同前往。我向布朗通报了巴基斯坦改革方案的最新进展，介绍了欧洲债券的成功发行情况，并指出，债券的成功发行确保了我们在不依赖国际货币基金组织的情况下能够继续实施经济发展计划。财政大臣对我们取得的成就表示赞赏，并真诚地祝贺我们债券的成功发行和改革计划的顺利施行。

结构改革

长久以来，巴基斯坦一直围绕着国际货币基金组织一个接一个的援助计划运行，把几乎所有的时间和精力花费在了“救火”上，而不是如何更好地释放经济活力以促进增长。所幸，债务的存量调整策略给下一步的改革创造了有利条件。

结构改革的目的在于创造就业机会，促进增长，重组债务，吸引投资，从而使得经济更具竞争力，提高人民的生活水平，消除贫困。

改革的目的还在于，在强有力的法制监管之下，为经济增长营造一个有利的外部环境。对我们来说，为潜在的投资者创造一个透明、公平的竞争环境，保持政策的一致性、连贯性非常重要。借此，我们发出了一个强有力的信号：巴基斯坦是有吸引力的经商之地。

我决定减少政府在生产领域的影响力，致力于建立一个以市场为导向的经济。当然，提升和改善我们的服务是必需的：我们成功地进行了产业升级，所有的经济领域均向地方和国外投资开放，鼓励技术革新，寻求国际经济合作，引进先进的管理理念和技术。所有这一切极大地提升了我们的综合竞争力，当然，提升综合竞争力是任何经济形式都应该持续追求的目标。

私有化，放宽监管，自由化

做生意不应是政府的事。改革伊始，我们便确定了如下的发展理念：鼓励私有成分在巴基斯坦的经济发展中发挥主导作用。绝大部分的产业已经被前政府收归国有，我觉得正是这个阻碍了国家经济的发展。

我曾在私营企业里工作过很长时间。花旗银行崇尚精英管理，管理人的选拔不看重国籍和背景。在很大程度上，我受到了许多坚信市场经济的领袖人物的启迪：最著名的有马来西亚总理马哈蒂尔·穆罕默德博士（Dr.Mahathir Mohamad），第一任新加坡总理李光耀（Lee Kuan Yew），英国首相玛格丽特·撒切尔（Margaret Thatcher）。在撒切尔首相为花旗银行做巡回演讲时，非常荣幸我有很多机会与她接触。德国总理格哈德·施罗德（Gerhard Schroeder）在对德国经济进行改革的过程中展示出非凡的勇气和领导能力，并将德国经济重新拉回到可持续发展的轨道，我对他和其政策均做过专门研究。

首先，我们对一家国有哈比卜银行（Habib Bank）进行了私有化改革。我们为整个私有化改革制定出一套法律框架，然后对整个进程进行精心设计。所有的竞标人都必须事先进行资格审查，以证明他们有足够的资金实力、诚信和管理能力。一旦竞标人通过了审查程序，我们采取措施，确保他们能够在公开和公平的环境下进行竞争。

在私有化的过程中，每一个产业所采用的具体方式都不尽相同。因为电信产业是重要的公共事业，在对电信网私有化时，在世界银行的帮助下，我们引入了加拿大的高级顾问，他们帮助我们设计出了资质标准。在对一个资产进行私有化时，国家一般会占30%的股份，而这部分股份可以被出售。这就意味着，如果一个产业在私有化后运行顺利，国家可以选择出售这部分股份，并从其产业增长中受益。这同时也保证国家在董事会中享有发言权，确保产业从国有向私有顺利过渡。

在国有的框架下，我们试图雇用一些有私营企业管理经验的人加入，针对这些跳槽者制定了特殊的薪酬方案。这样做的目的在于鼓励私营和国有企业人才健康、充分地融合。以这种方式经营银行的私营企业会得到奖励，这样也能够使董事会的代表范围有所改变。这些举措使得经营更加专业化，组织机构更加现代化，人们的观念得以改变，与世界级的公司相比，更加国际化。

支撑改革的理念要求我们必须从全局的角度考虑问题，提升对整个发展链条的辐射和影响力。对电信产业的改革充分证明，一个改革计划的成功实施会对其他很多领域产生巨大的影响。

巴基斯坦的电信产业是一个非常庞大的垄断国有企业，拥有大量的有线电话网络，我们决定对其进行私有化。此时，只有少数几个小公司提供移动电话服务，整个通信系统效率极差。服务和维修业务质量逐渐恶化，开通有线电话常常需要找人说情。

政府决定拍卖新的电信牌照，在租用的伊斯兰堡万豪酒店的舞厅对拍卖进行了电视直播，目的在于凸显政府对公开透明的承诺。每一位竞标者必须事先提供 1000 万美元的支票以证明他们的确具有必要的资金实力。

有许多公司前来参加巴基斯坦电信（国有有线电话服务公司）的竞标，最大的竞标者是总部设在阿拉伯联合酋长国的阿联酋电信。另外，我们还拍卖了三个移动电话服务牌照。以前，新的电信服务牌照销售只是象征性地收取费用。而这次，通过拍卖，政府总共筹集到 2.91 亿美元资金，与之前的收益相比有天壤之别。

最主要的是，这些变化将竞争引入电信产业，新成立的巴基斯坦电信管理局进一步保证了经营的顺利开展。

得益于这些新举措，整个国家的电话覆盖率从 2001—2002 年的 3.66% 猛增到 2007—2008 年的 58.8%[13]，数百万人拥有了移动电话，创造了数以百万计的新的工作机会。服务质量得到了提高，业务范围得以拓展，通信资费降低了，联通能力也大幅度提升。随着通信网络的延伸，每隔几英里就需要建立新的通信站点，新的光缆线路需要铺设，这同时也带动了建筑行业的发展。众多商店也开始销售 SIM 卡，这对商业也产生了积极的影响。电视上出现越来越多的广告宣传推销各自的新业务。所有这一切都有助于创造新的就业机会。事实证明，一个政策举措的成功施行，可以使经济活动更加高效，生活更加便捷，使众多的居民第一次有机会接触通信和信息。税收也随之增加，因为，移动电话的每次通话，用户均需付少量的费用。

随着通信能力的提升，经营电信行业的公司收益增长了 15%~20%。2005—2006 年，电话覆盖率仅为 26%，到 2007—2008 年，电话覆盖率上升到 58.8%，2011—2012 年则增加到 72%。商家每个月生产约 100 万部新电话。宽带网用户数增长很快。手机银行的引入，极大地改变了人们的生活。那些没有银行账户或者在其住处附近没有银行网点的人们，现在可以通过移动电话进行转账。这些便利前所未有地给人们提供了接触信息技术的机会，联通能力的提高也促使巴基斯坦进入数字化时代。

电信产业的高速发展同时也吸引了来自国内外的投资。巴基斯坦中国移动、埃及的 Mobilink 电信、挪威电信、阿联酋的 Warid 电信、新加坡的 Telecom 电信均在电信领域有大量的投资。这个结果进一步证明，一项改革的成功实施会产生广泛而深远的影响。

尽管如此，许多持股人对我们的改革举措仍有异议。他们认为，我们这样做是将国家的资产变卖给地方和外国的商人，这无疑会伤及巴基斯坦的主权。这完全是误导。国家主权是个强有力的概念。就像是一个工厂，无论谁是其拥有者，没有人可以将它放进箱子打包带走，它始终是国家的财产。但是，让有能力懂技术的人去经营，让企业在自由市场进行公平竞争，这将有助于鼓励生产力、效率和竞争力。不断的创新是成功的关键，而私有化为这些产业打通了通向最新研究成果、世界水准发展的渠道。当然，不是所有的这些变化都立即获得了成功，比如，我们鼓励私有企业开发电力，而这个过程比我们预想的进展要缓慢得多。但是，毋庸置疑的是，私有化最终成功地创造了新的就业机会，促进了收益和繁荣，减少了腐败，为一段时期内巴基斯坦的发展奠定了坚实的基础。

监管者的作用

所有的改革都伴随着放宽监管，去除那些不必要的繁文缛节。烦琐的官僚程序、腐败、政府审批繁复的要求、模糊歧义的规章制度均是吸引投资的绊脚石。放宽监管并不意味着政府放弃应担的责任。我们需要建立一个强有力的独立监管体系，提供必要的监督和制约。为了加强对电力、电信、能源的监管力度，我们相继成立了国家电力管理局、巴基斯坦电信管理局、石油和天然气管理局。

最近的全球金融危机进一步证明，监管者与金融机构密切合作是非常必要的。监管者在确保银行和其他机构履行法则法规、遵循信息公开的要求等方面发挥着非常明确的作用。同时，监管者也是变革和创新的催化剂。金融的监管者有责任鼓励银行对其业务运作流程进行审查，从而开发出能够满足现代客户需要的新方法。金融体系如果要健康运行，那么，监管者与被监管者之间经常的对话、合作，以及意见交流是非常必要的。必须重点关注涉及变化、改革以及发展提高等方面的问题，努力提升董事会的管理能力，确保产业的健康和繁荣。法则法规必须简单明了。监管者应该将保障产业的发展及其生命力作为监管工作的第一要务。监管者应该明白，他们不是产业的敌手，而只是监督者。在监督监管方面，我们仍然有许多工作要做。

解决贫困问题

在巴基斯坦，找到可靠的办法消除贫困，是最具挑战性的一个问题。很显然，贫困问题，诸如残疾人、老龄化、就医等，这些问题都需要资金来解决。在任期内，我们利用扎卡特计划、国库（Bait-ul-Mal）来提供资金支持，另外，国家农村支持计划、奥兰治试点方案、阿加汗发展网络与其他非政府组织在资金方面也给予了大力的支持。我个人也主持了不少这类项目的开幕典礼。继任的政府也推出了贝娜齐尔收入支持计划，取得了良好的效果。

通过提供廉价化肥、杀虫剂、高品质种子、灌溉水源、补贴、物质刺激等措施，我们希望能够刺激农业——这个在巴基斯坦经济中占比最大的产业。通过巴基斯坦农业发展银行，我们给农民提供低息贷款，帮助他们购买拖拉机和机器设备，同时，也给从事优良品种开发研究者提供低息贷款。美国国际开发署和英国国际发展部也给我们提供了大量技术支持和贷款。依靠农村发展计划的支持，开展社区建设计划，对街道和供水系统进行了改造。

最重要的是，我们想创建一种有利的环境，使那些想创业的人能够有办法、有机会实现他们的愿望，并且能够增加他们的收入。我们还决定在全国范围内全面推出“小额贷款计划”，这在巴基斯坦的历史上还是第一次。以前，除了通过地方和不受政府监管的出借人借款外，借款的途径非常有限。设立专门的监管体系，对小额贷款进行监控，使得借款人能够通过地方、省和国家多种渠道拿到贷款。人们可以利用这些小额贷款创办小企业，经营小店铺，生产手工艺品，或者从事家禽饲养。也是首次，人们可以获得低于 50 美元的无担保贷款。在行长千野忠男和同僚的支持下，亚洲发展银行为我们提供了技术支持和培训，还帮助我们成立了以卡里布·尼什塔（Ghalib Nishtar）为行长的巴基斯坦第一家小额贷款银行——库什哈里银行（Khushhali Bank）。有些银行还推出了给女性客户贷款的项目，以保证更多的女性客户能够得到需要的贷款。在乡村和城市，一些新的银行相继开办，这些都使得成千上万的人们第一次有机会接触到信贷。

开展小额贷款业务，事实上，我是受到诺贝尔奖获得者、小额贷款的开创人穆罕默德·尤努斯博士（Dr.Muhammad Yunus）的启发。那些年，在很多会议上我不止一次见到过尤努斯博士。记得在2006年，作为巴基斯坦总理，我与尤努斯博士一同出席了在加拿大的哈利法克斯召开的小额贷款高层峰会。我们在有西班牙王后索菲亚和加拿大总理彼得·麦凯出席的会议上做了发言。尤努斯博士在他的讲话中提到了巴基斯坦在小额贷款方面的成绩，并肯定了我们建立监管体系，对小额贷款进行监控的举措，听到他对我们的赞许，很是感动。

吸引投资

巴基斯坦这样的发展中国家，吸纳更多的投资以满足自己的需要是非常重要的。通过国内的储蓄资金来加速增长是远远不够的，因此，还需要国外借贷、地方和国外的投资来补充不足。如果能够运用得当，这些资金将成为经济增长的重要助推器。

到1999年，巴基斯坦的国外直接投资已经萎缩到可怜的3亿美元，主要集中于国外公司参与的制药行业。对一个像巴基斯坦这样人口增长迅猛的国家来说，这些投资实在是太有限了。

当务之急是必须创造机会，提升透明度，营造一个对潜在的投资者来说公平的竞争环境。我们必须提升投资者对我们的信心，这就意味着我们必须通过保持政策的透明度、一致性和连贯性，重塑政府的信誉。

我们把公司注册时限从几个月降到了只需几天，同时，为了鼓励公司上市，给他们提供低息贷款作为奖励。通过这种方式，股票交易、持股人和证券交易委员会之间相互制约的机制得以形成，从而保证公司能够合法经营。证券交易委员会对股票市场的重大改革进行监督，促进市场提高资金的流动性，从而吸引国内外的投资。这也成为公司在巴基斯坦顺利发展的一个重要途径。

对一些基础设施进行现代化的改造，改建港口、机场、宾馆，提升旅游设施等也是结构改革的重要内容，这些也有助于吸引投资，促进经济发展。

我们采取的这些措施终于有了回报，许多投资者开始考虑在巴基斯坦投资的机遇和可能性。随着巴基斯坦信用评级的提升，贷款的额度也大幅上升。在巴基斯坦投资的风险也得到投资者的认可，这为工业领域吸引大规模投资做好了铺垫。终于，资金开始回流，发展速度开始提升，增长率也得到了提高。

腐败问题

像其他发展中国家一样，腐败在巴基斯坦也是一个突出的问题。

根据“国际透明组织”的腐败评级，巴基斯坦在175个被观察国中位列第126位。[14]在巴基斯坦，要降低腐败，首先要给政府官员高薪。其次，减少人际关系环节，像其他国家那样，使尽量多的制度程序化。另外，简化采购程序，鼓励公平透明的合同竞标也有助于遏制腐败。

逃税文化同样存在于巴基斯坦这样的发展中国家，这一现象是征税者与纳税者之间，在惩罚率、征税种类增加以及过多的人际关系等共同作用下的结果。

我认为，我们必须扩充税收体系，减少税收种类，降低税率，杜绝漏洞，简化整个税收体系，使人们交税变得更加容易。另外，还必须减少征税人员自行决定事项的机会。

我们逐步降低了个人所得税的起征点，财政收入慢慢开始增长。为了杜绝走私，我们还降低了进口关税。另一个方案是，对纳税者进行分类，提高那些高收入者比如大公司的缴税额。我们成立了新的有责任心的、大型的征税机构，公司可以直接来缴税，以这种方式创建一个更加专业的工作环境。

我们对所得税的工作流程也进行了变革。之前，在每一个地区都会有一位地方税务官员代表国家，给到期需要缴税的人设定缴税标准。这种人与人的接触给人的印象是，所得税是可以协商的，在某种情形下也会导致腐败。强化自我评税制度，没有人事先知道谁是估税人，缴税者只需通过电子邮件发送纳税申报单，然后就能收到收据。不定期地，也会通过随机抽样对税单进行审计。[15]

这些举措很快便收到了积极的效果。随着经济的慢慢复苏，经济活动的增加，人们的消费也开始增加。

不可否认，直到今天，在这方面仍然还有很大的提升空间。税收在国内生产总值的占比的确是增加了，但是还没有达到应有的水平。在2006—2007财政年，1亿6200万人中的180万人通过税收申报单直接缴税，占整个人口的1.1%。到了2014—2015财政年，这个数字降到了85万人，占整个人口的0.4%。[16]在巴基斯坦，这是个非常棘手的财政问题，但是，必须及时进行纠正。持续使税收体系制度程序化，减少人际关系环节无疑将有助于提高可征税总额，并增加国家的税收总量。

国外援助

巴基斯坦一直依赖大量的国外援助。在军事政变之后，外援的总量大幅减少，但"9·11"事件后，外援的总量又开始回升，这是因为，国际社会开始意识到巴基斯坦在反恐中举足轻重的地位。

事实证明，英国的国际发展部在资助巴基斯坦的援助项目方面效率很高。国际发展部是布莱尔在任首相期间成立的。英国国际发展大臣克莱尔·肖特定期访问巴基斯坦，推进援助计划的实施，并在英国和其他捐赠者之间游说，以确保对巴基斯坦的援助计划顺利实施。

英国政府将巴基斯坦列为国际援助计划的"优先国"，并且持续给巴基斯坦拨付高额的双边支持经费。总而言之，英国国际发展部高效，注重实效，对当地的具体情况有比较深入的了解。他们援助项目的管理费用远远低于其他机构。英国国际发展部注重为大型机构注入资金，重视能力建设，而不是进行小规模的项目建设。

而我们的任务就是确保透明有效地分配援助资金。很多年以后，克莱尔·肖特曾对我回忆起此事："我们对合作伙伴做出承诺，想看看他们如何运作。税收等体制改革计划正在有序推进。援助资金使用合理，因此，我们的信心也增加了。"[17]

直到今天，英国仍然持续给巴基斯坦提供巨额的援助，他们计划把 2012—2013 财政年的 2.03 亿美元援助提高到 2014—2015 财政年的 3.24 亿美元。肖特明白，没有外交手段保证国家的和平稳定，援助计划是无法实现的。她对我说："我们的共同努力并没有很好的收益，并产生好的发展前景，对此，我感到很难过。我们需要动力以实施更大力度的改革。克什米尔地区的情况应该得到改观，可让人遗憾的是，国际社会几乎没有人关注这个问题。如果可以实现长久的和平，那么，印度和巴基斯坦两方的军事支出就会降低，这些钱也就有可能被用在民生上。"

稳定汇率

稳健的货币政策在扭转巴基斯坦经济困局中发挥了重要作用。政府和中央银行的一个重要措施就是在我们的整个任期内，保持汇率稳定和低利率。长期资金的利率维持在 2%~4% 之间，这刺激了新的资本投资。

同时，鼓励消费贷款，包括购置房屋、交通工具、消费品。在贷款有保障的前提下，借款的利率也随之下调。

我们实行浮动汇率制，而不是由政府来确定汇率。在我们的任期内，汇率一直维持在60卢比兑换1美元的水平。我认为，这是我们这届政府的显著成就之一。今天，汇率又开始起伏不定，汇率已上升到100卢比兑换1美元的水平。我们之所以能够维持这个汇率水平，有赖于建立储备和实行稳健的货币政策，这同时也给国家带来了稳定，并且有效地控制了通货膨胀。

巴基斯坦的信用评级提高了，大量的资金以国外直接投资的形式开始回流，国外借贷业务进一步增加。我相信，稳定的汇率确确实实让人们感到了与之前的不同。

显现成效

不到一年，我们的经济增长率成为巴基斯坦历史上最好时期之一。国内生产总值几乎翻了一番。国内外投资均创历史最高水平，股票交易额也创历史最高水平。储备也增长到巴基斯坦历史最高水平。2005年，国外直接投资额猛增到15亿美元，2006年增加到30亿美元。财政赤字从我刚就任的7%降到了2006—2007年的4.3%以下。我们的成功得到了国际社会的高度认可，巴基斯坦被列为“新金砖十一国”国家之一。“新金砖十一国”是经济学家吉姆·欧尼尔提出的一个概念，用来表示，这些国家具有与 21 世纪世界最大的经济体“金砖国家”一样的强劲的经济发展潜力。

所有这一切给人们的生活质量带来了巨大的变化，平均家庭开支从 1999 年的每年 493 美元上升到 2007 年的 561 美元。[18] 骑自行车的人开始计划购买摩托车，拥有摩托车的人开始盘算购置小汽车，每个人都希望拥有一部移动电话。新的航空线路开通，宾馆客房总是客满。我们修筑了新的公路、新的蓄水工程，开始在伊斯兰堡开工修建新机场。瓜达尔港的一期工程已经完成，昆新港的改造工程也已完工。

经济和社会效益的取得，进一步增强的财力，也给我们提升军事防御能力提供了有力的保障，陆、海、空军以及重要的战略项目均有了充足的资金支撑。鉴于巴基斯坦所处的地理位置和其面临的安全威胁，提升国家的军事防御能力，对设备进行更新换代，对维护国家主权，保持和平与稳定都是非常重要的。

展望未来

从许多方面来看，在过去很多年里巴基斯坦累积下来的诸多问题，使继任的政府很难保持经济增长水平，这导致经济的发展又回归到以前的“救火”模式。不断恶化的安全形势，复杂的恐怖主义组织的蔓延，全球经济危机的反弹，加上缺乏进行下一阶段经济改革的有效措施，都使得经济增长速度降了下来。2007 年，外国的直接投资创下 60 亿美元的新高，但之后却下降到平均每年 20 亿美元。

2008 年巴基斯坦再一次向国际货币基金组织寻求援助。鉴于之前跟国际货币基金组织打交道的经历，随后的援助计划自然也是于事无补[19]。巴基斯坦的公债在 2007 年占整个国内生产总值的 57%[20]，到了 2013 年则增长到 63%[21]。这样的经济困局对整个国家的运作能力和国家安全均有很大的不利影响。

政府的更迭无疑会导致改革的势头放缓，甚至废止。无论是在发展中国家还是发达国家，改革都应该保持它的延续性。在巴基斯坦，还有许多事情需要进一步推进。比如，巴基斯坦的航空公司，还有一些国有银行，是可以从富有竞争性的私有化，以及放宽监管的改革政策中获益的。英国的希斯罗机场和比利时的布鲁塞尔机场，要么是全部，要么是部分由外国公司所有，而这种私营企业的外购经营并没有损害国家的安全和主权。监管的责任一直是由政府来承担的。这种方式适用于铁路、电信、港口、邮政和其他行业。在特殊情况下，必须在政府管理掌控下的行业可以对其结构实施法人化。

最近，我与国际货币基金组织中东和中亚部的主任马苏德·艾哈迈德（Masood Ahmed）进行了交谈，他负责基金组织对巴基斯坦的援助基金事项。对巴基斯坦需要做些什么以提高其整体的经济能力，他有自己的独到见解。他认为："巴基斯坦经济的主要问题在于，有一系列结构性、宏观性经济失衡问题仍然悬而未决。政府没有足够的资金来偿付账单。税收在国内生产总值中的占比为

9%~10%，这在世界范围内是最低的。每隔几年政府只有通过借贷来填补缺额。”[22]

“政府与私营企业之间的关系在很多情形下都是利益寻租。就拿天然气来说，市场所销售的天然气至少有十几种不同的价格。因此，如果你想购买某公司天然气，你很可能相比购买其他公司的天然气要付双倍的价钱。这样一来，人们更愿意把大量的精力花在如何从政府那里买到优惠价格的天然气，而不是通过市场的竞争。巴基斯坦是个低税收国家，因此必须在消费环节做文章，否则，税收在国内生产总值中的占比绝对不会高于15%。政府要用收入的四分之一去补贴国有企业，这是不合理的。”

艾哈迈德补充说：“问题的关键是，需要制定一套行之有效的国家经济发展战略，这与哪个政党执政无关。在过去的十年里，我跟几乎所有的财政部长或者银行行长都交换过意见，他们对巴基斯坦当务之急要做的事情的观点几乎是一致的。在国家安全上，巴基斯坦有具体的战略构想，但是在国民经济发展上，却没有一个统一的发展战略。制定出国民经济发展战略是推进经济向前发展的最好途径。”

我赞同马苏德·艾哈迈德的观点。广泛的结构改革需要继续推进。如果改革能够按照我任期内确定的方向被继任政府予以贯彻实施，将会大幅度减少巴基斯坦对外部援助的依赖。对整个国家进行彻底的改革，是一个艰巨而漫长的过程，政府必须时常以创新的思维和方式将这一艰巨的工作进行下去。

加强与周边国家的联系和沟通是极为必要的。亚洲内部的投资额相对而言是很小的，应该得到鼓励。亚洲和中东地区蕴藏着巨大的财富和发展机遇，应该得到高度关注。如果能够创造良好的投资环境，那么，就能吸引来自中国、海湾国家以及东盟国家的投资。巴基斯坦支持由中国发起的“一带一路”合作倡议，将这一地区的市场串联起来，鼓励贸易和旅游。

地区性的组织，如上合组织、经合组织、南亚区域合作组织等也应该扩大其影响力，在促进经济发展中发挥积极作用。

无论获得什么援助，巴基斯坦都必须要有以自己为主导的经济发展战略，从而取得革命性的结果。尽管会遇到暂时的困难，要付出一些政治代价，但是，政府必须要对前景和改革的成效有信心。我们完全有理由相信，巴基斯坦将再一次通过实施经济改革计划，确保经济的良性发展和人民生活水平的稳步提高。

第十一章

华尔街：政治的摇篮

我还记得，海湾地区的一位国王访问卡拉奇，花旗银行接到通知，在国王陛下访问期间给他提供需要的银行服务。我们接到通知，国王陛下将会下榻在卡拉奇的私人行宫。

我那时还是新手，对这方面的工作还比较陌生。当时，迈克·卡伦（Mike Callen）是巴基斯坦银行的地区主管，他委派我拜访国王的随行人员，并尽快与他们取得联系。我们拜见了国王陛下，并邀请国王陛下出席花旗银行专门为他举办的欢迎宴会。

花旗银行的工作给我提供了许多能与世界领袖和国际精英人物见面的机会，这只是其中的一次。花旗银行是一家全球性的金融机构，注重并鼓励其高级行政人员与世界各地的高级官员打交道。在巴基斯坦，通过花旗银行，我第一次见到贝娜齐尔·布托（Benazir Bhutto）。我与花旗银行的副总裁保罗·柯林斯（Paul Collins）

一起拜访了贝娜齐尔·布托，探讨获取投资银行许可证的事宜。此时，她还在总理的第一个任期。

花旗银行的这个理念使我们认识到，我们不能只做银行家，而要善于与政府、监管者、民间社团打交道，并且要融入国家的经济发展之中。这种气质得益于花旗银行的总裁约翰·里德（John Reed），他将自己对地缘政治的浓厚兴趣传递给了他所有的同僚。他视野开阔，处事理性，能力非凡，常常召集世界各地政治家举办高层研讨会。我从他与新加坡第一任总理李光耀、马来西亚总理马哈蒂尔博士，以及其他一些领导人的交往中获益匪浅。

我也尝试将这个行业文化贯穿在我自己的工作中。在我成为花旗银行在亚洲的企业与投资银行业务主管时，便将开发管辖地区的人才作为我工作的目标之一。我们拥有一个非常出色的区域业务管理团队，他们都是非常优秀的银行家，但是，他们的视野和眼界也需要更加开阔。因此，每隔半年，我便组织外围人士举办系列讲座，作为我们非现场总结会的一部分。讲座人有学者、退休的政治家、经济学家，还有舆论领袖等，与我们一起分享他们对地缘政治、经济、治国理政的经验和观点，并且与区域经理人进行探讨和互动。约翰·里德很赞赏我的这个做法，并鼓励我将这个方法进行改良和推广。在他的鼓励下，我们着手聘请一些知名的演讲者，如李光耀总理、美国国务卿詹姆斯·贝克（James Baker）等，为我们的顾客和雇员做演讲。

这个经历很显然对我在政府的工作有很大的帮助。穆沙拉夫将军不时会邀请我一起随行，参加他与外国领导人的会见，这对一位财政部长来说是不多见的。我陪同穆沙拉夫将军会见过中国国家主席、日本天皇、沙特阿拉伯国王、阿联酋总统、德国总理、英国首相，以及其他许多国家元首。

这些与我当初对银行的印象大相径庭。我对银行的全部印象无非是绿色眼罩和现金出纳机，这些均来自我在卡拉奇大学校园的银行分理处的经历。1968 年，当有获得去花旗银行做实习生的机会时，我并不是特别热衷。我就读的商学院就业指导办公室在安排面试的名单，可我并不想参加。

有一天，当我走出课堂，我的经济学教授 A.L. 斯宾塞（A.L.Spencer）教授叫住了我："你今天不去参加面试吗？"

我告诉他我不确定是否参加。

他说："你在开玩笑是吗？这是一家非常好的公司。花旗银行很有名气啊！你一定要去。"教授上下打量了一下我，说，"你的衣服太随便了。你得着西装，打领带，还得穿白衬衣。"

我对他说："可我现在没有时间，面试两个小时后就开始了啊。"

斯宾塞教授二话没说，便用他的白色莫里斯迈诺小汽车载我到位于卡拉奇市中心在塞布尼西亚大街的一家时装商店。他坐在商店外面，我跑进商店买了一件白衬衣和一条红色领带。我在他的车里换了衣服，他直接将我送到了第一国民银行的面试现场。我们到得正是时候。我得到了两个月的实习机会，我打电话把这个好消息告诉了父亲。他问我："我从来没有听说过这个银行的名字。它比建利银行还要大吗？"的确，它比建利银行大。

一旦开始，我发现这个实习机会远远超出了我的预期。那年夏天，我的第一份工作任务是与巴基斯坦的著名艺术家伊斯梅尔·吉尔吉（Ismail Gulgee）一起，负责一个大型的装饰工程。他以铜浮雕形式创作了一幅世界地图，这幅世界地图将被挂在银行的大厅。有位来自纽约的高级管理人员要来访问银行，在他到来之前，这幅地图的悬挂工作必须完工。我负责监督这项工作的实施，那天与伊斯梅尔·吉尔吉一起工作到深夜。不经意间，我们发现，地图上漏掉了塔斯马尼亚（Tasmania），随后，整个地图又被撤下来进行了修改。

那个夏天我开始喜欢上了这份工作，一年后，我获得了工商管理硕士学位，回到花旗银行继续做管理见习生。几年以后，我获得了在花旗银行的第一个重要职位——拉合尔分公司的负责人要去修读管理课程，所以，我很幸运地被指派代替他的职务三个月。这个位置随即稳定了下来，很快我便有了自己的独立办公室和秘书，在25岁的年纪负责管理50个职员。

当艾德·霍夫曼（Ed Hoffman）成为花旗银行中东业务部的负责人后，他与花旗银行副总裁艾尔·康斯坦茨（Al Costanzo）访问了拉合尔分公司。那是1975年，第一次有花旗银行的高级管理人员造访这个城市。可我们甚至没有像样的汽车接送他，因此只能请求我们的客户帮忙。纳西姆·塞戈尔（Nasim Saigol）把他的梅赛德斯借给我们在拉合尔使用，他则在旁遮普俱乐部主办了欢迎贵客的宴会。在伊斯兰堡，纳瓦兹·谢里夫把他的崭新的S级梅赛德斯轿车借给我们使用。

作为此次访问的一部分，霍夫曼和康斯坦茨，还有花旗银行地区主管瓦尔特·约翰逊（Walter Johnson）要从拉合尔乘飞机到伊斯兰堡拜见财政部长和其他政府官员，我有幸一起陪同前往，这是我第一次乘坐公司的商务机。据后来霍夫曼告诉我，在这次旅行的过程中，花旗银行的行政主管决定派我去海外工作。他提议将我派往巴基斯坦以外的地方，以便我能获得更多的机会与外部世界接触。我已经有在菲律宾工作的经历，所以，此次我被派往花旗银行在希腊雅典的地区总部工作。这是我全球职业生涯的开始，随后，我相继负责花旗银行在约旦、马来西亚、沙特阿拉伯等地区的业务。再后来，我又被派往伦敦担任花旗银行中东地区主管。此时，我已跻身花旗银行高级管理人员之列，直接归花旗银行主席约翰·里德管辖，然后，又被派往新加坡担任花旗银行亚洲太平洋地区主管。

在30年的从业生涯中，我先后在9个国家工作过，一直负责花旗银行的企业和投资业务，先后担任过花旗银行亚洲太平洋地区企业与投资业务执行总裁、中东业务执行总裁、中欧和东欧业务执行总裁、非洲业务执行总裁，还有花旗银行全球财富管理业务执行总裁。

所有的这些经历让我有幸能够有多种多样的文化体验。回顾过往的这些生活经历，它们竟是那样的千差万别。在菲律宾的马尼拉工作期间，我们有了第一个孩子卢博娜，孩子出生时正赶上费迪南德·马科斯（Ferdinand Marcos）总统宣布戒严令。在美国工作期间，每天与身穿布克兄弟西装的银行家们一起坐通勤车在康涅狄格和曼哈顿之间往返。这些经历无疑开阔了我的眼界和视野。

后来，我被任命为花旗银行执行副总裁，成为花旗银行政策委员会的一员，这是我职业生涯中决定性的时刻。如果在其他银行，像我这样获得快速升迁的机会几乎是不可能的。我整个的教育都是在巴基斯坦完成的：先是就读于考克斯私立学校，然后是在天主教会在卡拉奇开办的圣帕特里克中学就读，另外，我还在阿伯塔巴德读过一年寄宿学校。求学期间，我经常得先搭乘价格低廉的“人民特快”火车从卡拉奇到拉瓦尔品第，然后再乘拉瓦尔品第—哈扎拉之间的公共汽车到阿尔伯塔巴德。

我的硕士学位是在拉瓦尔品第的戈登学院获得的，我主修的是物理和化学，后来转到卡拉奇的商业管理学院就读。我没有国外求学经历，而且，除了还是婴儿时到过一次意大利，20 多岁时才第一次迈出国门。尽管如此，经过自己的不断努力，我终于成为世界顶级银行——花旗银行的高级管理人员。

吸纳世界各地的人才是花旗银行的独特文化传统，这个传统从银行成立之初延续至今。花旗银行的前身——纽约第一城市银行，是由一些寻求国际金融贸易的纽约商人于 1812 年创建的。在 1930 年代的经济萧条之后，政府颁布了一系列法律，对银行的经营范围进行限制。因此，花旗银行只被允许在纽约州的五个行政区内开展业务，甚至长滩都被排除在其业务范围之外。但业务区域的限制并未影响花旗银行的业务活力和志向，银行的管理者们于是决定，拓展其海外业务。然而，此时美国的法律不允许本国的银行在海外开展业务。恰好，在康涅狄格注册的万国宝通银行，是一家为了适应美国在海外的银行业务，特别是在亚洲开展业务而成立的银行，在整个东南亚都设有分部。1914 年，美国政府颁布新的法律，允许美国的银行在海外成立分支机构，花旗银行很快便收购了万国宝通银行。

这便是为什么花旗银行是美国第一家在亚洲开展业务的银行的由来。直到今天，花旗银行在亚洲的业务范围仍然比其他任何金融机构更广，在该地区的 26 个国家设立了数以千计的分支机构和办事处。花旗银行还是世界上最大的信用卡发行者，也是美国在亚洲地区雇员最多的机构，共计有 15000 名员工。

乔治·斯蒂文斯·穆尔（George S.Moore）于 1959—1967 年担任花旗银行的总裁，他领导了花旗银行的海外扩张业务。第二次世界大战期间，许多银行的职员被征召入伍。乔治·穆尔写信告诉这些雇员，如果你们在部队中碰到有非凡才能的人，就聘用他们。约翰·里德告诉我："正是穆尔开创了人才就是一切的理念。在此之前，花旗银行就像其他银行一样，只从好的学校和家庭招募职员。"

在我开始在卡拉奇做见习生两年之前的 1967 年，瓦尔特·里斯顿（Walter Wriston）接替乔治·穆尔成为花旗银行新的总裁，他继续扩充花旗在海外的业务。里斯顿曾经专门研习过国际关系并在菲律宾服过兵役。他的父亲是一位著名的学者，也是艾森豪威尔总统（President Eisenhower）的好朋友。里斯顿担任总裁后，他强调："鉴于我们的国际品格，我们应该从全球最好的学校聘用我们的雇员，而不是仅仅让海外的美国人管理我们的银行。"从此开始，花旗银行开始大规模地从世界各地雇用职员。

里德曾经对我说："一个银行的成功或者失败取决于银行雇员的才能和你选择服务对象的素养。"这就是那些年里支撑花旗银行的理念。

里斯顿开创了带领董事会成员在世界各地巡回旅行的传统。据里德后来回忆："组织这种全球的巡回旅行会花掉银行几百万的资金。因为不能让所有的董事会成员同乘一架飞机，所以就需要租用私人飞机。这样，他们所要造访地区的人员也就不需要提前六个月开始做准备。"

在成为总裁之后，里德考虑废除这样的旅行惯例，但董事会却对他说："我们明白，这个旅行计划花掉了银行很多钱，但这就是我们直接了解管理和形成决策的独特方式。"每隔一年，我们选择一个地区去旅行，与地方首脑、银行管理和监管人员进行会晤。通过这种方式，我们了解我们的银行和工作人员。每隔两年，会有一次董事会的旅行。我和妻子参加了一次去阿根廷的旅行，并与该国的银行管理人员和顾客进行了会晤。这是很有效的开阔视野和更好理解银行业务的方式。

在约翰·里德担任花旗银行总裁期间，使高级管理人员具有全球视野，也已变成了一种有意识的政策行为。在花旗银行的 15 名高级管理人员中，包括我在内，有 8 位是非美国公民。

有史以来最大的公司合并

记得我当时还在纽约工作的时候，花旗银行通过了其有史以来最大的合并计划。1998 年，我们与桑迪·威尔（Sandy Weill）麾下的旅行家集团合并。桑迪·威尔是一位从业经验丰富的资深银行家，在他的领导下，公司发展成为一家联合大企业。这次合并最让人意想不到的结果是，花旗银行的自身文化被冲淡了。与其他同僚一样，我也只是到后来才意识到它的巨大影响。

在宣布合并时，它看起来似乎仍然是一次具有开创性的行为。因为，直到这个时候，整个监管的环境也是不允许这种合并发生的，《格拉斯 - 斯提格尔法案》对银行的经营范围有很严格的限制。要想使合并顺利实现，那么这个法案必须废除，因为与旅行家集团的此次合并涉及保险和投资银行业务。

旅行家集团并不是花旗银行想合并的第一家公司。起初，美国运通公司与花旗银行接触商谈合并事宜，双方的商谈已经进展到了很高的级别。约翰·里德事后跟我说："这个合并计划很好，我想把它做成。事实上，进展还算顺利，可突然之间，美国证券交易所的负责人让我改变了主意。"[1]

与此同时，桑迪·威尔也在跟摩根大通商谈合并事宜，双方之间的商谈进展顺利。他与摩根大通的主席桑迪·沃纳一起拜访了美国联邦储备局和财政部，并与国会议员进行了交谈，想看看这两家公司的合并是否被允许。约翰·里德说："这就是为什么桑迪·威尔对我们之间的合并那么有信心的原因，因为他之前已经跟联邦储备局和国会的议员探讨过合并的事宜。"

有两个原因阻碍了此事的顺利进展。桑迪·威尔后来告诉我："一是桑迪·沃纳认为合并是值得的，二是他认为，如果我们买下摩根大通，那么，我们会破坏花旗银行的文化。"威尔开玩笑说，"他经常使用文化这个词，我认为他们像是在做乳酪买卖而不是银行生意。"[2]

"他认为他的十七个直接下属比我任何一个直接下属地位都要高，因此，这事就告吹了，但我们的确就此事有过沟通。我拜会了艾伦·格林斯潘，并就此事跟他交换了意见。我们现在最大的问题是我们不能从事保险承保，我们必须放弃它以便能够继续保留保险业务。"

废除《格拉斯－斯提格尔法案》的机会已经成熟。威尔告诉我："保险业的人都支持我们，美林证券和摩根士丹利也支持废除这个法案。这个法案在某种程度上讲减损了金融业的竞争力。"

此时，鲍伯·罗宾（Bob Rubin）担任财政部长，艾伦·格林斯潘担任联邦储备局的局长。威尔回忆说："罗宾和格林斯潘的立场完全不同。他们是很要好的朋友，罗宾有从政的背景，而格林斯潘的观点比较独立。我以为，格林斯潘认为银行控股公司应该受联邦储备局的节制，因为联邦储备局是独立于政治体系之外的。我猜想，鲍伯·罗宾一定是这样想的：如果总统获选连任，他却不能够通过银行政策给经济施加影响，这简直不可思议。如果财政部可以监管银行控股公司，那么鲍伯·罗宾对废除这个法案应该不会有异议。如果鲍伯·罗宾继续执掌财政部，那么，《格拉斯－斯提格尔法案》应该还会继续存在。”

然后，到了1999年，拉里·萨默斯（Larry Summers）接替罗宾担任财政部长。威尔告诉我：“在拉里·萨默斯的战术手册上，这个问题不是至关重要的问题。在萨默斯接任财务部长六个月后，他与联邦储备局就如何划分监控权力商讨出了一个妥协方案。因此，废除《格拉斯－斯提格尔法案》的障碍已经不存在了。”1999年，经国会通过，这个法案终于被废除了。

与此同时，华尔街的巨头们仍然在策划可能的合并方案。在他与摩根大通的会谈失败后，威尔与约翰·里德共同出席了一个资金筹集会。几杯酒过后，两人决定进行合作。

到底出了什么问题？

从纸面上讲，花旗银行与旅行家集团没有重叠业务，是分属不同领域的两个强大、成功的公司，所以我觉得它们两者的合并很完美，双方都不需要大范围的裁员。但后来的一切证明，它们在运作方式上还是有太多的不同。

在合并的第一天，我正在办公室工作，我的秘书帕梅拉（Pamela）敲门进来：“先生，杰米·戴蒙（Jamie Dimon）先生来了，他想见你。”

两个公司还没有完全合并到位，我有些吃惊，问她：“真是杰米·戴蒙吗？”

我走出办公室，没错，确实是他，他已经来到了花旗银行总部公园大道 399 号。

杰米·戴蒙是桑迪·威尔的门徒，旅行家集团的二号人物，而且被认为是最有希望的继任者。杰米以优异的成绩获得了哈佛大学的工商管理硕士学位后，威尔还有其他顶尖银行都想聘用他。杰米最终选择了跟随威尔，在创办旅行家集团之前两人一起共事了很多年。

两家公司合并之后，杰米便来到花旗银行，他想与相关的人员和管理层进行非正式会晤，以便了解一下他们的业务情况。我们两人的会见是有成效的，总的来看，这是一个非常好的开端。

但是，威尔和戴蒙的关系很快便开始恶化。合并之后，公司的高级管理层旅行去百慕大，开会决定公司的业务分工。他们同意由杰米·戴蒙来掌管本来由所罗门兄弟掌控的银行投资业务，以及花旗银行的部分企业业务。杰米也参加了这次旅行，并且知道了这个决定。

他们回到纽约后，桑迪打电话给约翰·里德：“约翰，我们不能按原计划行事了。”

里德感到有些奇怪，问道："那为什么？"

桑迪告诉他："是这样，我跟公司里其他人交换了意见，他们不同意我们事先商量好的人事安排。有些人甚至说，如果我们执意这么安排，那他们就辞职。我不想失去他们。"

约翰回答道："桑迪，如果我们认为杰米是合适的人选，那么，他们要辞职就辞职吧。"

但是最后，决定被推翻了，杰米被任命为投资银行的联合负责人。

里德事后告诉我，他们本应坚持原来的人事安排计划。他说："如果我们坚持最初的计划，让杰米做投资银行的负责人，情况会好很多。在金融危机期间，最伤害花旗银行利益的问题绝大部分都是因所罗门兄弟而起。他们在做抵押支持债券的买卖。"[3]

与此同时，谁最终会取代约翰和桑迪也成了公开讨论的问题。里德告诉我："合并之初，杰米很显然是桑迪的二号人物，就此事，我也曾经问过桑迪：'你觉得，我们两个人离任后，谁是合适的接任者？'"威尔不确定杰米一定就是那个合适的继任者。

起初，他们有好几个方案。里德回忆说："桑迪和我曾经讨论过，我们两人会继续留任一段时间，然后再退下来。桑迪建议，我们留任的时间不超过三年，然后我们两个一起退下来，并且把这个决定以文件的形式确定下来。我把这个决定告诉了董事会，其中一个董事说：'约翰，你不能卷入确定公司未来的什么协议，因为这不是你职权范围的事。应该由我们大家一起来决定谁来掌管公司。'

当然，他的话是对的。”

事实上，这时里德自己心里已经有了继任者的人选。他说：“我想让一个既不是桑迪的人也不是我的人的新人来继任。尽管我有这个打算，但是，董事会不同意。我心目中的这个人是我们的一个董事会成员。我设想，我与桑迪完成两个公司合并的任务，然后找一名新的领导人带领公司继续前进。当然，该到我们退下来的时候，桑迪却不愿意退下来。然后，我的这个打算就泡汤了。”

里德还告诉我：“如果当初的协议是桑迪继续做公司的负责人，那我肯定不同意。”

公司合并之后，人们很快便发现，约翰与桑迪的领导风格大不相同。在合并宣布的当日，前花旗银行集团的行政主管，我曾经的上司理查德·胡贝尔（Richard Huber）人在秘鲁，他接到一个电话，是桑迪·威尔打给他的。

桑迪对他说：“我想听听你的意见。我想跟你探讨一下银行的人事安排问题。”

胡贝尔开玩笑说：“那你得破费点哦，桑迪。”电话那端没有说话。胡贝尔接着说：“你得请我吃顿大餐，还得要一瓶好酒。”

几周之后，两个人在纽约四季酒店桑迪固定的桌位聚餐。他们把花旗银行的高层管理人员逐个滤了一遍。胡贝尔回忆说：“我告诉桑迪，他和约翰在很多方面都是互相对立的。我对他说，桑迪，你有一个核心骨干团队，你信任他们，你对他们推心置腹，相应地，他们也信任你，也对你推心置腹。你依靠这群忠实的帮手来管理公司。而约翰注重分析，他是通过数据来进行管理的。”

桑迪停了一会儿，然后说：“你说得没错，这就说明了一切。”

胡贝尔问道：“你的意思是？”

“在宣布合并后，我和约翰都认为我们需要把所有的事情推开，离开一周，我们手头有太多的事情要处理，在这个时候，我们两个人都需要时间想清楚怎样将两个公司很好地融合起来。之后，我们两个再见面时，我拿出了一份公司组织机构的图表，上面附着一些人员名单，大部分是旅行家集团的人，也有一些花旗银行的人，我觉得这些人应该担负要职。约翰也拿出了一份公司组织机构的图表，很详细，但他没提出几个合适的人选。”[4]

事实上，两个人对他们互相合作共事的能力判断都有偏差。威尔曾经告诉我：“我对约翰说，我们两个人都 60 多岁了，而且我们都事业有成，我们的阅历应该能够保证我们之间和谐相处，然而，我们两个却是如此的不同。”

他们两人之间的分歧很快就显现出来了。里德后来跟我说：“桑迪想通过他周围的一些朋友和知己管理公司。我选择的人跟他不一样。旅行家集团是很出色的整合公司，恰逢产业的合并时期，有许多合并，桑迪善于把这些公司整合在一起，但要使公司顺利运行还需要进行新的合并。恰恰，他们不擅长的就是让组合在一起的公司顺利运行。”

除需要选择是由花旗银行的人还是旅行家集团的人来管理某个公司业务之外，里德和威尔的管理思路也反映在其他一些高级管理团队人员的安排上。一种联合管理体系应运而生。在某种情况下，甚至出现三个人来共同管理某一个领域的情况。戴蒙后来对我说：“一开始，我就跟桑迪和约翰说，我们这样做是让人难以容忍的，我们会把公司毁掉的。他们两个人却对我的话不以为然，说：杰米，我们觉得这样没有问题，我们喜欢这样的方式。可在我们的管理体系里，两个联合负责人管理三个联合负责人，这是彻头彻尾的灾难。”杰米到处游说，想让更多的人听到他的观点，事情的发展到了严重危及公司业务的地步。戴蒙告诉我：“整个事情的结局已定。”[5]

杰米和桑迪之间之后的紧张关系可以追溯到他们两人在旅行家集团共事的时候。威尔之后回忆说：“我认为我们的团队很出色，但杰米觉得他已经准备好管理整个公司了，这发生在与花旗合并之前。但我还没有准备好把管理权交给他。”

威尔还说：“这就像经常发生在师傅和徒弟之间的故事，徒弟是不是应该明智地等待师傅退休之后再考虑获得他应该得到的职位？还是想尽可能快地得到这个职位？”

最终，戴蒙被要求去参加约翰和桑迪在纽约阿蒙克（Armonk）的公司大楼召开的一个会议[6]，戴蒙回忆说：“他们让我坐下，然后说他们想让我辞职。”

杰米·戴蒙之后成为芝加哥第一银行的负责人，然后执掌摩根大通，并领导公司顺利度过了金融危机。里德和戴蒙仍然保持着联系。当戴蒙考虑将第一银行与摩根大通银行进行合并时，里德给他写了一封长信，他一直还留着这封信的复印件。他说：“我写信给他，是想告诉他在合并的过程中应该关注些什么，告诉他我亲身的经验教训，以及应该在其中扮演什么样的角色。这封信很真诚。”[7]

在回忆他与威尔之间的关系时，戴蒙对我说：“之后想想，我被自己愤怒的情绪所控制，我对桑迪的态度有些太粗暴了。在合并之前，我早就该认识到这个事实：桑迪与我是无法一起共事的。”

最终，桑迪与约翰担任联合总裁显然也行不通。起初，他们聘用了一名商业顾问——拉姆·查兰（Ram Charan）来帮助他们解决两人之间的分歧。六个月过后，查兰尝试与他们一起制定一个如何处理两人之间关系的计划：商业业务由桑迪负责，金融业务则由两人共同负责，约翰负责公司的其余人事工作。

终于有一天，约翰找到桑迪并对他说：“这样不行。这样的话董事会会解雇我们，去聘用新的总裁。”约翰告诉我，他把银行领导权的问题提交给了董事会，董事会就此事进行了长达七个小时的协商。在董事会协商之时，桑迪和约翰在办公室一边看着高尔夫和篮球的电视转播，一边等待着董事会的协商结果。最后董事会决定，由威尔担任银行的总裁。

即使花旗集团在合并之后的五年里盈利增加了两倍，人们担心的后果还是出现了。在整个过程中，花旗银行丧失了其安身立命的品质和特色。我在花旗银行的前任上司岗瑟·格雷钠（Gunther Greiner）曾经说过：“新的花旗银行文化太过关注季度盈利和补偿。银行应该回归本质，更多关注与客户的关系，而不应眼里只有生意。”

2014 年，坐在自己麻省理工学院董事会主席的办公室里，约翰·里德对我说，他很后悔让两个公司合并。他说："我们把两个完全不同的公司组合在了一起。从公司文化的角度讲，我们有太多的不同。我曾经很天真地对自己说：'灵活些吧，如果桑迪打算把一些我并不认为完全合适的人安排进公司，时间会证明一切的，我们以后再纠正这些吧。'我不认为我们与这样的公司进行合并是成功的。"

2003年，查尔斯·普林斯（Charles Prince）接任桑迪·威尔担任花旗集团总裁，于2006年担任花旗集团主席。针对这个决定，威尔之后回忆道："很不幸，我与董事会认为合适的人在获得这个头衔之后，却变成了完全不同的一个人。"

在四年之内，资产负债表显示，花旗银行的盈利从1.2万亿增长到了2.4万亿美元。公司的雇员人数从240000人增加到375000人，但是利润的增长与人员的增长并不匹配。就像威尔说的，最重要的是："整个产业，包括花旗集团，关注的都是资产负债表上的盈利。我以为，如果你不以你自己所从事的事业为荣，那么你肯定不会让这些在资产负债表上显示出来，你也肯定没有能力将这个产业做好。"

2007年，在普林斯辞职后，威尔打算让蒂莫西·盖特纳（Timothy Geithner）接任总裁之职。盖特纳之前一直在纽约的联邦储备局工作，他就此事向他的导师——前财政部长、花旗银行的高级行政管理鲍伯·罗宾讨教[8]。罗宾告诉盖特纳，他支持维克拉姆·潘迪特（Vikram Pandit）担任总裁，而且劝盖特纳继续留在联邦储备局。

威尔说："我想让盖特纳取代普林斯担任总裁之职。我想我已经说服了他。但是，盖特纳告诉我，鲍伯·罗宾跟他谈过，罗宾不支持他接任，而支持潘迪特接任总裁之职。所以，他决定退出。"然后，维克拉姆·潘迪特成了花旗集团的总裁，直到他2012年辞去总裁之职。

潘迪特行事谨慎理智，但他没有太多从事商业银行管理以及管理全球性庞大企业的经验。像其他人一样，我当初也希望，在他领导之下，能够把银行的情况扭转过来，但事情并未如我愿。

完全有理由这么说，如果花旗集团以不同的方式进行经营，那么，它完全有可能以更好的状况度过金融危机的冲击。里德告诉我："我不知道，如果我们采取不同的管理方式，我们是否就会安全度过2008年的金融危机。在2008年的金融危机中，花旗银行明显是最脆弱、受伤害最严重的金融机构之一。我认为，花旗银行也是从危机中恢复最为缓慢的金融机构。"

最为严重的一个问题是，花旗集团有太多的抵押支持债券，大部分都已沦为有害的次贷资产。

花旗集团在金融危机中遭到重创，请求政府资助450亿美元进行紧急援助。2012年，美国司法部对花旗集团在金融危机中的违法行为进行指控，并要求其为这项指控支付70亿美元。正如美国金融调查委员会在结论报告中描述的："通过不良的收购行为和合并策略，很多同类的金融机构变得野心勃勃，最终使得有效的管理变得举步维艰。花旗集团的总裁告诉调查委员会，400 亿美元的高评级抵押证券‘无论如何都引不起我的丝毫兴趣了’，花旗集团投资银行的联合负责人说，他一般只花‘百分之一的时间’在这些抵押证券业务上。在这种倾向之下，大而不倒其实也意味着尾大不掉。”[9]

今天的花旗银行

走出了金融危机，摆在花旗集团面前的任务重大而且艰巨，需要公司在各个层面进行变革。2008 年以来，花旗集团的董事会和高级管理团队几乎都已进行了彻底的“检修”。

花旗集团采取的第一个动作，就是将其非核心资产分离出来并入花旗控股公司，然后将其卖掉或者终止业务。通过这种方式，最高峰时期，价值 8000 亿美元的花旗控股公司的资产，到 2015 年降到 740 亿美元，从占资产负债表的 32% 降到只占约 4%。花旗集团卖掉了超过 60 个非核心企业，包括保险、消费者金融业务以及私募股权融资等。在超过 26 个国家，花旗集团退出了消费者金融业务，职员总数从 375000 人降到了 2016 年的 230000 人。[10]

到 2010 年年底，花旗银行偿清了“不良资产救助计划（TARP）”的全部资金，美国政府从该投资中获益达 120 亿美元。监管机构得到加强，监管人员总数占整个雇员数的 12%，从 2008 年的约 14000 人增加到 2016 年的约 27500 人。在董事长迈克·欧尼尔（Michael O'neill）和总经理迈克·科尔巴（Michael Corbat）

的领导下，花旗集团建立了稳健的、不断盈利的资产负债表。

然而，挑战仍然存在。在经济衰退后的环境中，监管控制一切的方法有些太过严苛。监管者们应该先对银行进行警告，然后再进行处罚，而不是相反。2015 年，迈克·欧尼尔曾对我说："监管系统持续不断地给我们的企业施加新的限制，约束越来越严。监管的巴尔干化使得我们的配合变得越来越费力，而且带有强迫性。我们看到，选举产生的官员和公众人物被持续不断地监督，相应地，这也给监督人员施加了很大的压力，致使他们持续不断地给我们施加更严格的限制。这无形中也增加了对大银行进行各种强制执行的成本。"

如果想促进增长，对于被监管的企业，监管人员应该采取一种更加合作的方式。从长远来看，处罚性的措施和敌对的态度只会扼杀企业的进一步发展。

劣币

在世界各地担任过花旗银行业务管理者之后，我被派往纽约，负责花旗银行全球财富管理业务。我给后继者留下的遗产之一，就是率先开始清理花旗银行的私人银行业务。我个人始终认为，根本就不应该给劣币提供安全之所。约翰·里德将我安排在这个职位上，并让我对该业务进行重组。他对我说："我相信你能处理好这件事。"基于此，我们终止了与那些不能满足透明标准的客户的银行业务往来，包括一些公众人物，还有一些没有明确收入来源的人。

事实上，银行清理劣币的行动在我之前就已经开始了，我逐渐明白，我们做得还远远不够。因此，我与透明国际接触，建议他们也加入我们反劣币的行动中来。我一直认为，不能只是关注合同执行过程中的非法付款行为。这只是问题的一部分，一旦这种非法付款发生了，我们坚决不应该允许这个款项进入银行。付款人和接收人一样是违法的。很多国家都制定了惩治腐败的法律，但只是接受贿赂的人受处罚，行贿的人却可以免责。相反，他们应该立法，不使任何一方免责，对行贿和受贿双方都进行处罚，因为他们浪费的是国家的钱财而中饱私囊。

我与大通银行和摩根大通这些大银行进行了接触，希望他们能与我们一起制定一个框架标准。我还记得，摩根大通银行对此很感兴趣。我先后还与欧洲的一些银行进行接触，比如瑞士信贷集团、瑞士联合银行、英国巴克莱银行等。我们计划与这些银行在瑞士举行一次会议，但我无法出席这次会议，因为，我已经接受了祖国对我的召唤回国任职。

作为花旗银行财富管理业务的负责人，我受邀参加美国参议院财务委员会会议，但是会议举行的时候，我已经到达伊斯兰堡。约翰·里德代我出席了会议。

当我在巴基斯坦政府任职时，保罗·奥尼尔（Paul O'neill）出任美国财政部长。他邀请我参加在华盛顿举行的 20 国集团财长会议。恰好此时，世界银行和国际货币基金组织的年会也在华盛顿举行。他邀请我在会议上发表演讲，对参会者讲讲劣币进入银行系统的危害以及如何规避这种危害。我与参会者探讨了金融机构和政府携手清理银行系统的方式方法，也给来自不同国家的同行们介绍了巴基斯坦结构改革的方案和政策。

银行业的未来

我们必须从最近的全球金融危机中吸取经验教训。2008 年的金融危机事实上在它发生之前已有先兆。银行应该严阵以待，并且必须随时准备好去面对现实，而不是对那些令人不安的现实视而不见，存侥幸心理，希望它们能够自行消失。

市场的本质意味着，在将来的某一天一定会出现低迷和衰退。因此，建立一种能够预测未来的危机，并能及时采取果断措施纠正危机的文化，显得尤为重要。鉴于此，政策制定者必须要获得大众的支持，因为，制定必要的措施总是会困难重重。

监管必须是明确而简单易行的，它应该鼓励革新和增长，时刻牢记产业的长期发展和生命力。监管者不应该只是负责监控，他们还应该寻求与金融机构密切合作。监管并不意味着一味地发号施令，双方之间的对话特别重要。

今天，银行的交易模式发生了很大的变化。我们看到，银行越来越重视与顾客的接触，越来越重视企业领域的需求，或许是因为沃尔克法规（Volcker Rules）的缘故，对黑市投机买卖的依赖越来越少了。这自然会降低风险等级，提高收益质量，即使收益的总额会下降。

虽然在银行领域已经采取了许多积极的措施，但仍有很大的提升空间。直到今天，劣币进入银行系统的问题仍然存在，还需要更加有力的措施对其进行遏制。只有通过实施结构改革和明确的监管，建立保障体系，银行才可能继续发展，以规避新的全球性金融危机。我们应该给经济瘦身，使之更健康，更有竞争力。在减少臃肿的、僵化的国有经济份额的同时，还应该时刻关注贫穷以及弱势群体的社会需求。银行、民间组织与政府之间的通力协作是创建有利于发展环境的关键。

2006 年科菲 · 安南（Kofi
an）和马克 · 马洛克 · 布朗
ark Malloch-Brown）邀请我
主持联合国高层小组会议。小
议分析了联合国机构和项目如
以形成更为高效、更具一致性
作作风

与美国国防部副部长（Deputy
etary of Defense）保罗 · 沃
威茨（Paul Wolfowitz）合影

与马克 · 马洛克 · 布朗、挪
相廷斯 · 斯托尔滕贝格（Jens
enberg）、莫桑比克总理路
· 迪奥戈（Luisa Diogo）共
持联合国小组会议。

5）在纽约联合国会议上讲话

1

3

5

中国历来是巴基斯坦最为亲密的友邦之一，在平主席的领导下，在其“一带一路”合作倡议响下，中巴两国关系得以不断深化，不断加强。

（1）与习近平主席合影

（2）在北京人民大会堂与李克强总理合影

（3）与朱镕基总理共商瓜达尔港口建设项目，目是俾路支省（Balochistan）地标性项目。该港极富战略意义。瓜达尔港将成为连通南亚的商业通道，它有助于巴基斯坦走向世界

（4）在北京与朱镕基总理在签署中巴瓜达尔港协议后合影

（5）在北京人民大会堂参加欢迎仪式后与江泽席合影

（6）在北京人民大会堂参加欢迎仪式后与温家宝合影

在北京人民大会堂与习近平主席握手。在场的澳大利亚前总理保尔·基廷（Paul Keating）、前总理戈登·布朗（Gordon Brown）、墨西哥统埃内斯托·塞迪略（Ernesto Zedillo）以及坡前外长杨荣文（George Yeo）

在伊斯兰堡总理府与中华人民共和国主席胡锦影

在北京与中国国家创新与发展战略研究会会长坚合影

在北京人民大会堂与中华人民共和国副主席李合影

与美国前国家安全顾问亨利·基辛格合影。巴坦帮助其完成第一次访华，并帮助美国与中国恢交关系，当时一切安排都是秘密进行的

与阿里巴巴总裁、中国最富创新精神的商人之云合影

在北京与亚洲基础设施投资银行行长金立群

1

3

5

6

7

（1）与沙特阿拉伯国王萨勒曼·本·阿卜杜勒·阿齐兹·阿勒沙特（Sal bin Abdul Aziz Al Saud）在其担任利雅得市（Riyadh）市长期间合 在场的还有麦地那市（Madinah）市长费萨尔·本·萨尔曼（Faisa Salman）王子

（2）与阿拉伯联合酋长国总统哈利法·本·扎耶德·阿勒纳哈扬（H Sheikh Khalifa bin Zayed Al Nahyan）合影

（3）在伊斯兰堡机场与科威特埃米尔谢赫·萨巴赫·艾哈迈德·贾比尔 巴赫（HRH Sheikh Sabah Al-Ahmad Al-Jaber Al-Sabah）合影

（4）在巴林大奖赛（Grand Prix）与哈马德·本·伊萨·阿勒哈利法（Ha bin Isa Al Khalifa）合影

（5）在伊斯兰堡总理府邸与阿布扎比（Abu Dhabi）王储谢赫·穆罕默德·z 耶德·阿勒纳哈扬（HRH Sheikh Mohammed bin Zayed Al Nahyan）合

（6）在伊斯兰堡与阿联酋总理、伊斯兰堡迪拜（Dubai）酋长谢赫 罕默德·本·拉希德·阿勒马克图姆（HRH Sheikh Mohammec Rashid Al Maktoum）合影

（7）在伊斯兰堡与巴林王储萨尔曼·本·哈马德·本·阿勒哈利法（H Salman bin Hamad bin Isa Al-Khalifa）合影

）在莫斯科与俄罗斯总统
基米尔 · 普京（Vladimir
n）合影

在伊斯兰堡与乌兹别克
总统伊斯兰 · 卡里莫夫
am Karimov）合影

在哈萨克斯坦阿斯塔纳
stana）与哈萨克斯坦总
尔苏丹 · 纳扎尔巴耶夫
ursultan Nazarbayev），
克斯坦总统埃莫马利·拉赫
Emomali Rahmon）合影

）在北京与外务部长里亚
霍哈尔（Riaz Khokhar）
法尔 · 迈哈穆德（Zafar
mood）以及中国外交部
王毅合影

与阿塞拜疆总统伊尔哈
阿利耶夫（Ilham Aliyev）

部分由于历史原因，我总觉得英国与巴基斯坦交往时总会有独特的方式，英国对巴基斯坦也有独到的理解。

（1）在马耳他举行的英联邦峰会上我与美国女王伊丽莎白二世会面，并与十几位客人一同参加了女王陛下的私人午餐。我参加在瓦莱塔（Valletta）举行的女王宴会时，英联邦秘书长唐·麦金农（Don Mckinnon）上前迎接

（2）我担任总理期间，查尔斯王子与康沃尔公爵夫人（Duchess of Cornwall）第一次来访巴基斯坦。阿迦汗（Aga Khan）专程陪同他们一起前往巴基斯坦北部地区，而当时该地区也恰逢泰世

（3）与英国财政大臣（British Chancellor）诺曼·拉蒙特勋爵（Lord Norman Lamont）合影。一起合影的还有阿拉伯银行家协会主席（Arab Bankers Association）乔治·卡纳安（George Kanaan），当时参加该协会在伦敦举行的年度晚宴

（4）全球公路汽车拉力赛协会（Global Rally Organization）组织了由 20 辆轿车组成的车队从伦敦经由欧洲、土耳其、伊朗、巴基斯坦、中国、老挝、马来西亚和新加坡，并从新加坡通过轮船前往澳大利亚达尔文港（Darwin），最后开往悉尼。在总理府邸我招待整个车队喝茶。看着他们，我想起了当年自己作为伦敦皇家汽车俱乐部（Royal Automobile Club）成员的往事

（1）作为巴基斯坦总理，我有幸与伊朗最高领导人阿亚图拉·阿里·哈梅内伊（Ayatollah Ali Khamenei）会面

（2）与阿曼国王苏丹·卡布斯（His Majesty Sultan Qaboos）在其沙漠营地合影

（3）与伊朗总统穆罕默德·哈塔米（Mohammad Khatami）在一次商讨阿富汗及区域问题的会议上合影

（4）在吉达（Jeddah）与时任哈伊勒省（Hail）省长的沙特王子沙特·伊本·阿卜杜勒·阿齐兹（Saud bin Abdul Mohsin bin Abdul Aziz）殿下以及穆罕默德·阿里雷扎（Mohammed Alireza）、哈立德·阿里雷扎（Khalid Alireza）合影

（5）与美国亚洲协会（Asia Society）会长乔赛特·希兰（Josette Sheeran）合影。在巴基斯坦地震期间，时任世界粮食计划署（World Food Programme）执行总干事的希兰第一时间做出响应，表示要为灾区提供食物

（6）与硅谷成功的企业家阿西姆·阿卜杜拉（Asim Abdullah）合影

1

2

3

4

2005年10月8日巴基斯坦遭遇强烈地震，我的能力受到前所未有的挑战。

（1）医生、护士和其他志愿者们从世界各地赶往巴基斯坦提供救援服务。公众人物，包括安吉丽娜·朱莉（Angelina Jolie）帮助寻求援助，筹集善款。她还积极参与援助阿富汗难民

（2）与卢克萨娜一起前往灾区附近的一个救灾帐篷

（3）艾德希国际基金会（Edhi Foundation）创始人阿杜尔·萨塔尔·艾德希（Abdul Sattar Edhi）帮助筹集人道主义援助

（4）在伊斯兰堡召开捐赠者会议，以筹集救灾资金。会议共筹得65亿美元救灾款，联合国称此次筹款活动为最为成功的全球性筹款活动。科菲·安南出席此次会议为筹款活动带来了巨大转机

（1）作为银行家，我一直心系巴基斯坦经济状况。我曾是总理纳瓦兹·谢里夫（Nawaz Sharif）国外顾问团的成员。照片中从左至右依次是：塔里克·马利克（Tariq Malik）、萨贾德·里兹维（Sajjad Rizvi，花旗银行巴基斯坦分行行长）、祖巴伊德·阿赫迈德（Zubaid Ahmed）、阿里·纳克维（Ali Naqvi）、祖纳伊德·拉巴尼（Junaid Rabbani）、亚瓦尔·沙阿（Yawar Shah）、阿勒曼·阿斯拉姆（Alman Aslam）、莫因·阿夫扎尔（Moeen Afzal）、法赫汗·沙拉夫（Farhan Sharaf）

（2）日本首相小泉纯一郎（Junichiro Koizumi）不惜牺牲个人政治利益，大胆推行结构改革

（3）在巴基斯坦亚洲发展银行的帮助下，我引进了小额信贷，此举使数百万人第一次接触个人贷款。照片是在加拿大哈利法克斯（Halifax）举行的小额信贷峰会上，我与诺贝尔和平奖获得者、小额信贷发起人穆罕默德·尤努斯博士（Dr. Muhammad Yunus），西班牙索菲亚王后（Queen Sofia），洪都拉斯总统曼努埃尔·塞拉亚（Manuel Zelaya），乌拉圭副总统鲁道夫·尼恩·诺沃亚（Rodolfo Nin Novoa）合影

1

2

（1）国际货币基金组织总裁（IMF Managing Director）罗德戈·拉托·费加雷多（Rodrigo De Rato Figaredo）会见巴斯坦金融代表团。随行人员包括金融顾问萨尔曼·沙阿博士（Salman Shah）、瓦基德·拉赫纳（Wajid Rama）、巴基坦国家银行行长伊思哈特·侯赛因（Ishrat Hussain）博士财政秘书（Finance Secretary）那韦德·埃赫桑（Nawe Ahsan）、经济顾问阿什法克·哈桑·汗（Ashfaq Hussan Kha

（2）在对科隆坡进行国事访问期间，代表团成员陪同我一起了当地伊斯兰大学，该校已经成为学习的中心，学风端正，气氛和

（3）与世界银行行长詹姆斯·沃尔芬森（James Wolfensoh合影。他在银行改革和发展方面贡献巨大

（4）在卡拉奇举行的颁奖典礼上，《欧洲货币》（Euromone杂志总编辑 Peter Lee 为我颁发“年度欧洲货币财政部长”

3

4

2

4

（1）与我的继任者、经验丰富的前任总理扎法鲁拉·贾迈利（Zafarullah Jamaili）合影

（2）与执政党穆斯林联盟领袖派（PML-Q）领袖乔杜里·舒贾特（Chaudry Shujaat）、国民大会发言人（Speaker of the National Assembly）乔杜里·阿米尔·侯赛因（Chaudry Amir Hussain）合影

（3）在伦敦与电视台主持人米尔（P.J. Mir）、外交部长胡尔希德·卡苏里（Khurshid Kasuri）、西科·贾汗吉尔（Chico Jahangir）合影

（4）在达沃斯与花旗银行高管比尔·罗兹（Bill Rhodes）、查克·普林斯（Chuck Prince）、斯坦利·费希尔（Stanley Fischer）合影

（5）在洛杉矶与巴基斯坦海外联合会成员，包括哈桑·施阿兹（Hasan Shiazi）、纳吉布·高里（Najeeb Ghauri）、施阿勒布·考塔瓦纳（Shoalb Kothawala）及其他朋友合影

（1）与穆沙拉夫总统、总统夫人赛赫巴（Sehba）、我的妻子卢克萨娜合影

（2）与已故巴基斯坦人民党（PPP）资深政治领袖马赫杜姆·阿明·法希姆（Makhdoom Amin Fahim）互赠问候

（3）与妻子卢克萨娜、我的孩子们和我的父亲在美国合影

（4）在国会中，我与反对党保持联系。照片中我正在与伊斯兰大会党（Jamaat Islami）、巴基斯坦人民党（PPP）、巴基斯坦穆斯林联盟（谢里夫派）[PML（N）]等各党派人士交谈

（5）与伊斯兰大会党领袖、极具前途的反对党首领卡齐·侯赛因·艾赫迈德（Qazi Hussain Ahmed）合影

（6）与设于迪拜的私募股权投资集团（Private Equity Group）亚布拉吉资本公司（Abraaj Capital）主席阿里夫·奈格维（Arif Naqvi）合影

（7）与知名企业家赛义德·巴巴尔·阿里（Syed Babar Ali）合影。他创办的拉合尔管理科学大学（LUMS）是高等教育的典范

)在做完副朝拜(Umrah),在圣城麦加(Mecca)
堂里做完祈祷后与妻子卢克萨娜合影。那是一
大的精神洗礼

）做完祈祷，从位于麦地那（Midina）的先知
走出

）与妻子卢克萨娜还有孩子们玛哈（Maha），
娜（Lubna），阿比德（Abid）的家庭照

）2007 年，我邀请麦加大清真寺的伊玛目（Imam）
杜勒·拉赫曼·伊本·阿卜杜勒·阿齐兹·阿
苏达伊（Abdul Rahman Ibn Abdul Aziz al-
ais）来伊斯兰堡。在伊斯兰堡，在其带领下人
行了历史上最为盛大的祈祷仪式

）与简·麦克米伦（Jane McMillan）和好友理
·索伯恩（Richard Thoburn）合影。简帮我
了书中的照片，理查德鼓励我写了这本回忆录

（1）我卸任后，印度尼西亚总统苏西洛·尤多约诺（Susilo Yudhoyono）邀请我与其内阁成员、常务秘书、政府和企业领导等人员分享我在复苏巴基斯坦经济方面的经验。当时大家交流热烈，很有成效

（2）在中国举行的一次会议上，与意大利前总理罗马诺·普罗迪（Romano Prodi），法国前总理多米尼克·德维尔潘（Dominique de Villepin）合影

（3）与大西洋理事会（Atlantic Council）同事弗雷德·坎佩（Fred Kempe）、巴哈·哈里里（Baha Hariri）、布伦特·斯考克罗夫特（Brent Scowcroft）、詹姆斯·琼斯（James Jones）合影

（4）在花旗银行工作时我住在雅典。抵达雅典时与希腊总理科斯塔斯·卡拉曼利斯（Kostas Karamanlis）合影

（5）在博鳌论坛与理事会成员（Board Member）合影，包括新兰总理珍妮·希普利（Jenny Shipley）、日本首相福田康夫（Ya Fukuda）、中国副总理曾培炎、马来西亚总理阿卜杜拉·巴达（Abdullah Badawi）

（6）出访科伦坡（Colombo）期间，与斯里兰卡总统拉贾帕克（Rajapaksa）合影

（7）与易卜拉欣基金（Ibrahim Leadership Fellowship）创始人莫卜拉欣（Mo Ibrahim）合影。他帮助改善世界各国的政府管理

（8）在伦敦与富商米安·蔓莎（Mian Mansha）合影

）与亚洲和平与和解委员会（Asian Peace and Reconciliation
uncil）理事会成员、泰国玛哈·扎克里·诗琳通（Maha Chakri
ndhorn）公主殿下、理事会主席素拉杰·沙田泰（Surakiart
hirathai）博士合影

）在卡拉奇参加女儿卢博娜（Lubna）婚礼时与阿德尔·阿勒·曼
j（Adel Al Mandil）合影

）从吉达（Jeddah）乘飞机前往伦敦时与阿卜杜勒·拉赫曼·本·马
滋（Abdul Rahman bin Mahfouz）合影

）与桑巴银行（SAMBA）利雅得（Riyadh）分行行长埃萨·阿勒·埃
Eisa Al Eisa）合影。最初在银行工作时我曾在该地担任总裁

）与巴基斯坦板球队球员包括纳西姆·阿什拉夫（Naseem
raf）合影。我一直喜欢板球运动——出生在卡拉奇花园路（Garden
ad）的一个小区，那里出了很多板球运动员

）我的孩子们卢博娜（Lubna），阿比德（Abid）和玛哈（Maha）

与朋友们合影。包括：伯格鲁恩研究院（Berggruen institute）创始人尼古拉斯·伯格鲁恩（Nicolas Berggruen）（1）；花旗银行前高管沙赫扎德·侯赛因（Shahzad Hussain），俗称 Sherry（2）；已故本耶德·海德尔博士（Bunyad Haider）和伊姆兰·汗（Imran Khan）博士（3）；伊布拉赫·穆姆塔兹（Ibrar Mumtaz）（4）；儿时好友法鲁克·谢赫（Farooq Sheikh）（5）；古浩斯·阿卡巴赫（Ghouse Akbar）（6）；阿希夫·马哈穆德（Asif Mahmood）（7）；拉瓦尔品第戈登学院和卡拉奇 IBA 商学院同窗好友（8）；拉扎·札法尔（Raza Jafar）（9）

第十二章

花旗在沙特不断成长

花旗银行一直热衷于在沙特阿拉伯设立分行，这毫不奇怪。沙特王国与美国之间的友好往来已经延续了几十年，可以追溯到沙特国王阿卜杜勒·阿齐兹（Abdul Aziz）与富兰克林·德拉诺·罗斯福（Franklin Delano Roosevelt）当时极富历史意义的会谈。

那是 1945 年 2 月，距离二战结束也就几个月时间。在雅尔塔会议（Yalta Conference）之后，美国总统起身前往埃及。自从王国统一以来，沙特国王也是第一次离开沙特，沿着红海（Red Sea）一路前行，而当时罗斯福总统也在出访期间临时绕道。

双方在停靠在大苦湖（Great Bitter Lake）上的美国海军墨菲号舰艇（USS Murphy）上进行了会谈，整个过程十分隐秘。在船头还专门为沙特国王搭设了一顶帐篷，因为他习惯于睡在户外。甲板也布置成了沙特议会（Majlis）的格局，到处是小毯子、小垫子，还有专门为沙特国王准备的装扮精美的座椅。

两位元首互致友好，达成了友好关系。会议中，双方将阿卜杜勒·阿齐兹国王为美国石油公司入驻沙特所做的努力付诸落实。不久之后，沙特与美国一家公司正式签署协议。此举最终帮助沙特确立第一产油大国的地位，也改变了沙特的未来。至关重要的是，据报道罗斯福许诺与沙特就中东地区任何重要事件展开磋商，而这一承诺也奠定了两国随后长期的外交政策的基石。

我自己与沙特的交往可以追溯到我在花旗银行供职的日子，当时我负责花旗银行在沙特的一家分行的业务，得以对当地有了一些了解。1986 年我接受委派，担任沙特美国银行（Saudi American Bank，Samba）的董事、总经理。那是一家合资银行，花旗持有 40% 的股权，沙特方面，包括最负盛名的沙特家族持有剩余的 60% 股权。当时最大的一所分行面临贷款组合和盈利的挑战，于是约翰·里德决定让我辞去花旗银行马来西亚分行行长的职务，转而接手该银行业务。之前，我仅仅去过沙特王国几次，但我毫不犹豫接受了该职位，因为我知道桑巴金融集团（Samba）是花旗最大的合资银行之一，其分支机构遍布沙特全国，而且还在海外设有办事机构。对该企业进行重组并恢复其活力，扭亏为盈，势在必得。

我跟妻子和三个孩子举家搬到银行的总部所在城市利雅得（Riyadh）。我们跟四位桑巴集团的高管及其家人一起住在桑巴大院里。当时，阿卜杜勒·阿齐兹国王还是萨勒曼·本·阿卜杜勒·阿齐兹亲王（Prince Salman bin Abdul Aziz），担任利雅得市市长，而我有幸与身为市长和王室成员的阿卜杜勒会面。在沙特的几年里，我与沙特王国越来越亲近——我总是看到沙特人民的热情、好客、平易近人。我与沙特的友谊也经受了时间的考验。

接手银行工作之初，摆在我面前的工作绝非简简单单。当时，银行体系还并不十分完善。由于沙特正处于发展阶段，收回贷款有时还相当不易。沙特中央银行沙特阿拉伯货币管理局（SAMA）在银行的转型中起到关键作用。

我得以化解银行的贷款，减少开支，拓展产品，收回到期贷款（有些已经到期多年，长期不还），增加特许经营权的利润。任期届满时，我已经收回了所有主要欠款。我的方法主要是通过相关努力，尊重客户的同时，向其解释清楚形势，最终完美解决相关问题。我的主要措施包括资产交换（Asset Swaps）、偿还债务附加条件以及推行债务偿还激励机制。

在与沙特人民的交往中，我发现沙特人民喜欢直言不讳、做事专业、简捷高效的人——能展示这些特质，你必然可以赢得他们的尊重。他们也欣赏一个企业能将自己的成功与沙特国家利益相互关联。例如，减少旅居国外人员的聘用，增加沙特籍员工的数量，对员工进行培训，为企业投资新技术等。我对一些管理岗位进行了调整，将银行员工数量由 1475 人减少至 975 人。与此同时，我还雇用了当地一些人才，以提升银行的管理水平，为后期发展铺平道路。人员调整帮助银行减少了开支，是该银行所推行的最为成功的改革措施之一。今天，桑巴金融集团的总裁是艾萨·阿尔 - 艾萨（Eisa

Al-Eisa），他是一位世界级的沙特银行家。在他的领导下，桑巴蓬勃发展，利润节节攀升。

财政部和中央银行均有高素质的人才。我发现沙特中央银行沙特阿拉伯货币管理局（SAMA）十分专业，乐意接受新思想。它积极努力，想方设法帮助银行系统向健康方向发展，积极引进先进产品，给我们提供创新和竞争的空间。

在沙特工作的经历成为我职业生涯的一个转折点。由于成功改革了桑巴集团，我被晋升为花旗中东地区业务负责人，并迁到了伦敦。由于花旗银行是其大股东，我继续担任桑巴董事会成员。

后来由于花旗银行需要资金，花旗副总裁保罗·柯林斯（Paul Collins）与我共同负责出售桑巴的部分股权。我们分步将该银行20%的股权出售给沙特一家国有补助基金。这样的做法对银行而言并不常见，但最终该项举措获得了成功。在出售股权过程中，我们获得了管理部门和政府的大力支持。

离开花旗银行几年之后，花旗决定从沙特阿拉伯撤出。该决定十分仓促，未经认真思考，政府也没有做好准备。自那之后，花旗一直努力再次进入沙特王国，但几乎毫无结果。

回归

由于曾经在沙特阿拉伯生活，我入职巴基斯坦政府后常常与沙特领导层会面，以进一步增进巴基斯坦与沙特王国本来已经坚实的友好关系。

自从我在沙特工作之后，我目睹了沙特王国所经历的变革。沙特银行部门已经发展为现代的、领先的行业。沙特国王法赫德·本·阿卜杜勒·阿齐兹在20世纪90年代亲自监管了这一重要转型。沙特王国基础设施已经发生了翻天覆地的变化，两座新建城市朱拜勒（Jubail）和延布（Yanbu）也成为全球工业发展的典范。几处专门处理碳氢化合物的工业园区业已建成，沙特王国领导层鼓励各个国家企业入驻沙特王国与当地企业合资经营。

担任巴基斯坦总理期间，我有幸在多个场合与法赫德国王会面。当时，他身体欠佳，但依然腾出时间与我会面。每次会面，我都看到法赫德国王是巴基斯坦的一位挚友，他对巴基斯坦赞赏有加，期盼看到巴基斯坦发展与繁荣。

在法赫德国王的领导下，沙特政府大力提升教育水平，鼓励全球领先技术和人才入职沙特。他着眼于发展，希望看到沙特阿拉伯全民教育水平的提升。沙特国王意识到教育是沙特王国不断发展、发挥潜能的唯一途径。

法赫德国王还牵头推进了位于麦加（Mecca）和麦地那（Midina）两座清真寺的扩建，此举是对穆斯林乌玛（Ummah）极大的贡献。麦加和麦地那清真寺的扩建工程一刻都没有耽搁，因为法赫德国王认为保证工程持续进行是他道义上的责任。两项扩建工程是沙特历史上最大规模的建筑工程。后来，他的继任者阿卜杜拉·本·阿卜杜勒·阿齐兹（King Abdullah bin Abdul Aziz）继续推进两处清真寺的扩建项目，一直到今天，萨勒曼·本·阿卜杜勒·阿齐兹·阿勒沙特国王（King Salman bin Abdul Aziz Saud）还在继续推进该扩建项目。

两座圣寺所在地已经成为后勤配套建设的集大成者。现如今高铁和浩大的基础设施建设进行得如火如荼，今后每年将可以同时为200 万人提供为期数周的住宿。与之形成对比，我记得当时我与穆沙拉夫总统和代表团出访沙特时，一路上车水马龙，基础设施也十分有限。而后续几次出访时，圣地卡巴（Kaaba）为我们敞开大门，我们获准进入进行祈祷。我们去了麦地那，先知就葬在那里。我们获准进入先知曾经祈祷的地方，还来到了他的墓前。来到如此神圣的地方，我肃然起敬。

麦加和麦地那让沙特阿拉伯成为伊斯兰世界最为重要的国家之一。巴基斯坦民众，还有很多穆斯林民众对沙特王国怀有特殊的崇敬之情，他们心甘情愿俯首称臣。每年，很多巴基斯坦民众会前往沙特朝圣或者参与其他宗教活动。沙特阿拉伯也是巴基斯坦侨民最大的雇主——大约有 100 万巴基斯坦人在沙特生活、工作。他们活跃在各个部门，承担各种工作，有的在管理岗位，有些是基层的建筑工人。例如，沙特王国中央银行的第一任行长安瓦·阿里（Anwar Ali）就是巴基斯坦人。在沙特银行系统发展的初期起到了重要作用。

几十年来，巴基斯坦和沙特阿拉伯之间保持着坚不可摧的友好往来。在经济方面，沙特国民是巴基斯坦最重要的捐赠人，他们通过沙特发展基金（Saudi Fund for Development）为我们提供了现金支持和发展贷款项目。只要巴基斯坦面临挑战，沙特阿拉伯必然会鼎力相助，提供经济和外交援助。

两国之间也有军队方面的交流——巴基斯坦为沙特提供训练和相关业务咨询；两国陆军、海军和空军也进行联合军事演习。过去，巴基斯坦一直有数千名官兵驻扎在沙特阿拉伯，我们还在位于利雅得的国防部设有一个小型的顾问团。

阿卜杜拉国王（King Abdullah）上台之前，他已被立为王储10年时间。在此期间，沙特国王法赫德身体每况愈下，而他则管理沙特王国的各项事务，这些经历为他积累了宝贵的经验。担任巴基斯坦总理一职时我第一次见到阿卜杜拉国王，他对我热情款待。之前，苏尔坦·本·阿卜杜勒·阿齐兹王储（Crown Prince Sultan bin Abdul Aziz）、纳伊夫·本·阿卜杜勒·阿齐兹亲王（Prince Nayef bin Abdul Aziz）、内政大臣以及不少其他官员，包括财政大臣易卜拉欣·阿萨夫博士（Dr. Ibrahim Al Assaf）也为我举行了隆重的接待。

阿卜杜拉后来访问了巴基斯坦，陪同他一同前往的是外交大臣萨乌德·阿尔·费萨尔王子（Prince Saud af-Faisal）和其他政府官员。国王抵达伊斯兰堡后，成千上万的民众排队在街头迎接。当天晚上，在一个会议中心，沙特国王发表演说，会场里人山人海。国王演讲通过电视屏幕在巴基斯坦多个频道同时直播，观众达数百万之多。观众本已被沙特国王的一字一句所深深感染，而当阿卜杜拉国王在演讲结束时用乌尔都语说出“巴基斯坦万岁”时——所有观众为之爆棚。

担任总理时对沙特阿拉伯的告别访问期间，我与阿卜杜拉国王进行了会晤，会晤中他说："邀请您到王宫共进晚餐。"他对我在增进巴基斯坦与沙特王国之间友好关系中所发挥的作用赞赏有加。

随后，我应邀来到利雅得（Riyadh）郊外国王的乡间府邸，那里有他的马匹和马厩，还有美丽的花园。抵达国王府邸后，我见到了国王，并在国王的陪同下一起走进餐厅。走过放有琳琅满目特色菜肴的自助餐台，身后两名侍者为我们端着取餐盘，国王不时地给我的盘子里放上精致的美食。吃完晚餐时，我已经品尝了不计其数的美食。国王待人和气，友好热情，这反映了两国之间友好的往来，也是对我在沙特阿拉伯作为花旗银行员工在当地生活和工作经历的肯定。在那次告别访问中，他告诉我说"沙特就是你的家"。

晚餐后，国王说："您应该再待一天，我让你看看我的马匹。"

我想要接受邀请，但我知道代表团中一部分成员已经在飞机上等着我回去。我们打算先飞往麦地那，然后再返回巴基斯坦。我告诉他自己实在没时间了，不过我请求说想去拜访位于麦地那的先知清真寺（Prophet's Mosque）。先知就葬在那里，我们可以在那里为他祈祷。该区域通常不对外开放，能到那里看看，自己真是三生有幸。国王立刻答应了我的请求，授权我们访问圣地。

近年来，沙特阿拉伯已经采取措施，改善基础设施，扩大教育系统，在尊重伊斯兰价值观和传统的同时也逐步营造更为开放的环境。沙特推行了积极的项目，鼓励年轻人在国内学习或出国求学。

阿卜杜拉建立了沙特第一所现代化大学——阿卜杜拉国王科技大学（Kaust），并吸引全世界的教授到该校任职。阿卜杜拉国王科技大学的第一任校长是新加坡人。沙特阿拉伯政府机构工作人员大多在国外留学并顺利毕业，这样的学历状况给我留下深刻的印象。

阿卜杜拉国王去世后，萨勒曼·本·阿卜杜勒-阿齐兹亲王继任国王，穆罕默德·本·纳伊夫亲王（Prince Mohammad bin Nayef）立为王储，穆罕默德·本.·萨尔曼亲王（Prince Mohammad bin Salman）成为副王储。这标志着沙特王国权力的更迭，也说明沙特王国后继有人。

政治上讲，沙特阿拉伯是中东地区最为重要的国家之一，在很多人看来，沙特是伊斯兰世界的代言。沙特有着重要的全球地位，已经展示了与主要大国合作应对各种事件和挑战的能力。沙特设有海湾合作委员会（Gulf Cooperation Council，GCC），同时也是伊斯兰合作组织（Organization of Islamic Cooperation）总部所在地，这更提升了沙特在该地区的重要地位。

巴基斯坦一直在寻求与所有海湾合作委员会（GCC）成员国家保持并发展友好关系，包括阿联酋、巴林（Bahrain）、科威特、卡塔尔和阿曼（Oman）等国家。很多巴基斯坦公民在这些国家工作或生活。这些国家与伊斯兰堡保持着紧密的安全关系，而巴基斯坦在其中一些国家也派有军事顾问。

阿拉伯联合酋长国在该地区的地缘政治角色越来越重要，也已经积极参与中东地区的一些事务，包括叙利亚。例如，阿联酋空军曾为打击也门反对势力提供空中支持。阿联酋也已经与海湾合作委员会（GCC）的其他国家紧密合作，努力维护该地区和平。

巴基斯坦与阿联酋休戚与共，自古有之。迪拜和阿布扎比（Abu Dhabi）已经成为巴基斯坦的交通枢纽，每天从两地有多次航班飞往巴基斯坦的各大城市，包括拉合尔、卡拉奇、伊斯兰堡等。许多巴基斯坦民众选择在阿联酋工作，还有不计其数的巴基斯坦游客到当地旅游，或者把阿联酋作为中转站，继而前往世界各地。阿提哈德航空公司（Etihad）和阿联酋航空公司所搭建的交通网见证了巴基斯坦与阿联酋两国之间紧密的联系。与此同时，阿联酋的投资者也在巴基斯坦推动多个项目的成功实施，涉及电信、银行和地产等多个领域。

阿联酋国家政府高效，基础设施发达，人民生活富裕，国家安定，巴基斯坦社会对此一直赞叹有加。在谢赫·扎耶德·本·苏尔坦阿勒纳哈扬的领导下，阿联酋一直鼓励国家私营企业不断发展，为巴基斯坦民众在阿联酋创业和置业创建了良好的环境。阿联酋国家领导人也是巴基斯坦的常客，因为巴基斯坦的沙漠地区是最受欢迎的捕猎波斑鸨的绝佳地点。

除了与沙特阿拉伯和阿联酋的友好关系，巴基斯坦也着力与巴林（Bahrain）、科威特、卡塔尔和阿曼（Oman）加强往来。当时，我参与了花旗银行在巴林收购第一家伊斯兰银行的整个过程。自那之后，巴林已经成为该区域的金融中心，而巴基斯坦也已经与巴林建立了国防和安全合作。

卡塔尔一直为巴基斯坦提供天然气，并帮助巴基斯坦多个项目提供资金。而巴基斯坦也为卡塔尔提供了大量的建筑工人，参与当地大规模的基础设施建设。

科威特是巴基斯坦政府和私营部门的主要投资来源。巴基斯坦与科威特和阿曼共同建立投资公司，为巴基斯坦基础设施建设项目提供资金。在苏丹·卡布斯（Sultan Qaboos）的领导下，阿曼取得了令人瞩目的发展，整个国家从中受益。

约旦

作为花旗银行约旦分行的行长，我有机会在侯赛因·本·塔拉勒（Hussein bin Tolal）执政期间在安曼（Amman）居住了两三年。自那时起，我便常常出访约旦。约旦毗邻以色列、叙利亚、沙特阿拉伯和伊拉克，在黎凡特（Levant）一直有着重要的地位。

很多巴基斯坦民众在约旦生活，巴基斯坦和约旦联系紧密，古来有之。由于有力的外交和国王陛下的英明领导，约巴两国一直保持着稳定的友好往来。

2014 年，我同阿卜杜拉二世国王在其位于安曼（Amman）的宫殿会面。我们商讨了中东地区最新的发展状况，谈及叙利亚和伊拉克冲突可能对当地的影响。我们还就约旦经济发展规划和国家结构改革进行了会谈。

伊拉克冲突和叙利亚内战已经使约旦成为这些国家和地区间的

缓冲地带。许多人携家带口前往约旦以逃避自己国家的战乱之苦，而约旦也最大限度地帮助惨遭流离之苦的民众——尽管约旦自身也有很多事务有待处理。截至2015年年底，有100多万难民定居约旦——这个数目相当于约旦2013年人口的五分之一——其中大多数难民来自叙利亚。[1]约旦政府提供土地，建设了阿兹拉克（Azraq）和扎泰里（Zaatari）两处叙利亚难民集中营，并为其提供安全保障。

正如阿卜杜拉国王所言，从叙利亚和伊拉克涌入的难民为约旦带来了新的挑战。在撰写此书时，约旦政府已经成功维持了与伊拉克边界地区的安全，并有效控制了国内的安全局势。随着中东地区局势的不断恶化，约旦将面临更深远的影响。约旦强大而训练有素的军队已经成为强有力的卫士。与阿卜杜拉国王的领导一道，约旦军队将有助于维护约旦的稳定和发展。

约旦拥有强大的人力资本，有能力吸引当地和外部投资，支持新的项目。2015年，我出席了位于安曼市中心阿布达利区（Abdali）项目的落成仪式，该发展项目旨在提升该市的面貌，提供就业机会并保证金融活动的顺利开展。该项目由阿卜杜拉国王、王后拉尼亚（Rania）、侯赛因·本·阿卜杜拉（Hussein bin Abdullah）王储和王室成员巴哈·哈里里（Bahaa Hariri）共同发起。项目由拉菲克·哈里里（Rafic Hariri）家族与约旦政府合资发起，涉及宾馆酒店、公寓大楼、购物中心和办公大楼的建设。安曼历史遗迹丰富，自然景观壮丽，还有死海度假胜地，阿布达利项目旨在提升基础设施，将该市转变为来自波斯湾和欧洲游客心仪的旅游目的地。

这些发展项目可以为当地百姓及难民创造就业机会。在维护国家安全稳定的前提下，着眼于这些发展项目对于约旦甚至整个（波斯湾）地区都至关重要。

第十三章

为美国和伊朗牵线搭桥

布什总统突然转向我，说："总理先生，您如何评价伊朗呢？"2006 年，我率团对美国进行国事访问，其时正在白宫与双方代表团成员共进晚餐。我回答说这个问题有些复杂：从战略角度而言，伊朗的重要战略地位和历史均要求美国与之交好；从我个人经历而言，如果理解和处理恰当，美伊双方可以相互接纳。我说："您也许想要与俄罗斯往来，因为他们与伊朗走得也很近，可以从中牵线搭桥。"

大约十年之后，在一系列包括俄罗斯、英国、德国、法国和中国等国家参与的和谈之后，奥巴马总统和鲁哈尼（Rouhani）总统于 2015 年达成协议，标志着华盛顿政府与德黑兰（Tehran）政府关系的重要冰释。随着伊朗国际交往的扩大，此事件也将是该地区形势的一个重要转折。

随着近来阿富汗战事的发展，伊朗已经显示出其对边界之外的影响力。根据几位在美国进驻阿富汗时担任高官的人士的说法，伊朗在美国进驻阿富汗和塔利班倒台后曾起到重要作用，帮助当地顺利完成过渡。其实，在官方程序正式启动之前，美伊两国暗中已有接触。科菲·安南（Kofi Annan）告诉我，外交官们当时暗地里组织了有伊朗和美国代表出席的多次秘密会议，当时这些代表在正式场合从未有过任何交往。“多次会议在同一城市进行，我们清楚，他们只要能到达同一地点，总能相互见面。”通常，他们会在咖啡厅秘密见面，整个会谈密不透风，无人知晓。[1]

当时，美伊双方没有任何外交沟通渠道。科菲·安南讲述了在塔利班垮台后，美伊两国如何展开秘密沟通。他回忆说：“在支尔格大会（Loya Jirga）之前，我们组织了六加二会谈——这样我们便为美国和伊朗提供了同处一室、共同交流的机会。不过，双方都闭口否认——‘我们没说过话’，可事实上他们该说的都说了。”

我追问安南，想了解更多美伊两国最初相互接触的详细情况。他回答说：“往往需要先给个机会，他们会见机行事。只需要为其提供相互接触的机会，接下来他们自己知道该如何做。比如，组织六加二会谈，所有的会谈都会有茶歇室，或者有分会场。大会结束后，他们就可以移步至那些地方进行交谈。”

“我觉得美国正是通过巴基斯坦、通过伊朗、通过俄罗斯的官员慢慢理解阿富汗的，因为他们需要通道以运送军队，他们需要保证伊朗边界地区安全稳定。伊朗人也欢迎这种和解。”

科菲·安南补充说，此举也引起了那些呼吁美伊两国相互交流的人士的争论：“你与伊朗就阿富汗达成了协议，而两国也对此十分看好。你们为什么不能在中东地区就其他事务也展开相互合作呢？这样，你们就可以真正了解对方。不要老为1979年的事情斤斤计较。”

安南的副手马克·马洛克·布朗（Mark Malloch Brown）也回忆了当时伊朗的角色：“简而言之，伊朗的角色相当重要。最容易被忽视的方面是伊朗为美国进驻阿富汗提供的后勤方面的援助，包括为美国提供外交保证以及为美国重型武器转移提供的实质性帮助。”[2]

我拜见了前任英国财政大臣（British Chancellor of the Exchequer）诺曼·拉蒙特（Norman Lamont），当时他刚出访德黑兰回国。拉蒙特伯爵对伊朗的情况一直很关注，据他所言：“美国进驻阿富汗之后，伊朗开始限制对塔利班针对美国的行动提供支持，他们（也）协助美国进入阿富汗，他们曾协助美国进驻伊拉克，但是伊朗不希望美军长期驻扎。因此，伊朗会协调好与双方的关系。不过我认为，伊朗主要还是希望稳定，而伊朗介入阿富汗事务也正是为了稳定。”[3]伊朗在阿富汗西部地区，在赫拉特市（Herat）及周边地区具有影响力，在维护该地区稳定方面也起到了一定作用。

然而，就阿富汗问题与伊朗达成共识之后不久，德黑兰政府与西方国家的关系却一落千丈，尤其是伊朗开展核试验之后。2015年会谈之后，美伊关系能否实质性扭转，依然不得而知。

巴伊关系

伊朗与巴基斯坦毗邻，共同拥有俾路支地区（Balochistan），而在该地区，巴基斯坦面临一系列国内难题。历史上，伊朗一直都是负责任的邻居，两国边界地区也一直相安无事，两国从未发生冲突。巴伊两国在边界地区还进行了一些官方和非官方的贸易往来。

伊朗自 1979 年革命之后便与外界隔绝，其对于西方及其盟国的态度也时常引发争议。然而，美国意识到了伊朗在地缘政治上的重要地位，自从奥巴马总统和鲁哈尼（Rouhani）总统上任之后，伊朗与外界合作的可能性也越来越大。

2002 年春天，我担任财政部长后第一次来到德黑兰，参加一次非同寻常的会议，会上阿富汗、巴基斯坦和伊朗的财政部长共同商讨各国应如何开放通信和贸易事宜。

我提出的建议是建设一条连接伊朗、巴基斯坦和印度的燃气管道。我们与伊朗和印度的能源部长举行了几次会晤商讨此事。在我担任总理期间出访德黑兰的一次会议上，我与总统哈塔米（Khatami）、前任总统阿克巴尔・哈什米・拉夫桑贾尼（Akbar Hashemi Rafsanjani）以及一些部长和高管进行了会晤。我们进一步详细探讨了修建连接巴基斯坦、伊朗和印度燃气管道的可能性。此项建议旨在保障各国利益的双赢，因为伊朗有大量剩余燃气可供出售，而巴基斯坦可以购买燃气供自己使用，同时还可以利用输气管道将燃气输送给印度。然而，当我们把整个提议告知美国后，美方官员对此却持保留意见。

2005 年，我有机会与伊朗最高领袖阿亚图拉·哈梅内伊（Ayatollah Khamenei）会面。坐在他位于德黑兰的办公室，我才惊讶地发现，他才是伊朗主要政策的最终决定者。那次访问意在就伊朗—巴基斯坦联合经济委员会会议的主要成果达成书面协定。在先前的会议中，双方初步就特惠贸易协议和巴基斯坦俾路支（Balochistan）南部地区从伊朗购买电力达成共识。我向他提及巴基斯坦的发展状况，并与他商讨了输气管道的问题。哈梅内伊对所提问题一一做了回应。说起两国之间的友好往来，他侃侃而谈，指出两国有着共同的历史，共同的价值观、文化和传统。他强调两国需要维持并进一步增进经济合作。

至于外交政策，我们均表达了希望看到阿富汗及其周边国家和平与稳定的共同愿望。据哈梅内伊所言，外部力量的干涉是地区冲突的主要诱因。

我相信输气管道将会是整个南亚地区的一项巨大福利。然而，由于美国强烈反对，该项目可能无法进一步开展，最终只能搁浅。诺曼·拉蒙特回忆，当时他曾在印度与支持该提议的能源部长交换过看法。拉蒙特说，“美国所做的最为愚蠢的事情莫过于阻止输气管道的建设。每个人都希望伊朗做出积极回应，希望伊朗能在南亚做点事情。而输气管道的建设便是鼓励其积极回应的一个途径”。我相信，该项目从经济角度而言是切实可行的。随着美国和伊朗两国关系开始好转，该项目应该再次提上日程，由三个国家重新商讨。

中东不断升级的危机意味着让伊朗融入国际社会的需求比以往更为迫切。中东地区面临的问题越来越表现出其教派之争的本质。需要面对的一个大问题就是，正在与逊尼派（Sunni）非政府武装进行对峙的什叶派武装分子（Shia Militias）今后将何去何从。伊朗有巨大的潜力影响什叶派人数众多的中东地区。这尤其适用于叙利亚、伊拉克和黎巴嫩。越来越清楚的是，为了实现在黎凡特（Levant）的可持续和平，伊朗必须与土耳其、沙特阿拉伯、约旦、阿联酋、卡塔尔、欧盟、俄罗斯和美国一道共同付出努力。

第十四章

“中国雄狮醒了”

美国前总统理查德·尼克松（Richard Nixon）曾写过一张便条：“中国共产党：短期来说不会改变，长期来说我们不希望孤立8亿人民，让他们记恨我们。”[1]

这张便条写于1969年1月的会议期间，当时尼克松就任总统仅仅两天。由于外交政策上的分歧，美中断交已长达20年之久。随后，尼克松总统和他的国家安全顾问亨利·基辛格博士（Dr.Henry Kissinger）便开始了一场异常复杂的行动，希望打开与中国对话的大门。在这场历史性的行动中，巴基斯坦起到了极为关键的作用，扮演了中美有史以来首次秘密沟通中的协调人。尼克松依赖巴基斯坦向北京传递信息，表达了他希望和中国领导人进行高层对话的愿望。[2] 在巴基斯坦总统叶海亚·汗（Yahya Khan）访美期间，尼克松委托他向中国传递这一信息。叶海亚总统在1970年会见中国政府总理周恩来时，向中方转达了美方的意图。

中美两国经过一段时间的沟通，促成了1971年的基辛格秘密访华。巴基斯坦在这次访问中起到了重要作用，不仅允许基辛格取道巴基斯坦前往北京，而且做了极好的掩护工作。基辛格以和叶海亚总统举行高层会晤的名义抵达巴基斯坦，在星期四结束和巴方领导层会谈之后，向外称生病需要卧床休息。随他出访的美国安全人员甚至都信以为真。事实上，他却在第二天，即1971年7月9日黎明前乘坐飞机前往中国。他在北京同周恩来举行了多轮会谈，双方就次年尼克松访华达成一致。由此，美中间的敌对关系出现转机。

巴基斯坦在中美关系改善过程中扮演的历史性角色表明，巴基斯坦愿意与世界上所有大国保持良好关系，包括美国、中国、俄罗斯和欧洲国家。巴基斯坦很早就认识到美中关系在维护世界和平中的重要性。多年以后，回忆起巴基斯坦在中美间所起的作用，基辛格对我说："当时巴基斯坦是我们通向中国的唯一渠道，事实上也帮助我们和中国进行了真正有效的沟通。我们感谢巴基斯坦所做的努力，你们的方式高效、缜密、慎重。"

谈到他自己所扮演的角色，基辛格若有所思地说："作为政府官员，当形势处于转折期的时候，无论你能力有多强，你往往不会那么幸运。但是，那一次我们真的改变了世界，而巴基斯坦恰恰在这个时候帮助了我们。比如，没有人相信——甚至在那个时候——相互沟通能解决中美间的问题，可巴基斯坦给我们送来了来自中国的信息，又把我们的意图反馈给中国。"

正如基辛格同我所说，20 世纪 70 年代以前，中国和美国的关系还是“一张白纸”。但也就是在这个时候，北京开始和西方世界交往，关系日益成熟。基辛格是这样描述这段历史的：“那个时候中国与苏联为敌。现在，中国必须走向世界，不与任何一个特定国家为敌。”[3] 既然这样，美国和中国就应该另辟蹊径，以建设性的和平方式相互对待，以适应不断变化的国际地缘政治气候。如果中美两国能够加强合作和交流，我相信，无论在战术上还是在战略上，两国都将从中获益。

中国已经崛起，成为一个世界强国，而且国际社会也普遍认可这一点。中国经济出现了腾飞，国民个人收入增长，消费力得到提升。随着中国经济的持续增长，中国会成为全世界一个更加重要的大市场。中国的经济实力不断增强，其政治影响力势必随之增大。这一点无疑将改变现有的世界地缘政治现状。

多年以来，北京声明中国走的是“和平崛起”和“和平发展”的道路。我发现，中国领导层一直在强调这一点，北京在外交上也一直避免任何具有极端色彩的做法。中国强调建设“和谐社会”和“和谐世界”的政策根植于古代中国人偏好渐进主义和避免正面冲突的思想。[4]

眼下，中国的军事存在主要局限于亚洲。但是，要真正成为一支维护世界和平的军事力量，中国的军事活动范围必须走出亚洲。要为整个世界提供稳定力量，中国需要建设一个与之相适应的强大的、可以信赖的国防体系。因此，强大的全球性防御能力对中国的和平崛起至关重要。中国需要有维护自身的利益，以及在必要的情况下保护本地区利益的能力。有力量的和平维护者才能真正捍卫世界和平。

中国正在强化自己的军事能力，研发新型军事装备，特别是航空和航海设备，进入新世纪以来不断增强解放军的战斗力，对其军事训练和作战技术进行更新换代。中国人民解放军是世界上规模最大的常备军，在强化其维稳能力和作战能力的同时，中国政府也一直致力于提升其综合能力。

对整个世界而言，一支强大的防御力量不应成为一种威胁。根据北京的官方数据，中国的军费支出占其 GDP 的 2% 左右，还不到美国的一半，其主要目的在于纠正中国国防投入和经济实力之间的不平衡现象。这一点不应视为中国是出于和美国相抗衡的目的。正如基辛格所言："我们必须明白，中国会越来越强大，绝不要把中国的一举一动都理解为侵略性行为。"

对中国坚持自己立场的种种表现，我完全同意新加坡已故总理李光耀的观点："中国完全是在维护自己的国家利益。中国并不想改变世界。"

关于修昔底德陷阱（Thucydides Trap），人们已经讨论很多了。这种观点认为，日益崛起的世界大国存在引发冲突的危险。2015 年末，在由尼古拉斯·伯格鲁恩学院（Nicolas Berggruen Institute）组织，约有 20 位前任国家和政府首脑参加的一次会议上，习近平主席正面回答了这一问题。会议在北京的人民大会堂举行，习主席即兴讲话，但言之凿凿。他是这样开始的：“我是中国共产党的总书记，中华人民共和国主席。”我注意到他把中国共产党放在了前面。

他接着说：“我近期访问了美国和英国，我对巴拉克·奥巴马和戴维·卡梅伦说，我要避免修昔底德陷阱。很多人担心中国的影响。拿破仑说过，‘中国是一头沉睡的狮子’。中国这头狮子现在已经醒了。但是，大家要明白，中国之狮是一头和平之狮。我们不主张霸权和扩张，中国没有实施这种行动的基因。”习主席又说，最为重要的是，他要避免“中等收入陷阱”。

习主席对19世纪的西方外交政策了如指掌，他说：“一个国家不应采取门罗主义（Monroe Doctrine）的策略。我们不能闭关锁国。”

但同时，我们一定要认识到，世界权力平衡的改变，必然带来各种挑战。很多国家对中国的崛起感到担忧。一些国家怀疑中国领导层明确提出的“和平崛起”只是为了掩盖其领土扩展的意图，因而对中国采取了只能称为“遏制政策”的策略。希拉里·克林顿（Hillary Clinton）在担任美国国务卿期间就表达了这种担忧：“历史告诉我们，新兴大国的崛起通常伴随着冲突和不确定性。事实上，在太平洋两岸，我们看到了一些对中国崛起的惶恐以及对美中关系未来发展的不安。”

用希拉里·克林顿的话来说，华盛顿决定把美国的防卫重点“转向”亚洲，就是这一问题的体现。一段时间以来，在亚洲抗衡中国已经成为美国对外政策的一部分。美国国务院原负责政治事务的副国务卿（Under Secretary of State for Political Affairs）尼古拉斯·伯恩斯（Nicholas Burns）曾这样向我阐述美国的对华政策：“我从来不用‘遏制’（Containment）这样的字眼，因为这个词非常不准确。我们不可能‘遏制’中国。但是，我们可以加强民主国家之间的政治和军事友谊，这样中国就会非常谨慎，愿意和我们分享空间。这才是解决问题的最有效的方法。”[5]

然而，我们还是看到一些守成大国在思考如何适应世界格局正在发生的变化中所表现出的“成长之痛”。结果，世界事务的运作出现了两个并行的模式：一个是传统的作用力与反作用力模式，另一个是正在形成的依存与共赢的模式。在现阶段，这两种模式艰难共存，正如国与国之间看上去自相矛盾的行为：既要竞争，又需要合作。

很显然，陈规旧习已经被彻底摒弃。在美国、中国、俄罗斯和其他一些国家，作用力与反作用力模式依然是制定政策的主导模式。这一点也体现在亚洲日益复杂的安全环境之中。霸权思想和强权政治在一些地方仍然频频出现。美国在亚洲所建立的联盟线，以及华盛顿向亚洲“转向”政策下美国海军力量重心从大西洋向太平洋的转移，都被视为是对中国国力增长的反应。同时，中国一方面在巩固同巴基斯坦等国的传统友谊，另一方面也在积极加强发展同俄罗斯、中东、中亚和非洲的关系。在太平洋地区，中国也宣布要建设和部署一支有能力进行跨海洋作战的蓝海海军。

依存与共赢的模式逐渐得到大多数大国民众的支持，其中包括民间团体、商业界、媒体界、学术界和国际机构等。由于世界所面临的挑战愈发艰巨，加上生存和稳定压力的增大，在 21 世纪的世界有可能出现一种从战略竞争向合作、联合和连通的转移。然而，这一变化只有在领导有力的前提下才能出现。目前，所有国际领导人所面临的问题是，如何在设法消除潜在的断层线的同时，确保实现平稳过渡。我个人认为，这一问题完全可以在避免冲突的前提下得到解决，但是必须把发展国与国之间持久的经济关系放在首位，因为经济上稳固的互联互通会成为未来和平的保障。

巴中关系

查克・哈格尔（Chuck Hagel）卸任美国国防部长大约两个月，我正好在华盛顿参加会议，于是决定去他位于弗吉尼亚的私人办公室拜访。我一走进门，查克・哈格尔就很夸张地用手指了指他办公桌上的一份报纸。

我还未走进他的办公室，哈格尔就问我如何看待来自中国的最新消息：中国刚刚宣布向巴基斯坦投资 460 亿美元，作为其“一带一路”巨额投资计划的一部分。我回答说，对巴基斯坦而言，这笔投资将改变整个国家。

几天前，习近平主席乘坐中国国际航空公司一架波音 747-400 飞往伊斯兰堡，进入巴基斯坦领空时，八架 JF-17“雷电”战机起飞全程护航。这些战机为中巴联合研制[6]，是两国合作的典型标志，起飞护航为习主席的历史性访问定下了一个基调。中国主席宣布将推动建设从巴基斯坦瓜达尔港（Gwadar）至中国新疆长达3000 公里的宏大经济走廊。正如哈格尔的报纸上的文章所言，中国的决定让美国《克里 - 卢格法案》（Kerry-Lugar Bill）所提供的五年期 75 亿的投资显得相形见绌。[7]

对巴基斯坦而言，中国的 460 亿美元投资无疑将改变整个国家，有可能让巴基斯坦发生天翻地覆的变化。这笔投资将带来就业机会、经济发展和工业革新。利用巴基斯坦的瓜达尔港，通过巴基斯坦打通一个出海通道，缩短中国和海湾国家的距离，开辟一条新的贸易路线，这将会产生一种十分巨大的影响。总计 460 亿美元的投资中，370 亿美元将用于建设巴基斯坦的电力系统[8]，其中投资 280 亿的发电厂和管网建设还有公路和铁路修筑等新建基础设施已经准备动工，其他部分将在三到五年内陆续开建。习近平主席和巴基斯坦总理纳瓦兹·谢里夫共同见证了 51 项双边合作文件的签署，并为 8 项中方资助工程揭牌。在到达伊斯兰堡之前，习主席在巴基斯坦媒体发表署名文章，文中说：“双方要以中巴经济走廊建设为中心，瓜达尔港、能源、基础设施建设、产业合作为四大重点，带动巴基斯坦各地区发展，让巴基斯坦广大民众得到实惠。”

中国在巴基斯坦的投资是北京宏大战略的一部分，其目的在于增强中国和世界的互联互通。习近平主席在 2014 年提出的“一带一路”倡议包括“丝绸之路经济带”和“21 世纪海上丝绸之路”两部分，总投资 1.6 万亿美元，目标是建设一个庞大的连通中国经中亚、俄罗斯至欧洲的公路、铁路和港口网络。[9]计划中的“数字高速公路”将大幅度增强本地区的互联互通。到2020年，中国有望建成通往波斯湾的多种路线。[10]北京的目标是实现古老的丝绸之路沿线的中亚、中国、俄罗斯以及北欧各国的互联互通。在2015年的博鳌论坛上，习近平主席说，“一带一路”合作倡议“顺应了地区和全球合作潮流”。

对巴基斯坦而言，总投资460亿美元的项目标志着巴中关系已经进入一个更为关键的战术性和战略性合作阶段。在巴基斯坦访问期间，习主席高度赞扬了巴基斯坦在反恐活动中对中国的帮助。中国西部的恐怖主义对中国形成了一个很大的挑战。在打击分裂势力方面，中国一直积极寻求伊斯兰堡的协助，因为新疆的恐怖分子可能与境外极端主义势力相互勾结。中国也希望巴基斯坦保持安全稳定，以防自己国境之外出现不测。

中巴协议对巴基斯坦所蕴含的巨大潜力也表现在巴基斯坦各政党十分一致的反应之中。习主席访问之后不久，巴基斯坦政府召开了由谢里夫总理主持的各党派会议，鼓励各方发挥主人翁精神，就如何开展建设达成共识。联邦和各省政府就一个框架性方案达成一致，表示将共同努力，以公平合理的方式利用好中国的投资。政府所面临的挑战是如何确保项目的具体落实，同时也要确保实施过程的透明度和工程质量。

巴中友好关系已经历时60余年，巴基斯坦把中国视为其最为重要的伙伴之一。巴基斯坦是最早承认中华人民共和国的国家之一，并于1951年同中国建立正式外交关系。1964年，巴基斯坦国际航空公司（PIA）开通了北京航线，成为首个开通北京航线的非共产主义国家。20 世纪五六十年代，中国受到西方国家封锁，在这一困难时期，巴基斯坦向中国开放了空中走廊。[11]1963 年，巴中两国签署了首份正式贸易协定。巴基斯坦一贯支持中华人民共和国，坚持“一个中国”的原则。

巴中友谊建立在长期友好、相互信任和理解的基础之上，是一种全天候、久经考验的友好关系。两个国家的关系历史久远，古代的丝绸之路当时不仅是一条贸易通道，也是一条传播思想和知识的通道。历史上，中国始终在帮助巴基斯坦建设国家。20 世纪 70 年代，中国建成喀喇昆仑山（Karakoram）公路，通过红其拉甫山口（Khunjerab Pass）连通两个国家。这条公路现在仍然是巴基斯坦的一条干线公路。喀喇昆仑山公路海拔 4850 米，是工程建设史上的一个奇迹，体现了两个国家不畏艰难地势，建立交往渠道的强烈愿望。

在最近几十年里，巴中友谊已经发展成为一种战略伙伴关系，两国在贸易、金融、国家安全、国防和外交等多方面展开全方位合作。很多巴基斯坦人视中国为可以信任和依赖的盟国。

我本人和中国领导层的交往始于我任职政府早期。当时我奉命陪同访问巴基斯坦的朱镕基总理。2001 年，为了纪念巴中建交 50 周年，朱总理偕夫人劳安对巴基斯坦进行了历史性访问。我们乘坐朱总理的波音 747 客机从伊斯兰堡飞往拉合尔，在沙利玛花园（Shalimar Gardens）参加市民招待会。尽管当天天气炎热潮湿，朱总理还是饶有兴致地参观了17世纪莫卧儿皇帝（Mughal Emperor）建造的这座美丽宁静、错落有致的花园。晚上，旁遮普省（Punjab）省督（Governor）设宴招待了中国客人。从我和朱镕基总理的交流中可以看出，他既是一位思想家，又是一名学者。我明显感觉到，他非常重视中国同巴基斯坦的友谊，有意推动长期建设项目，造福巴基斯坦。

我们讨论了建设瓜达尔港（Gwadar Port）的问题。这座位于波斯湾的深水港具有很重要的战略意义，工程实施后便可打开巴基斯坦通往世界的大门，形成一条经南亚至印度洋的重要贸易线。瓜达尔港和卡拉奇港互为补充，可创造更多就业机会，繁荣经济，大大促进俾路支省（Balochistan）乃至巴基斯坦全国的发展。我们和穆沙拉夫总统商讨了这一设想之后，朱镕基嘱咐我赴北京进一步商讨我们的设想。

三个月后，我抵达北京。朱镕基总理在人民大会堂主持召开会议，与会代表包括所有相关部委的部长，充分体现了中国同巴基斯坦发展友好关系的意愿，也表明朱总理是一位雷厉风行的领导人，积极推动自己访问伊斯兰堡时做出的承诺。和朱总理交往，令人精神振奋，他的责任感、严肃性和参与意识给我留下了极深的印象。当时随同我访华的还有巴基斯坦通信部长贾维德·阿什拉夫·卡齐（Javed Ashraf Qazi）中将。在和朱总理的会谈中，我们确定了瓜达尔港建设的各种问题，制定了一份极为详尽的加强双方合作的方案。一切均表明，朱镕基总理坚信推进巴基斯坦的基础设施建设有助于其经济的发展。

在中国的无私帮助下，瓜达尔港建设启动。2007 年 3 月 20 日，我陪同穆沙拉夫总统前去为开工典礼剪彩。当时的问题是瓜达尔基础设施几乎为零，既没有通往港口的高端公路和铁路，也没有一座国际机场。一些资金用于修筑道路，但港口要运作，其他基础设施也需建设。后来由于巴基斯坦安全形势的恶化，加上政府不得不面对的各种政治问题，我们已无暇顾及港口建设了。

今天，瓜达尔港将成为“一带一路”倡议中一个重要的枢纽，对两国的利益至关重要。建设途经瓜达尔港的经济通道，对中国来说无疑增加了一条通往欧洲、中东和非洲地区的贸易线，具有独特的政治和经济意义。

在我任职政府期间，我致力于推进巴中长久友谊的制度化，构建两国合作的总体结构。我和中国领导人数次会见，商讨巴中关系，但我们从未涉及其他国家。我们交往的目的是商讨双边事务，绝不针对第三方。巴中两国领导层在交往中立场一贯，力求双赢，避免干涉对方内政。在我任职和离任期间的经历中，从未发现双方违背这一原则。

任职财政部长之初，我成立了巴中联合经济委员会，并担任主任，旨在为双方政府部门和商务界提供一个相互合作的平台。我感觉，就外交事务而言，巴基斯坦当时在中国的外设机构数量太少，仅有北京的大使馆，于是我批准在上海、成都和广州设立了巴基斯坦领事馆。

当选总理之后，我便着手推动商谈和中国的自由贸易协定。2006年11月，胡锦涛主席对巴基斯坦做了具有里程碑意义的访问，在此期间，我们最终确定了建设双边自由贸易的各项条款。我们还在中巴边境地带创立了特别贸易区，鼓励地方性商贸活动。令人可喜的是，两国双边贸易额出现增长，进出口平衡度得到改善。2007年，我们制定了一个五年内贸易额达到50亿美元的目标。现在，中国成为巴基斯坦五大商品进口国之一，2004年双边贸易额增至120亿美元。

胡锦涛主席访问期间，我们还签署了《中巴经贸合作五年发展规划》，该规划已于2011年顺利完成。第二个五年规划也已于2012年启动，其中包含36个项目，总投资140亿美元。我们还成立了一个中巴投资公司，专门支持巴基斯坦国内的工程项目。这家公司是两国经济合作上的一个里程碑，成为合作和发展的典范。公司在伊斯兰堡设有多个办事处，由中巴两国共同管理，业务针对与中巴两国有关的工程项目。后来，我们同沙特阿拉伯、科威特、伊朗、利比亚、阿曼和文莱也签署了类似的协议。

与此同时，上海证券交易所和卡拉奇证券交易所也签订了合作协议，中国银行和中国工商银行也受邀在巴基斯坦设立了分行。我们也鼓励中国资金进入巴基斯坦企业。2002年，中国的大型家电生产商海尔同一家巴基斯坦私营企业联合投资，在拉合尔郊外兴建了一座工厂。我和胡锦涛副主席出席了开工典礼，这个合作项目也成为中国私营资本投资的标志。同时，两国在矿业开采领域的合作也不断加强。

中国对巴基斯坦的援助从未停止，其中部分援助是通过供应方信贷形式，包括商业贷款。中国对巴基斯坦的经济发展项目也给予了无私的援助，其中包括 2005 年巴基斯坦地震后的重建工作。

巴中两国军方的关系也颇为深厚。中国向巴基斯坦提供了海军护卫舰、飞机和直升机，支持巴基斯坦的炮兵和步兵部队建设，帮助巴基斯坦建成几座用于发电的核反应堆。[12] 在我任职政府期间，我们两国还共同合作，帮助我们的国防体系掌握新型技术，其中包括联合研制轻型战机“雷电”JF-14，以及多种坦克和导弹技术。在反恐合作方面，两个国家之间的情报共享度也越来越大。巴基斯坦目前正在同中国商谈购买潜水艇的事宜。如果达成一致，这将是在战略上迈出的一大步。据报道，2015 年巴基斯坦的一个议会委员会已经通过了这个 50 亿美元的预算方案。[13]

为了保持两国之间的友好关系，中巴在未来的几年里应携手应对两国所面临的挑战，其中包括国家安全问题、恐怖主义问题。问题的关键在于两国应不断加强互通互联，促进友谊。

中国在巴基斯坦的投资仍然有很大的发展空间，特别是在发电厂建设、基础设施建设和水坝建设等中国可以提供大型机器设备和专业指导的领域。诸如此类的项目可以促进巴基斯坦的稳定，强化两国之间的长期睦邻友好关系。巴基斯坦在基础建设方面需要大量的投资，而这一方面中国则可以提供资金。中国企业在巴基斯坦投标建设新项目的同时，诸如喀喇昆仑山（Karakoram）公路等现有基础设施也可以扩展和更新。在充分论证的基础上，两国也可以携手修建连通两国的铁路、光缆和管线。

当下，中国和巴基斯坦的关系也需要进一步发展和改变，以适应变化了的世界地缘政治格局。巴基斯坦也应该认识到，随着中国国力的不断增强，中国将更具国际视野。因此，巴基斯坦在继续支持中国的同时，也应有针对性地调整自己的定位。如果能够做到这一点，巴基斯坦将会继续为两国之间的长期友好关系添砖加瓦，促进两国之间的关系健康发展。

中国下一步该怎么办？

从 1989 年任中共中央委员会总书记到 2003 年离任，江泽民主席致力于深化经济改革，全力创造稳定的发展环境，中国经济因此飞速发展。同朱镕基总理携手，于 2001 年促成了中国加入世界贸易组织，中国经济从此融入全球经济圈。

江泽民的继任者胡锦涛主席和温家宝总理是未亲身参加 1949 年的革命的第一代中国高级领导人，他们二人开启了中国经济发展历史上的一个新阶段，保持了中国经济的高速增长，继续带领中国发挥了世界经济发展引擎的作用。[14]

今天，在习近平主席和李克强总理的领导下，中国不断深化改革，改善国家治理结构，向一个新的目标迈进。国家经济已经实现全面对外开放，并取得了巨大的进步。我在 20 世纪 80 年代到中国时，外国人还必须使用专用外汇券在“友谊商店”购物，那个时代已经成为遥远的历史。

跨国公司纷纷前往中国购买机器设备和生产材料。中国房地产业发展掀起了热潮，增速持续攀升，创造出数以百万计的工作岗位，人民生活水平不断改善。世界银行最新统计数字显示，中国赤贫人口，即人均每日不足1.25美元的人口，从1990年至今减少一半。但是，中国领导层所面临的挑战是：如何促使不同行业和不同地区平衡发展，在保持稳定的前提下引导国家成功转型。在进行基于放宽政府监管和强化市场经济为核心的结构性改革的同时，积极应对社会需求，不断改善民生，无疑有助于这一问题的解决。

中国必须通过激励措施和政策手段鼓励私有经济发挥更大的作用。在促进经济增长，提升生产效率方面，私营经济和公私合营经济均有机遇，中国房地产业就是一个成功的范例。诸如上海自由贸易区这样的创新试点项目应该加速发展并在全国范围内推广，以鼓励国内和国外投资。

随着一个国家经济的日益成熟，为了保持一定的增长速度，就愈发需要改革和放宽政府监管。如今的中国应该致力于创新，以提升生产力，持续增加附加值。中国应该从加工别人品牌的产品或零部件走向培育属于自己的国际品牌，从“原始设备制造商”向“原始设计制造商”转变。要做到这一点，中国需要更加注重研发环节，从而开发出更多高科技产品。人们现在还普遍认为中国仍然是一个低成本的制造基地，拥有知识产权的国际知名品牌屈指可数，更多的中国私营和国有企业应该走向国际市场。百度和阿里巴巴等一些中国企业已经在国际市场成功融资。我最近率团访问了阿里巴巴总部，马云主席向我们阐述了他的公司将如何通过其强大的网络销售平台，吸引数以亿计的消费者。作为一家互联网巨头，阿里巴巴在中国金融业所占份额持续增长。该公司 2014 年在纽约交易所挂牌上市，首日股价上涨 38%，获得巨额国外投资。

中国的制造业也不断增长，其众多企业中便有电信公司华为和家电企业海尔集团。2015 年，我访问了总部位于深圳的华为公司的几家工厂，并和其管理层会面。华为的研究与发展投入已经达到世界顶级水平。尽管中国的国有经济在战略性工业中仍将承担主要角色，但随着私营经济在中国经济发展中所起的作用逐渐增强，创新能力将进一步得到加强。

工业化的不断发展对环境产生的不良影响越发应该受到关注。中国已经深刻认识到经济可持续增长的重要性。环境恶化是所有发展中国家需要面对的问题。亚洲国家必须清醒地认识到环境变化和全球气候变暖所带来的危害，积极创造一个适合可持续发展的环境。2015 年的巴黎气候大会（COP21）所签署的气候协议在此方面迈出了积极的一步，但在全球范围内确保具体实施以及各缔约方落实所做出的承诺仍需更多努力。

总之，随着中国的发展，中国在高科技和高附加值产品上的份额会不断增加，与此同时也要求中国具有更强的综合创新能力。在增进经济增长，改进工业生产质量和提升生产能力方面，中国目前已经具备足够的人力资本，结构性改革能否成功持续下去将决定中国经济的增长速度。

中国的世界地位

中国有望在大约十年后成为世界上最大的经济体。北京领导层也在积极发展同世界上几个主要大国之间的经济关系。因此，中国将对未来世界经济秩序产生重要影响，对现有各方构成挑战。世界各国如何适应这一正在发生的变化，对维护世界和平和稳定，将至关重要。

尽管中美两国对中国南海领土问题所持观点不同，但是目前局势的发展导致武装冲突的可能性不大。比较客观地说，在比较长的一段时间内，双方的竞争将集中在经济手段、自然资源的获取和对世界经济和金融机构的影响等层面。尽管如此，双方仍需努力缓解在南海领土问题上的分歧，将重心转移至外交策略和对话，以便建立一种国与国之间正常的外交关系。

以我在任和离任期间和中国领导层的交往来看，我并未发现中国在领土扩张上有任何企图。我认为，这一误解源于对中国外交策略的严重误读。事实上，中国的外交方式和颇为激进的西方外交方式截然不同。亨利·基辛格曾以棋为喻，非常形象地说明了两者的区别：在西方，国际象棋的残局阶段是一场激战，最终胜王败寇，但是中国围棋从长远着眼，追求的是相对优势。[15]

我个人认为，尽管苏联解体后美国在世界上的影响力增强，但是中国扮演主要角色仍有很大空间。一个多极世界远远优于一个单极世界，多个世界权力中心的出现有助于保持平衡，形成一种制衡力量。

在参与世界维和活动方面，中国已经表现出良好的意愿，现在已经成为承担联合国安全理事会维和任务份额最大的国家。联合国秘书长潘基文对中国在维和活动中的作用予以肯定，首次任命中国军官担任联合国特派团部队司令。除了和联合国合作外，中国人民解放军2002年以来，完成了数十次国际人道主义援助任务，为亚洲、非洲和拉丁美洲的发展中国家提供援助。

中国历来主张通过双边对话、审慎的经济策略以及相互合作等形式改善自己与敌对国家的关系。自20世纪70年代的经济改革以来，中国在处理国际关系上表现出极大的灵活性[16]。中国长久以来的竞争对手日本，现在成了其最大的贸易伙伴。中国台湾地区目前也是中国在境外的第三大投资地。中国同印度的双边贸易额也急剧增长[17]。中国现在拥有世界上数量最大的美元储备，美国也是其最大的贸易出口国。日本、美国和中国台湾在中国大陆的境外直接投资排行中均位列前五位。

然而，一些多边合作方案却一直未能像世界贸易组织那样，向中国伸出友谊之手。跨太平洋伙伴关系协定（TPP）是进入21世纪之后，由美国主导的一项多边贸易伙伴关系协议，但时至今日还将中国排除在外。世界应该欢迎并接纳中国，诸如跨太平洋伙伴关系协定这样的多边合作方案应该具有包容性。

连通和相互依存是促进世界和平的真正动力，中国很早就认识到这一点。中国人不仅在发展中国家广泛投资，在发达国家也是如此，投资领域不仅涉及自然资源开采，而且涉及房地产、工业以及基础设施建设。在近期对英国、美国和越南的访问中，习近平主席高度强调发展双边关系的重要性。

亚洲基础设施投资银行（AIIB）已经成为亚洲地区建设新型金融基础设施的重要机构，和现有的亚洲开发银行和世界银行等形成鼎立局面。世界各国纷纷加入以资深银行家金立群为行长的亚洲基础设施投资银行，充分说明一个现代的金融机构在全世界范围内大有可为。和布雷顿森林机构相比较，亚洲基础设施投资银行的优势在于它既不受历史因素的制约，又缺少由来已久的条条框框的限制。亚洲基础设施投资银行应该以史为鉴，设计出一套全新的治理结构，避免现有全球性金融机构所存在的歧视性和因循守旧的弊端。这样一个机构的建设应该遵循四大原则：任人唯贤、高度透明、一视同仁和高标准治理。最为关键的是，无须设立各种永久性的董事会，相反应该赋予高级管理层足够的权力。在人事任命方面，亚洲基础设施投资银行应该坚守任人唯贤的原则，以才能而非国籍为依据选拔人才。

中国在世界银行、国际货币基金组织和其他全球性机构中应该具有更大的话语权。如果这样，亚洲基础设施投资银行有望成为世界金融界一支新生力量，从而成为新标准的制定者。同时，亚洲基础设施投资银行的建立也凸显了目前的布雷顿森林机构急需改革的事实。其他国家则应该认识到它们无须完全控制每一个机构。在此方面，中国一直审慎有加，不愿给亚洲基础设施投资银行施加过度的影响。此外，中国还拥有中国进出口银行和国家开发银行。

增进合作，实现和平的途径之一是携手并肩，例如，促进军事力量之间的持续交流。区域性或全球性的联合军事演习是应该鼓励的，包括联合应对自然灾害的合作。诸如此类的军事行动应该建立在良好外交关系的基础之上。在诸如中国南海等可能产生冲突的地域，交流的方式应该制度化，有关各方应该建立热线，定期联系和研讨，以避免由于误会而使问题升级。在有争议的地域联合开发海底油气等策略同样有助于缓解国与国之间的紧张关系。

第十五章

贝娜齐尔复出

卸任之后，贝娜齐尔·布托移居迪拜，开始了新的生活。她发誓不再踏入政界，逐渐淡出公众视野，然而她的心却一直留在巴基斯坦。这位佐勒菲卡尔·阿里·布托（Zulfikar Ali Bhutto）极富个人魅力的优秀女儿对自己的祖国有着极为深厚的感情，在民众中她依然能够一呼百应，尽管她的政治生涯并不很成功，担任两届政府总理均因政绩平平和政府效率低下招致不少批评而变得黯然无光。

英国财政大臣诺曼·拉蒙特在尼斯（Nice）的一个机场与贝娜齐尔·布托邂逅之后，两人便成为好友。两人早先只有官方往来，但那次在等候返程航班时偶遇，布托低调务实的风格给拉蒙特留下了极为深刻的印象。看到贝娜齐尔·布托一个人在机场免税店，他便走上前去打招呼。

此后多年，他们成为挚友。2007 年，贝娜齐尔重返政坛，后来遭遇不测。当她返回巴基斯坦时，甚至还请拉蒙特陪同。拉蒙特勋爵后来回忆说：“她邀请我同机前往巴基斯坦，可我无法抽身，我至今仍为这件事感到遗憾。几年前，她情绪非常低落，我还一直安慰她：‘总有一天你会回去的，政坛风水轮流转嘛！’有一天，我还开玩笑说：‘你要能回去，我一定陪你前往。’可后来我把自己所说的话忘得一干二净，她却打电话给我说：‘被你言中了，怎么样，跟我一起去吧！’”[1]

然而，在贝娜齐尔流亡海外之初，东山再起是她连想也不敢想的事情。拉蒙特勋爵这样描述他与贝娜齐尔当时的谈话：“她说自己已经告别政坛，也绝不会再复出。如果说她当时有什么雄心壮志的话，至多也只是担任国会的议长。她说自己再也不想当总理了。”

不到十年的时间，情况发生了转机。拉蒙特说：“她开始参加华盛顿的一些国会祷告会，接触美国参议院和众议院议员，并开始做英国外交部的工作。我注意到，她一反常态，言辞间流露出一种对西方的亲近感。”

贝娜齐尔·布托游说活动的效果一开始并不理想。“曾经一度英国外交部除了一些很低级别的官员外，其他的人对她避而不见。他们觉得她东山再起早就没任何希望了。”拉蒙特说。

贝娜齐尔·布托的一个密友曾告诉我，她在华盛顿的遭遇也大抵相同[2]。穆沙拉夫将军上台后，她在美国游说的空间变得极为有限。一位曾在2002年与她会面的美国国务院官员这样描述当时的情况：“贝娜齐尔·布托在华盛顿的工作毫无进展。她根本见不到任何重量级的人物。”[3]

然而，过了八九年时间，贝娜齐尔·布托便逆转了不利的局面。后来，她每年都要去华盛顿三四次，拜访美国国会议员，出席各种活动，发表演说。有一次在华盛顿，她拜访了100多位国会成员[4]。在华盛顿人脉极广的巴基斯坦裔富商雷·马哈穆德（Ray Mahmood）是她在美国最为亲密的伙伴。他们经常开着他的车在华盛顿大街上穿梭，他会把自己的朋友介绍给布托，其中包括弗吉尼亚州议员吉姆·莫兰（Jim Moran）。布托死后，阿西夫·阿里·扎尔达里（Asif Ali Zardari）成为巴基斯坦总统，马哈穆德则被任命为巴基斯坦驻美国巡回大使。贝娜齐尔·布托还自始至终受到她的挚友、美国游说家马克·希格尔（Mark Siegel）的支持。

后来，我听说，每次见到美国政府官员时，她的基本观点就是巴基斯坦需要一种民主制度。她表示，如果巴基斯坦的军人政府继续执政，那她会很自然地领导自己的拥护者站在他们的对立面。

贝娜齐尔·布托的努力最终取得了成功。随着她重返巴基斯坦政坛的概率不断增大，她时来运转，原来向她紧闭的大门纷纷打开。拉蒙特说，“突然之间，她变得异常重要，虽然当时她还住在迪拜，可巴基斯坦的部长们却纷纷求见。整个事情看起来很是可笑。”

当时巴基斯坦政局的变化源于其国内局势的日益明朗。到2007年，穆沙拉夫总统面临多重危机。当年3月，巴基斯坦首席大法官被停职之后，律师界风起云涌，全国各地爆发了大规模游行示威。适逢布什内阁发生人事变动，康多莉扎·赖斯（Condoleezza

Rice）接任科林·鲍威尔（Colin Powell）成为国务卿。赖斯上任后大力推行“自由进程”，其明确目标就是要在全世界推行民主制度。与鲍威尔不同，赖斯与穆沙拉夫总统没有任何私人关系，穆沙拉夫总统宣布军事管制令她怒火中烧。赖斯在她的回忆录中这样描述她听到穆沙拉夫威胁说要宣布国家进入戒严状态时的反应：“显然，……穆沙拉夫在巴基斯坦的日子不会长久了。我觉得他迟早气数会尽，不过我的观点并没有得到内阁成员的普遍认可。问题是如何利用这有限的时间，给即将到来的选举创造更为有利的条件。我们相信，唯一的出路就是让巴基斯坦的两大政治力量穆沙拉夫和前总理贝娜齐尔·布托结盟合作。”[5]

美国给穆沙拉夫总统施压，要求各级选举必须自由公平，以符合国际惯例。与此同时，美国政府还敦促穆沙拉夫卸任军队总司令职务，脱掉军装参与竞选。在其回忆录中，布什总统描述了他当时如何向穆沙拉夫提出“强烈建议”，要求他“确定自由选举日期，辞去军方职务，撤销戒严令”[6]。穆沙拉夫非常清楚，巴基斯坦人民党如不参选，选举的可信度便会大打折扣。当时，贝娜齐尔·布托是人民党的党魁，在党内大权在握。穆沙拉夫先是请美国外交官与贝娜齐尔沟通，请其参与竞选，借此开启了两党领袖之间的对话，并就双方的权力分配达成一致。

华盛顿方面更倾向于贝娜齐尔·布托，认为她更合西方的胃口，尽管在表面上他们声称同样支持穆沙拉夫。美国的意图是，穆沙拉夫可以担任总统，因为按照巴基斯坦宪法，总统职位只是一个礼仪性的职位，但贝娜齐尔将担任总理，掌握行政决策大权。不过，穆沙拉夫和布托都很清楚，这样的安排不可能长久，两者之一必将成为政治的牺牲品。

英国也出面干预。美国和英国高层官员频频插手，在两者之间进行斡旋。出访伦敦期间，布托常常在自己钟爱的哈洛德百货（Harrods）大楼的咖啡厅会见英国高级外交官。她频频出席大型聚会，争取支持，其中包括美国驻英国使团副团长为她举行的晚餐。美国驻巴基斯坦前任大使莱恩·克罗克（Ryan Crocker）也积极参与了此事。几年后，他告诉我："一个军事政府不可能长久执政下去。我们开始努力支持贝娜齐尔重返政坛，而把总统一职留给穆沙拉夫。如果她没有遭到暗杀，我们的努力或许就成功了。"[7]

如果贝娜齐尔第三次担任巴基斯坦总理，她的政绩会有所改善吗？她自己对此深信不疑。诺曼·拉蒙特回忆说，当时贝娜齐尔对自己的政治生涯已经有了越来越深刻的反省："我认为她非常清楚，在前两次担任巴基斯坦总理期间，自己并不很成功。她真心希望自己能在第三次任期内有更大作为。"

在经过中间人牵线搭桥以及后来的电子邮件和电话沟通之后，穆沙拉夫和布托开始面谈。穆沙拉夫和布托的会面，均是在其政府内其他人员不知情的情况下进行的，他会选择在前往其他地方时绕道阿联酋与布托会面。他们的第一次会面是在 2007 年 1 月，地点是在位于阿布扎比（Abu Dhabi）的一座王宫，贝娜齐尔乘坐直升机从迪拜飞过来[8]，两人的单独会谈持续了四个半小时，各自的随行人员均未参加。穆沙拉夫提出要巴基斯坦人民党（PPP）参加总统竞选，尽管当时他们的候选人人选还未确定。

吉拉尼上将（General Kayani）时任巴基斯坦三军情报局局长，塔里克·阿齐兹（Tariq Aziz）代表巴基斯坦方面负责协调工作，并与贝娜齐尔·布托会面。美国当时负责南亚及中亚事务的助理国务卿包润石（Richard Boucher）就曾谈到他曾在纽约、迪拜、阿布扎比、伦敦等地多次与贝娜齐尔会面。

双方的商谈极其严肃，因为当时布托及其支持者受到腐败指控，在她返回巴基斯坦之前这些指控必须撤销才行。另外，因为布托曾担任两届政府总理，达到了巴基斯坦法定的最长期限，因此她还要求对宪法进行修正，允许她再一次担任总理。

双方的协商内容还涉及另外一个方面。贝娜齐尔·布托和穆沙拉夫都不希望巴基斯坦第三号政治人物纳瓦兹·谢里夫参与其中。包润石告诉我："他们二人达成协议的目标之一就是要将纳瓦兹置之局外。我觉得，穆沙拉夫早已告诉沙特阿拉伯说：'拖住他，别让他回来搅局。'"[9]

然而，就在双方的协商取得重大进展之时，穆沙拉夫却止步不前了。包润石告诉我："穆沙拉夫意识到从军人政府转向文职政府的重要性，但他却不清楚如何从一个军队将领转变成为一个行政领袖。正因如此，每到关键时刻需要他痛下决心时，他却不知如何是好。他不愿放手。"

双方的协商因此陷入僵局，只要贝娜齐尔·布托提出一项建议，便会遭到穆沙拉夫的反对，于是她不得不对此进行修改，但穆沙拉夫又会因为修改部分而否定新的建议。因此，包润石说：“我认为，要穆沙拉夫放弃权力，对他来说简直太难了。”

包润石是参与此次巴基斯坦政权更迭的主要美国官员之一。2007 年 10 月，就在贝娜齐尔最终打算返回巴基斯坦之际，包润石因身患肺炎住院六个星期。于是美国国务卿康多莉扎·赖斯便亲力亲为，直接在穆沙拉夫和布托两人之间斡旋。包润石后来回忆说，“赖斯直接插手，亲自与他们沟通。她告诉穆沙拉夫，主要是要让贝娜齐尔回国参加竞选，即使现在还不清楚如何具体操作，但只要你让她回来，以后自然可以想到相互合作的办法。”

最终，穆沙拉夫遵守两人之间的君子协定，通过了《全国和解训令》（National Reconciliation Ordinance）。该训令参考当年南非大主教戴斯蒙德·图图（Desmond Tutu）的“真相与和解委员会”（Truth and Reconciliation Commission in South Africa）的做法，赦免了贝娜齐尔·布托及其支持者。

穆沙拉夫将军与贝娜齐尔·布托接下来一次至为关键的会谈于 2007 年 7 月在纽约的广场酒店（Plaza Hotel）举行，阿西夫·扎尔达里（Asif Zardari）当时也在场。[10] 两人在会谈中讨论了权力过渡的各项细节：贝娜齐尔·布托明确表示，她希望《全国和解训令》能够在她返回巴基斯坦之前颁布，她与她的支持者所面临的指控能够撤销。她还希望对宪法进行修订，取消其中总理任期不得超过两届的限制。

在总统选举开始的前一天，《全国和解训令》终于得以通过，大约 8000 人获得赦免，包括一些刑事犯罪人员。布托也相应地同意推荐一名巴基斯坦人民党候选人，作为穆沙拉夫的竞争对手参加总统竞选，以增加选举的公信度。[11]

2007 年 9 月下旬，塔里克·阿齐兹和穆沙拉夫总统的陆军总参谋长哈密德·贾维德（Hamid Javed）飞往伦敦与贝娜齐尔·布托会面。尽管各方前期都做了大量的秘密沟通，但所协商的不少问题依然存在很大的不确定性。据贝娜齐尔·布托的一名亲信回忆，2007 年 10 月 3 日深夜，布托还接到了康多莉扎·赖斯的电话[12]。两人在电话里谈了大概两个小时，赖斯告诉布托，与穆沙拉夫的协商并未取得实质性进展，她所提出的要求还未得到满足。布托的亲信说，赖斯在消除穆沙拉夫和贝娜齐尔·布托之间分歧的方面起到了关键的作用。

布托和穆沙拉夫的权力分配方案于 10 月 4 日公布，于是贝娜齐尔开始准备返回巴基斯坦。赖斯在她的回忆录中说，当时布托感觉自己有了一份“美国的担保书”，穆沙拉夫因此不会食言。[13]

然而，有关贝娜齐尔回国的安排仍有歧义。协议文本中说，她只能在选举结束之后返回巴基斯坦。这明显存在误解：她理解的“选举”是指 10 月 6 日的总统选举，而穆沙拉夫所指的“选举”是几个月之后的“普选”。包润石告诉我说：“我觉得他们离成功只有一步之遥了，可谁能想到风云突变，双方的立场也发生了变化。”虽然一些问题已经得以解决，但两位政党领袖最终却功亏一篑，未能达成一致。整个商谈过程中，穆沙拉夫将军表现得并非十分积极。

拉蒙特勋爵在回忆中描述了布托当时对回国的担心，尤其是对自己人身安全的忧虑：“她不止一次地对我说，‘我真不知道会发生什么’。”然而，对她来说，祖国的召唤更加强烈。以自己对双方协议的理解，贝娜齐尔·布托于10月18日飞抵卡拉奇，飞机上坐满了她的支持者，在机场受到了成千上万民众的迎接。全世界的媒体都争相报道“BB”的胜利归来。

包润石说：“她知道自己身处险境。她清楚自己面临许多威胁，那些来自极端分子的威胁。她明白，任何人都不足以提供自己所需要的安全保障，她也很清楚无论安全措施有多么严密，她总得外出参加竞选活动，那本身就是冒险。她觉得她必须去，这是自己的使命。”

就在她乘坐卡车离开机场的途中，两枚炸弹接连发生爆炸，造成134人丧生，400多人受伤。贝娜齐尔·布托受到惊吓，没有受伤。袭击发生时，我与穆沙拉夫正坐在我的家中。那天，他前来与我共进晚餐，像往常一样，我们开着电视。随后，我们的电话就响了起来，安全部门报告了具体细节。那是巴基斯坦有史以来最为严重的自杀式袭击之一。

10周以后，悲剧还是发生了，贝娜齐尔·布托在拉瓦尔品第举行政治集会后遇袭身亡，当时她正从乘坐的吉普越野车天窗向支持者挥手。1979年，她的父亲也是在这座城市死于绞刑。数周之前，我刚刚卸任总理职务，这一噩耗传来时，我还在卡拉奇。在加盟政府之前，我就认识了贝娜齐尔。我一直认为她是一位志向远大、勇气非凡、不屈不挠，对自己的事业勇于献身的人。她的父亲对她影响颇深，父亲的离世在她的心中留下了无法抚平的伤痕。虽然她不像她的父亲那样思想深邃，但她富有激情，并有强烈的政治抱负。

贝娜齐尔·布托遇害三天之后，她的儿子比拉瓦尔（Bilawal）向巴基斯坦人民党宣读了一封她生前写的短信，希望她去世后她的丈夫阿西夫·阿里·扎尔达里担任党的领袖。贝娜齐尔·布托是巴基斯坦历史上一位极具影响的政治人物，也是伊斯兰国家历史上第一位民选女性领导人，她的去世让整个世界都陷入悲痛之中。

康多莉扎·赖斯把贝娜齐尔·布托的遇害描述为对她的一次“沉重的个人打击”，认为“建设民主而稳定的巴基斯坦的又一个希望似乎也已随她而逝了”。[14]

西方大国推进巴基斯坦民主化进程的努力反映的是存在于巴基斯坦国内政治中的外部意愿，因为巴基斯坦国内偶尔也会出现要求民主化的呼声。尽管西方国家的动机可嘉，但在巴基斯坦复杂的国内形势下他们的努力有时会事倍功半。从长远来看，即使间接性的政治干涉，对巴基斯坦来说，也弊大于利。

各个大国纷纷插手干预巴基斯坦政权更迭的现象，说明巴基斯坦要实现真正的民主化仍需时日。真正的民主国家应该反对外国势力对内政的干涉。巴基斯坦需要不断努力，建立自己的民主化进程。从长远来讲，这种外来的推动力对巴基斯坦并非明智之选。

巴基斯坦必须增强对自己政治体制的自信心，依靠自身力量解决政府管理中的各种问题。巴基斯坦的从政者需要在民主的框架内行事，不断培养自己接受不利局面的勇气。外部势力干预国内政治，哪怕是间接影响一个国家的政治变革，这个国家的政体都会受到损害，即使是该国家某些利益集团主动为之。对此，美国前任副国务卿理查德·阿米蒂奇（Richard Armitage）的观点一针见血："如果你想不偏不倚，好比是在一场内战中充当调停人，但迟早你会发现，你还是偏袒了这一方或者另一方。"

贝娜齐尔不幸遇害之后，穆沙拉夫的分权方案也不了了之。与此同时，穆沙拉夫的地位开始动摇。他掌握了军队的领导权，他就可以控制一切。然而，2007 年 11 月，他卸任军队总司令，卡亚尼（Kayani）将军取而代之。穆沙拉夫一旦脱掉军装，推行民主，他便失去了对局面的控制。2008 年 8 月 18 日，穆沙拉夫发表电视讲话，宣布辞去总统一职。

第十六章

治理之道

在吉隆坡（Kuala Lumpur），玛格丽特·撒切尔（Margaret Thatcher）开始面对商界和政治精英发表演说。撒切尔夫人是英国历史上任职时间最长的首相之一，她经过专门的演讲训练，因而声音中充满了沉稳和自信。她说："是否具有国际影响力，不是看某个国家是否是大国，而是看其是否拥有最为强大、最具慧眼的国家领导层。"

我们参加了马来西亚总理马哈蒂尔·穆罕默德博士（Dr.Mahathir Bin Mohamad）在吉隆坡招待撒切尔夫人的私人晚宴。马哈蒂尔成功带领马来西亚实现了经济腾飞，成为该地区最为富有的国家之一。撒切尔夫人的深刻见解引起了他的共鸣。

晚宴在喀考莎酒店（Carcosa Hotel）举行，七八位嘉宾出席，气氛融洽。宾馆环境优美，绿树掩映，撒切尔夫人把英国高级专员曾经的府邸送交马来西亚，作为缓解两国之间一段时间以来紧张关系的举措之一。晚宴之后，我有幸目睹了两个重量级人物之间思想的碰撞。撒切尔夫人和马哈蒂尔博士谈到了欧洲的前景、亚洲的地位、中国的崛起等一系列问题。像往常一样，撒切尔夫人是当晚话题的主导。

撒切尔夫人离开英国政坛三年后，这位英国首任女首相受到花旗银行邀请，在亚洲展开巡回演讲。1993 年至 1996 年间，她访问了泰国、新加坡、巴基斯坦、马来西亚和其他亚洲国家。由于当时我是花旗银行亚太地区批发业务负责人，约翰·瑞德（John Reed）派我陪同撒切尔夫人参与了 1993 年大多数演讲活动。大约两周时间里，我陪着撒切尔夫人，乘飞机或开车从一个地方转战另一个地方，会见国家元首、部长和政府要员。晚上，花旗银行会举行宴会招待地方精英。在宴会上，撒切尔夫人向他们发表演说。

撒切尔夫人常常晚睡早起，但依然精力充沛。一个晚上，在新加坡香格里拉酒店，她请我到她的房间去。我们聊着天，她品着杜松子酒和奎宁水，我喝着橙汁。她问我什么样的全球性问题最令我头疼。

我说："西方世界对伊斯兰国家及其价值观缺乏理解，这一鸿沟必须逾越。西方国家再三努力，试图接受伊斯兰文化的思想和价值观，但隔阂依然存在，我觉得这种现状可能会导致更大的隔阂。"

谈到不同宗教之间需要和谐共存，我表态说："各种信仰需要相互学习，因为所有宗教的价值观均殊途同归。宗教之间急需包容与理解，否则我们难免看到偏见的产生，摩擦的出现。有些小宗派可能会被边缘化，最终将导致激进主义和极端主义。”

撒切尔夫人对此了然于心。她是我见过的信息最灵通、做事最有力度的首脑之一。总体而言，相比世界其他国家的领导人，撒切尔夫人给我的印象是对各种社会问题的把握更为全面、更为清晰。我发现，无论我说到什么，无论是经济、外交政策、国家安全，还是某个社会部门，她都能侃侃而谈，而且有理有据，细致周全。那天晚上，我们还谈及马尔维纳斯群岛，欧洲货币统一，也谈到了中国和 1997 年香港回归后中国内地跟香港地区的关系问题。

几年后，马哈蒂尔博士来到英国高级专员府邸，在撒切尔夫人的悼词中写下一段话。尽管当年在任时他们之间存在分歧——马哈蒂尔提出的“拒绝英货”政策正是两国之间存在摩擦的一个例证，但很明显，两位领导人还是对彼此心存敬佩和尊重。

作为花旗银行演说之行的一部分，撒切尔夫人在新加坡会见了李光耀总理。当时在李光耀的领导下，新加坡已经成为全球的典范。访问期间，我发现三位领导人的共性——敢为人先，对各种社会问题观点强硬，并且一心想通过其各自的方式为国家带来变革。三位均为改革家，敢于挑战现状，有能力“买进”不同利益相关者，宁舍个人政治私利，也要确保国家的长远利益。

我负责亚洲业务期间，花旗银行还组织了一个乔治·赫伯特·沃克·布什（George H.W.Bush）参与的巡回演讲。那是 1994 年，也就是布什总统卸任一年之后。我在印度尼西亚雅加达（Jakarta）

接待了他。当时，他会见了苏哈托（Suharto）总统，并向当地企业界代表发表了演说。此后，他去往香港，并受到香港末任总督彭定康（Christopher Francis Patten）的接待。

布什总统随后抵达新加坡，我奉命于当晚举行宴会为其接风。当时我坐在办公室里，突然，秘书克里斯廷（Christine）告诉我布什总统已经在办公楼里了。我还以为她在开玩笑，结果银行的保安汇报说布什总统已经上了电梯，准备到我办公室所在的楼层。还没来得及挂断电话，我已经听到门外的脚步声。随后，布什总统和夫人芭芭拉（Barbara）走进了我的办公室。他站在门口说："我们有空，决定干脆上门与您喝杯咖啡。"

乔治·布什总统是一位真正的国际人物，极其擅长外交。他曾在中国担任驻华大使多年，供职联合国时也曾与不同国家打过交道，这些经历帮助其积累了丰富的经验。他待人真诚、热情友好、精明睿智而又务实肯干。

此行之后，我们保持着联系。我担任总理期间，他还到我位于伊斯兰堡的住所拜访。当时，他要去远东，途经巴基斯坦。2005年，巴基斯坦遭受地震灾害后，他还抽时间专程前往巴基斯坦视察灾区，并协助在世界各地筹集善款。

虽然我曾在9个国家生活过，也曾管理花旗银行在40多个国家的业务，但在与这些国际风云人物的交往中我学到了更多的领导学问。在那些国家，作为银行的高管，我了解了不同国家的管理风格和处理复杂事务的方式。同时，我也获得了宝贵的机会，得以接触政界、商界和社会团体的官员。

有能力的领导能够在恰当的环境中灵活使用管理理论。正如2014年马哈蒂尔曾经对我所言，“市场经济和民主制度是国家发展最为强劲的推动力，但你必须了解自己面临的各种限制条件。改革必须产生于内部而非强制之举。我们必须向成熟的民主迈进，而且要清楚在各个社会中民主可能带来的局限性。”

如今，世界缺少真正的领袖；与此同时，职业的政客却又人多为患。真正的领袖担心的是下一代国民的前途命运，而非下一次选举。他们办事可靠，公开透明。引进并实施可靠的结构性改革需要长期不懈的坚持，必须要忍一时之痛。要让公众和利益相关者心悦诚服，这需要技巧，要让他们相信这些改革会给他们带来最大的利益。

今天，很多国家面临的挑战是如何保持健康、可持续、包容性增长。结构性改革需要实施，要涵盖社会的方方面面。必要的经济措施往往阻力频频，要启动改革往往要付出很高的政治代价。2005年日本臃肿的邮政系统的改革就是一个很好的例证。要想鼓励私营企业更为积极地加盟，必须先从这个硬骨头开始。然而，在政治上，这一提法却极其敏感。日本首相小泉纯一郎（Junichiro Koisumi）不顾阻挠，坚决推行改革，最终取得成功。在其之前的历届政府都未敢尝试，而他却勇于挑战现状，大胆作为，而非为了谋取政治利益缩手缩脚。当初，与他会面的场景依然记忆犹新，因为就在一周之前，由于他提出的私有化改革遭到反对，差点被赶下台。回头想想，也正是小泉纯一郎首相大胆的举动为日本带来了长期的利益。

与此相似，德国总理格哈德·施罗德（Chancellor Gerhard Schroeder）的经济改革一开始也是阻力重重，可后来也正是改革才使得德国在全球金融危机之时感受到改革的好处。施罗德总理显示了领导者的风范，但自己的党派却在竞选中失去了民心。

一个国家或企业进行结构调整或者改革时，必须学习别人的成功经验。花旗银行的整个管理团队曾经在佛罗里达的迪士尼世界待了整整一天，亲自观察他们如何为消费者提供服务，如何处理消费者的各项投诉和建议。当时，约翰·瑞德（John Reed）提出这个方案时大家都极为惊讶。结果，亲自观摩了迪士尼成功而娴熟的运营方式后我们却受益匪浅。最让我们大开眼界的是看到主题公园各种设施幕后的操作——那是一个地下世界，控制着整个园区的各种设施，从员工休息区到各种游乐设施的运行和安全维护。我记得就是在主题公园，我们发现他们会在孩子身高的位置喷洒肉桂味道的香水。这样，孩子们就会产生饥饿感，要求父母为其购买饼干吃。那是一种刺激消费的创新方法。看到园区后勤服务、部门协调和整个公司的管理，我们大开眼界，学到了方法，也拓宽了视野。

我遇到的最为有效的领导者都是团队大师。在花旗银行工作时，一个大型跨国公司针对成功的领导者进行了一项调查，结果发现优秀的领导者均拥有直升机式的特质：他们应盘旋在空中，确保下面的景色一览无余，处在自己的掌控之中；要查缺捡漏，及时降落，解决问题后应立即起飞，让当地管理层去解决后续具体问题。

我还发现，眼光长远的领导者会安排自己的接班人。他们有甘于退出舞台，在适当的时候给继任者留出空间。我记得自己卸任后曾拜访南非前总统德克勒克（F.W.de Klerk）。那是在 2010 年，当时我去开普敦（Cape Town）观看世界杯足球比赛。是德克勒克最终解决了南非的种族隔离问题，我便顺道登门拜访，表达自己的仰慕之情。他当时已经卸任总统一职，担任南非的副总统，以便纳尔逊·曼德拉（Nelson Mandela）能顺利接任，继续完成南非彻底解除种族隔离的大业。对德克勒克而言，这是明智之举，但却需要极大的勇气。我曾在达沃斯（Davos）见到曼德拉，当时我在中东地区负责花旗银行的业务。对于那些为了正义事业而不懈努力，在推动人类平等、公平正义和保障人权方面具有全球影响的领袖，我深表敬意。

我明白，每一位领导者都有改变其民族命运的超凡能力。穆罕默德·阿里·真纳（Mohammad Ali Jannah）就是这样的领袖。他独具慧眼，认为穆斯林民众应该拥有一个属于自己的家园，从而为了巴基斯坦的民族独立不懈奋斗。他卓有远见，坚决从英国人手中争取民族独立，并努力为印度穆斯林的问题寻找解决方案。即使时运不济，他也一如既往，直到取得最终的胜利。

真正的领袖为自己的信仰而奋斗，哪怕最终付出生命的代价也在所不惜。马丁·路德·金（Martin Luther King）领导反种族主义运动，为非洲裔美国人争取权利，最终改变了美国乃至全世界被压迫人民的艰苦命运。

战略型领袖有能力团结各种利益攸关方并达成政治共识。阿卜杜勒·阿齐兹国王（King Abdul Aziz）就是这样的领袖，他创立了现今的沙特阿拉伯；费萨尔国王（King Faisal）亦是如此，他后来推行了重大的改革措施，促进了国家的教育事业。

1978年，邓小平开始推行改革开放政策，改变了计划经济政策。1978年12月十一届三中全会上，他推动了全方位的经济体制改革措施。当月晚些时候，中国向美国订购了三架波音747飞机，可口可乐公司宣布在上海建立分公司。中国的改革开放标志着一个现代化、富强的中国的出现。邓小平卓有胆识，深谋远虑，带领自己的国家按照自己的改革思路不断前行。

真正的领导必须具有远见卓识，要放眼全球。美国历史上在位时间最长的总统富兰克林·德拉诺·罗斯福（Franklin D. Roosevelt），帮助自己的国家摆脱经济大萧条，并重新设定美国国内和国际政策。几十年后，在欧洲，柏林墙倒掉之后，德国面临转型和重新统一的难题，正是赫尔穆特·科尔（Helmut Kohl）带领德国顺利渡过难关。

虽然领导艺术只能出自实践，但我庆幸我一生中得以了解那些对整个世界产生影响的人并有幸认识他们。我努力向他们学习。当年一场地震摧毁了巴基斯坦北部的大多数地区，那时候我的领导艺术和个人能力受到了前所未有的考验。地震发生之时，我能否迅速反应，将是就任总理后在公共和私营领域所遇到的最为严峻的挑战。

地震当天

2005 年 10 月 8 日清晨 8 时 52 分，数百万巴基斯坦民众看着自己的国家几秒钟之内变得面目全非。一场里氏 7.6 级地震袭击了巴基斯坦北部地区，给灾区带来了巴基斯坦有史以来最为严重的损毁和人道主义灾难。

仅仅几秒钟内，地震摧毁了巴基斯坦和克什米尔的很多地区。8 万多居民在地震中遇难，1 万多人受伤，300 万居民无家可归。这场巴基斯坦历史上最为惨痛的灾难彻底改变了国家北部地区的一切。地震毁掉了家园，人们流离失所，无数儿童沦为孤儿，活着的人们也心神疲惫，毫无精神。

伊斯兰堡虽远离震中，但我们依然感受到了大地的晃动。我正坐在家中翻阅报纸，突然大地开始震动。地震造成了通信中断，所以一开始弄不清到底发生了什么事情，也不知道形势有多严重。穆沙拉夫总统来到我的办公室，我们商讨了应急方案。首先我们视察了伊斯兰堡一栋倒塌的公寓楼，那里住着很多当地居民和外国游客。走在废墟之中，我感觉到强烈的余震和脚底下咔咔的声响。就在我们察看灾情时，收到了有关巴基斯坦北部地区受灾情况的最新报告。

由于地震波及巴基斯坦偏远山区，救援行动面临严重的交通运输问题。各种通信一度中断，供给线路也被切断。人们想要把救援物资运往灾区，但道路堵塞延绵数英里。在自由克什米尔（Azad

Kashmir）地区，地壳发生移位，形成了一个堤坝，阻塞了一条河流。

我亲身经历了一个个后勤保障的难题。我记得曾乘坐直升机通过深深的峡谷，以到达灾区。就在我们准备在指定地域降落时，眼前的道路就像刀劈斧砍般一分为二。我转身问机长："你觉得我们可以安全降落吗？"

他看着我说："听天由命吧！"

当飞机冒险降落时，我的背部感到一阵阵刺痛。

没有专门机构来处理和应对此次人间灾难。现有的灾难管理核心小组只有几位职员，他们主要负责管理存放救灾物资的一个仓库，其他事情也力所不及。灾害管理的关键是协调统筹，要清楚从何处可以获取信息和运输援助。医生和志愿者们虽然积极提供服务，但不清楚应该去哪里救灾，也不知道如何能够抵达灾区，帮助微乎其微。灾情相当严峻，我们亟须动员全国乃至全世界一切可动员的力量。

地震之后的前两天，军队是地震灾区的唯一生命线。在整个救援过程和后期的重建工作中，军队一直都是极度艰苦条件下不可或缺的救援力量，他们行动专业、办事高效。

一夜之间，我们组建了震后救灾委员会（Earthquake Relief Commission），以统筹规划救援行动。我们还抽调身边最优秀的人才加入委员会。我记得，当时我们正在考虑委员会负责人人选问题，恰好，我手下一位得力干将法鲁克中将（Lieutenant General Faroop）走进我的办公室，向我汇报一个与救灾毫不相干的事情。

看到他，我简直如获至宝——我知道他正是我需要的最佳人选啊。随后，在他的组织下，我们成功协调了所有救援力量，包括食品、衣物、医疗物资和临时居住的帐篷，而且还保证了每天的新闻报道，让全国人民实时跟踪救援情况。

我们通过媒体和外交事务办公室发布消息，以寻求帮助。我们的救援努力也鼓舞了整个国家的民众和部门。我目睹了巴基斯坦民众万众一心、众志成城共抗灾难的感人场面。来自巴基斯坦四面八方的志愿者伸出了援助之手。从卡拉奇到开伯尔山口（Khyber Pass）的道路被巨大的堰塞堵得水泄不通，人们无法开车前往灾区，很多救援物资只能临时囤积于此。军队、政府、慈善组织和社会团体齐心协力，积极行动起来投身到救灾活动中。

我记得曾走访过自由克什米尔（Azad Kashmir）地区位于巴赫（Bagh）的一家在地震中损毁的医院。来自比利时（Belgians）的救援队已经以最快的速度在附近建好了一家临时医院。医院里，无国界医生组织（Doctors Without Borders）和慈善组织为受伤的民众处理伤口。走在医院里，我遇到两位女医生，随口问道："你们从哪儿来？"

"信德省斯希卡尔普尔（Shikarpur，Sindh Province）。"她们答道。

斯希卡尔普尔是卡拉奇北部的一个中型城市。我们驻足攀谈时，这两位年轻的"弗罗伦斯·南丁格尔"（Florence Nightingale）使我感到身为一名巴基斯坦国民的骄傲和自豪。

世界各地的反应也令人为之振奋。志愿者和医疗队陆续从世界各地飞往巴基斯坦，包括美国、英国、沙特阿拉伯、约旦、土耳其、中国、伊朗、阿拉伯联合酋长国（UAE）、日本、德国，还有其他一些欧洲国家。身着统一制服，训练有素的马来西亚义工也来到了巴基斯坦。仅古巴一个国家就派来了2000多名专业医务人员——其中有一支医疗团队是菲德尔·卡斯特罗（Fidel Castro）总统亲自派出的。当时古巴还没有在巴基斯坦设立使馆，于是他们在伊斯兰堡一家宾馆设立了一个临时使馆。

我们利用直升机向被困民众投放食物和饮用水。有一次，飞机飞抵伽利哈比拉（Garhi Habibullah）北部时，我看到下面一些人站在那里，以为他们是等待救援的灾民，于是就降落了，结果才发现他们都是无国界医生组织的成员。得知地震发生后，他们第一时间组织了多名医生前来巴基斯坦提供救助。他们当中有一位巴西籍医护人员，两位法国医生，还有一名比利时医生。我问那位巴西医生：“您为什么选择来这里？”

他告诉我：“看到新闻，我希望能提供一些帮助！”

地震发生10天后，在另一个受到地震影响的地区，一位韩国商人自己出资设立厨房，并招来当地厨师做好咖喱、烤肉串和馕，然后送到附近的临时帐篷里。那位商人站着做薄煎饼，可是他与巴基斯坦没有任何关系，他既不会说乌尔都语，也不会讲英语——他就是来提供帮助的。诸如此类的例子可谓不胜枚举，志愿者中有巴基斯坦国民，也有很多来自世界各地的民众。

美国和英国派来救灾中极其宝贵的直升机。英国是最先派出救援队伍赶往位于伊斯兰堡我走访过的废墟的国家之一。灾难发生后不到 48 小时，一架载有专家和搜救犬的英国航空公司（BA）航班及时赶到，帮助清理废墟，搜寻坍塌建筑物下被困的幸存者。他们拥有我们缺少的技术和经验，帮助我们挽救了很多生命。世界粮食计划署（World Food Programme）在乔塞特·希兰（Josette Sheeran）领导下，也为整个救援行动提供了宝贵的援助。我持续呼吁争取各方援助，表示，“我们需要帐篷、帐篷，更多的帐篷”。联合国难民事务高级专员办事处（UNHCR）为我们提供了管理帐篷村的宝贵建议。最初前往临时帐篷村视察时，我们发现村中没有厕所，灾民们只能到附近的田地里方便。我说：“这样是不可以的”，随后当地很快建好了临时厕所。

希兰（Sherran）现任位于纽约的亚洲协会（Asia Society）会长。记得地震发生时，她正陪同美国国务卿康多莉扎·赖斯访问阿富汗：“第二天，我们要求飞机改道前往巴基斯坦，美国不遗余力，竭尽所能部署了相关救援工作。在经济和人道的最前线，外交才是推动一切事务的主要力量。”

对于前来巴基斯坦参与救援未获得签证的志愿者我们取消了签证要求。我们欢迎当地和世界媒体，正是他们的努力才使得全世界了解到巴基斯坦所遭遇的灾难，知道灾情的重大。法鲁克中将与 IBM 和敦豪快递服务公司（DHL）协商为我们提供技术援助，自动化处理大量进入巴基斯坦的物资和援助。

我们强调，所有捐助和救灾行动的相关花费必须公开透明，高效准确。我们将信息公布于互联网，安排国会相关部门和外部审计员监控整个过程。法鲁克中将管理救援行动，尽职尽责，在关键时刻头脑清晰，贡献卓著。

自由克什米尔地区的一些灾区本来是禁止外国人随意进入的。我们将所有地区向救援人员和来访人员开放。我认为这是地震所带来的最为积极的副作用。有时，根深蒂固的禁忌一夜之间被彻底粉碎。

还有一些名人也赶到巴基斯坦，包括好莱坞演员本・金斯利（Ben Kingsley）、阿尔瓦立德・本・塔拉尔・本・阿卜杜勒・阿齐兹・阿勒沙特王子（Prince Alwaleed bin Talal bin Abdul Aziz Al Saud）、老布什总统、特德・特纳（Ted Turner）。安吉丽娜・朱莉（Angelina Jolie）与她的摄影师也赶到灾区，随后将她访问难民营的照片上传至互联网，顿时引起了许多人的关注。约旦王子哈桑・本・塔拉勒（Prince Hassan bin Talal of Jordan）的儿子拉西德・本・哈桑王子（Prince Rashid bin Hassan）也来到巴基斯坦并在自由克什米尔的拉瓦拉考特（Rawalakot）暂住了一段时日。美国犹他州的摩门教教会的救灾团乘坐一架波音 747 前来慰问，飞机上装满了救灾物资。包括中国、土耳其、美国、英国和澳大利亚在内的几个国家的元首也专程走访了受灾地区。

在争取援助和组织救援的同时，政府还必须出现在最前线，要让民众看到政府在整个救灾过程中的不离不弃。几乎每一天我都要穿上防弹背心，乘直升机赶往受灾地区，走访临时避难所和医院。我最常走的路线就是通过曼塞赫拉（Mansehra）前往加甘谷（Kaghan Valley）和巴拉科特（Balakot）。这样的行程持续了几个月时间。我也去过自由克什米尔的几个小镇和村庄，走访了当地灾民。

我的妻子卢克萨娜（Rukhsana）陪我走访了很多地区，我们去过阿伯塔巴德、曼塞赫拉（Mansehra）和拉瓦拉考特，还有其他一些灾区。我们还走访了最远的几家医院。穆沙拉夫总统也公开去了地震灾区并亲自参与了救灾行动。政府必须时时走在最前线，要积极支持救灾行动，关心灾民。后续的三个月时间我每天关注的事情几乎全是救灾相关工作，地震管理、筹集及分配救灾物资。

有些地方太过危险，不便到访。我记得当时我乘坐的直升机降落在一座小山顶上一个叫作阿莱（Alai）的村庄。我刚要下飞机，就听见有人建议我不要下去，因为从安保角度而言当地还未进行全面安全检查。机长转身对我说：“我们最好从空中看看当地情况为妙。”此举仅仅是向前来此地提供救援的人员表明了政府救援的决心和努力。

穆沙拉夫总统和我意识到巴基斯坦灾情重大，急需额外资金。从残砖碎瓦中搜救幸存者，转移灾民，为灾民提供食物和住处都需要资金，可是我们起初的应急呼吁带来的援助远远不够。如果新一轮救助资金不能如期到位，我们的人道主义救助和搜救行动就很可能会被迫搁浅。

11 月，我们在伊斯兰堡组织了捐赠者会议，我恳请联合国秘书长科菲・安南在巴基斯坦举行大会，以便让与会代表有机会看到巴基斯坦受灾的状况，从而吸引更多的援助。安南出席会议，整个局势得到显著改观。他与穆沙拉夫总统和我一起担任会议主席。在世界银行、亚洲开发银行（Asian Development Bank）、伊斯兰发展银行（Islamic Development Bank）和联合国的共同帮助下，我们做出预算，巴基斯坦灾后重建工作仍然需要 52 亿美元。

我们决定将整个慈善捐赠过程公开，这样 76 个参会国将可以看到其他代表的捐赠数目，也会受到鼓舞而慷慨解囊。

然而，就在会议召开的几天前，我听说美国计划捐赠的数额相当有限。我知道，如果情况真的如此，其他国家就会立即减少捐赠。就在我们商讨具体解决方案时，穆沙拉夫总统决定直接致电当时正出访韩国的布什总统，向其阐明美国援助的重要性。

美国负责南亚和中亚事务的助理国务卿克里斯蒂娜・罗卡（Christina Rocca）在地震后来到巴基斯坦，据其回忆："我们得到最后数字时，大家异口同声，'不能再少了'。这样的事件，钱确实有点儿少。我记得在穆沙拉夫总统致电布什总统后，美国增加了捐赠数额。当时穆沙拉夫总统说，'你们得多出一些钱，因为别的国家都会看美国的样子行事！'布什总统问：'你要多少？'穆沙拉夫说：'5 亿美元。'布什总统答应说：'好的，没问题'。"

捐赠会议取得了令人瞩目的成功。最终，我们筹到 65 亿美元善款，其中 40 亿作为贷款，25 亿是无偿现金捐赠。联合国对此次筹款赞赏有加，将其视为有史以来全球善款筹集活动中最为成功的一次努力。科菲·安南亲自参会并做出承诺，对筹款的成功起到了至关重要的作用。

在提供医疗救助、食物和住所的同时，我们还需要帮助在灾难中留下心理阴影的人们。在救援区设立临时学校，是让人们有事可做的重要途径，这样，通过每天送孩子上学，营造一种正常的、有规律的生活秩序。在这方面，美国国际开发署（USAID）给予了较大的帮助。我记得曾与美国驻巴基斯坦大使雷恩·克罗克（Ryan Crocker）一起参加了地震灾区一些学校的落成典礼，美国方面在灾后重建方面的努力令我印象非常深刻。

不仅要处理好第一时间的救助工作，还需要为灾后几年时间制定明确的战略规划。我们为地震中失去亲人或家园的幸存者提供补偿。把幸存者从瓦砾中救出，转移到帐篷后，我们还制订了计划，为他们提供临时住所，随后还提供固定的家园。我们设立临时技术培训学校以培养更多灾后重建工作中所需的技术人员；我们也为他们提供将来到海外工作所需的整套技术培训。

新的经济活动必须有资金的支持，人们也需要获得谋生的能力。在地震中，成千上万的孩子成为孤儿，许多幸存者落下残疾，生活发生了改变。这些人需要长期的支持，国家必须提供足够的救济。在灾区走访期间，我也发现我们缺少帮助灾民摆脱地震所造成的心理问题和压力的心理治疗设施。我们鼓励志愿者团体和心理学专业的大学生前往灾区。

重建住房、服务设施、基础设施以及公用设施的工作也需有序开展。最初我们委托一些专家快速设计临时住所，并提供建筑材料。随后，我们制定了新建住宅质量标准，提高了易受地震影响地区住房建设质量，以便今后万一再次遇到相似的灾难时能尽量减少损失。所有这一切均需要周密的规划和雄厚的资金。我们设立了由祖拜尔中将（Lieutenant General Zubair）为负责人的地震灾后重建委员会（Earthquake Rehabilitation and Reconstruction Authority），长期负责救灾减灾事务。在地震灾区进行地震勘测方面，我们得到中国的援助，确定了今后可能的断层线，选定了灾后重建的地址。

我还觉得我们需要一个固定的机构，配备专业人员，专门从事自然灾害防控工作。我们建立了国家灾害管理局（National Disaster Management Agency），主要负责处理全国及各省的偶发危机事件；该部门也由祖拜尔中将负责。我们鼓励各个省份设立灾害管理局以应对自然灾害，积累相关技术经验。

据统计，此次地震最终共造成 8 万多人死亡，10 多万人受伤，一场人间惨剧，我们应永远铭记在心。

联合国——“我们不生产水牛”

联合国及其下属机构在震后管理和争取国际援助中起到了重要的作用。然而，先前的经验也告诉我们，在应对灾难的多边合作方式上，我们仍需进一步提升。

在地震中，时间至关重要——几分钟有时便会决定生死。不能等到灾难发生时才临时筹措资金，一定要留出一些救援资金以备不时之需。必须设立国际应急基金，供随时调用。还需要建立灾难管理基金，接受各国善款，并在世界范围提供灾难先期救援。这一工作可以由联合国出面协调。

同样，我们应鼓励各国之间进一步加强成功经验的共享。在地震领域走在前列的国家可以为其他国家提供相关培训，帮助确定可能的地震断层线。应该将技术共享机制化——我们必须建立一个在联合国领导下的组织机构，负责全球范围的相关工作。

第二次世界大战结束后，联合国成立，其宗旨是维护全球范围的和平与安全。然而，联合国已成立数十年，为了迎合不断变化的世界格局，其机构设置、官僚态度和行事拖沓的风格已经阻碍了其作用的发挥。为了解决这一问题，2006 年科菲·安南和马克·马洛克·布朗（Mark Malloch Brown）邀我一起共同主持了联合国全系统一致性问题高级别小组（High-level Panel on UN System-wide Coherence）。小组成员还包括挪威首相廷斯·斯托尔滕贝格（Prime Minister Jens Stoltenberg）和莫桑比克总理路易莎·迪奥戈（Prime Minister Luisa Diogo）。这个小组的初衷是，召集活跃的公众人物、各国前任领导人和技术专家，共同探讨如何使联合国各个机构和项目更为高效的工作方法。专门小组成员还包括智利和乌干达前任总统，英国首相戈登·布朗（Gorden Brown），还有其他一些国家和政府的首脑。

我们准备的报告列出了联合国各个机构各自为政、行事低效的原因：各成员国缺乏信息的相互支持与共享，机构、法令、办事机构激增，导致不必要的重复和难以聚焦中心工作，有些机构奄奄一息，濒临关闭，可这种现象一直没有得到遏制。[1]

联合国在国家层面的发展毫无章法，他们的援助考虑的只是自己有什么而非别人缺什么。当各个部门颁布的命令相互抵触时，便会各自为政，相互之间很少协调。报告显示，联合国系统包含 17 个专业机构和相关组织、14 个基金和项目、17 个部门和联合国秘书处下设的办公室、5 个区域委员会、5 个研究和培训机构，还有诸多区域性和国家级的机构。专门小组得出结论，机构之间缺乏衔接，致使联合国仅仅成为诸多部门的联合体而已。

报告还显示，联合国国家体系中有三分之二的国家在联合国有 10 个甚至更多的代理机构同时存在。这一情况导致项目运行无序、随意干预和高昂的行政成本。这一状况也给发展中国家增加了负担，他们不得不与诸多机构进行交流。联合国副秘书长马克·马洛克·布朗（Mark Malloch Brown）一直在积极推进“一个联合国”（One UN）计划。他告诉我：“由于每个办公室都需要办公经费，我手中根本留不下一分钱来有效推动联合国的发展。”

很有必要设立一个联合国授权的、强有力的常驻国协调者，所有的项目和部门都应在他的领导之下进行。该协调人的候选人应从联合国开发计划署（United Nations Development Programme）和联合国组织外的人员中，通过业绩展示和竞争选拔产生。

专门小组还发现，联合国没有一个中心管理机构，以保证日常规则和业务的实施。结果，不同部门追求各自的目标，缺乏一个能够协调不同部门工作以确保联合国共同利益的激励机制。我们建议，在国家层面建立“一个联合国”（ One UN ）体制，设立一位负责人，负责一个项目，采用一个预算框架，还应选择合适的地方设立一个办公室。此想法旨在鼓励每一个人服从于某个国家负责的发展规划。通过这样的规划，联合国可以提供一致、高效的支持。我们建议在五个国家根据这样的理念试行该体制。

在捐赠资金管理方式方面也需要进行巨大改革。现行的联合国资金模式毫无章法，随意性大，很多资金被划为特殊用途，无法灵活使用。这种情况导致资金使用相互重合，效率低下。

资金使用应与最终结果相关联，以提升其使用效率。项目国和捐赠者应有能力通过引入和公布管理机制和成本结算来监管和对比真实的项目执行管理和运行成本。

报告还分析了联合国如何能保证男女平等的问题。调查发现，虽然联合国在支持各个国家实现男女平等、提升女性权利等方面起着关键性作用，但联合国在该方面的努力时断时续，关注有限，缺乏统一性。为了维护人权和发展的效率，联合国应为实现该目标做更为积极的努力。

国际社会有责任确保联合国正确发挥其作用，保持活力，并不断提升能力以应对全球性挑战。联合国需要大刀阔斧的改革以提升其政令发布的有效性。

具体改革建议包括建立评价机制，以提升透明度和责任感。人力资源政策和相关做法应该与时俱进，和谐统一。管理人员应根据明确标准选聘，应限制任期，每一届四到五年，最多可连任两届。

目前，联合国工作人员个个尽心尽责，和善友好，但在人员安排方面应更为合理高效。如果情况不加改变，将来就会出现资源分配不合理，缺乏创新意识的现象。

世界粮食计划署总干事乔塞特·希兰（Josette Sheeran）也参与了专门小组的讨论。据她回忆，她视察了 2005 年巴基斯坦地震中受损的小村落 Jabori。“联合国当时设立了一个小药房，提供各种药物。我把所有的妇女召集在一起问她们，如果有一个魔杖，她们希望变出什么？”

她们回答道：“我们需要水牛，我们的水牛在地震中死掉了，可是没人给我们送水牛啊。我们不认得这些药，我们需要的是水牛。”

希兰与联合国工作人员坐在一起，告诉她们：“这个村子就是想要一头水牛。”可是联合国开发计划署（UNDP）说“可是我们不生产水牛啊”；世界粮食计划署的答案也是“我们也不生产水牛啊”；联合国粮农组织（Food and Agriculture Organization）的答案也是“我们不生产水牛啊”。希兰说，最终他们还是靠私人捐赠筹集到买水牛的资金，这一事件显示出救灾行动有失灵活。她还说：“我们有时太脱离实际，解决不了人们的实际问题。”

我们所提出的改革联合国的建议已经得到某种程度的采纳。联合国秘书长科菲·安南将报告呈交联合国大会，并声明将推行第一条建议，到2007年设立五个“一个国家计划”（One Country Programme）试点。由于安南先生的积极推进，专门小组所提的一些建议已经得到实施，如精简国家层面的组织。然而，专门小组提交讨论结果后没多久安南先生就卸任了联合国秘书长一职，而他的改革计划也随之偃旗息鼓了。如今，联合国仍需进一步改革，以提升其办事效率。

联合国安全理事会中除了中国之外没有任何一个南美、非洲或亚洲国家担任常任理事国，这也早应进行改革。2014年科菲·安南告诉我：“我再三努力，想从多个维度对联合国进行改革，不仅限于行政和管理方面，同时，我也敦促成员国积极推进安全理事会的改革，而且我已经拿出了可行的方案。然而，我们没有成功，因为成员国还没有做好准备。”他补充说，“问题并不总出在发达国家那里，有时候是发展中国家的问题。”倘若某些改革意味着只有某一个国家的利益得到保障，或是某国拥有更大的影响力，这种情况下，成员国之间固有的紧张关系就会使得他们在改革方面很难达成共识。

安南强调说，适应现代世界的需求比以往任何时候都要强大：“要么联合国实施改革，享有特权的国家不加干涉，严肃地讨论自己愿意做出多大让步以寻求合作，配合改革；要么他们死守自己的特权，其结果只能是局势持续紧张，而其他国家对联合国的决定也就不理不睬。”

冲突依然是人类进步的最大威胁，易受冲突影响的国家贫困率也总是居高不下。

男女不平等现象依然存在。在过去 20 年中，通过对 174 个国家中 90% 的国家进行调查发现，女性接受教育的数量有所增长；同时，女性在国会中也均已获得一定的代表席位。然而，女性在就业、经济资产、家庭和公共决策方面依然受到区别对待。

依然有 8 亿人生活极度贫穷，遭受饥饿。在遭受战乱和冲突影响的国家中，辍学儿童的比率已经从 1999 年的 30% 上升至 2012 年的 36%。仍有很多工作需要完成。联合国秘书长潘基文（Ban Ki-moon）已经制定 2015 后可持续发展规划（Post-2015 Sustainable Development Agenda）。可持续发展规划旨在继续推进消除贫穷，提升全球范围人们的生活质量。

气候变化威胁着整个地球。像美国、中国、欧洲国家和印度等主要碳排放国家必须采取联合行动以减少排放，建立基于绿色能源的世界经济体系。中国的排放量很高，需要全面性战略部署以实现可持续发展。我们的未来岌岌可危——创建可持续发展环境是一个全球性的问题。

为了应对这些全球性挑战，联合国必须进行改革以更好地处理全球性的现实问题。不进行改革就会制约其对于许多国家的支持范围和力度。正如马克·马洛克·布朗所言："在很多方面，联合国已经成为一个关系欧洲和非洲的机构。在非洲和欧洲，联合国作用很大，然而在亚洲其作用却微乎其微，在拉丁美洲联合国可谓名存实亡。"

马洛克·布朗还记得他与科菲·安南在物色联合国秘书长接班人时所遇到的重重困难：“科菲和我都认为下一任秘书长应该轮到亚洲了。然而亚洲方面对此漠不关心，缺乏兴趣，没有推荐出联合国秘书长的最佳人选。结果，联合国秘书长竞选成了外交部长们相互竞争的游戏，这不是科菲和我希望的状况。我们认为，如果能有一位曾担任某国领导的人物出任联合国秘书长可能更为理想，这样的人物能够公平处理国家发展和安全问题。我一直想方设法鼓励一些亚洲人担任这一职位。”

然而，五大常任理事国有很多利益纠葛，他们不希望一个强硬的人物领导联合国。2014 年，马洛赫·布朗告诉我：“有传言说，有鉴于先前的秘书长过于强硬，有些常任理事国想要的是一位秘书而不是秘书长。”

事实上，联合国也有更多的机会承担更为重要的角色。如今，大国之间似乎不大愿意相互合作。以我在任时与这些大国交流的亲身感受，现在这种趋势有增无减。不过，这种状况也为联合国留出了空间，使其得以承担更为重要的国际角色，并成为优化世界格局的驱动力。对联合国进行结构性改革，鼓励政策统一，鼓励成员国之间相互合作，将是我们实现预期目标的一个重要步骤。

第十七章

巴基斯坦，何去何从?

现如今，可以说巴基斯坦面临的挑战比以往任何时候都要多。恐怖主义一日不消除，社会就一日不得安宁。人口激增，现代化建设迫在眉睫，国家亟待引进高新技术，方能跟上世界其他国家的发展步伐。经济和基础建设面临极大挑战，每届政府都需要全力以赴。不过，我坚信，巴基斯坦一定会走向繁荣富强，实现真正的民主，而这些是巴基斯坦发展的必要前提。正是靠着这种追求卓越的动力，国家才能取得长足的发展。我相信巴基斯坦完全可以实现这一目标，不过，政府首先必须大幅提升其执政能力。我们需要竭尽全力，清晰展示我们可以摆脱临时抱佛脚的渐进主义方法，选择一种世界领先的管理方式。

为了预防巴基斯坦出现权力滥用，引导其走向健康、负责的管理方式，政治机构需不断提升行政能力，积极推进民主制度建设，实行三权分立制度，行政部门和司法部门应彼此独立，互不干涉。

管理不善，整个国家必然脆弱不堪。届时，其他因素必然伺机而动，夺取政权，填补空白。我们看到，“阿拉伯之春”（Arab Spring）呼吁民主自由的社会运动之后，政权虽然已经更迭，革命也进行得如火如荼，但民主却并未真正实现。民主思想要在某种文化中生根发芽，绝非一日之功。仅仅实行选举还远远不够，政治制度还必须值得信赖。作为立法机构，国会同时还担负着监督政府的职责，只有二者兼顾，民主制度才能有序运行。议会之外，还应有强有力的执法部门，制衡当权者的行为，以确保法制的实施。

1947 年取得独立后，巴基斯坦继承了威斯敏斯特模式的（Westminster-style）国会制度。虽然理论上而言，这种制度有其优势所在，但实际上巴基斯坦形势复杂，情况特殊，这种制度并不适合。印巴分治（Partition）导致长期以来政权在孱弱的联合政府和军事政变之间不断更迭，结果，没有一届民选政府能顺利完成任期，直至 2013 年普选成功，标志着这种状况的最终扭转。

政府频繁更换，民主进程屡遭破坏，加之内部权力缺乏制衡，严重损害了巴基斯坦在国内和国际上的声誉。从国内选民和国际社会的角度来看，这种状况严重影响了政府的执政能力，削弱了政府的公信力。政策朝令夕改，缺乏连续性，给巴基斯坦的经济和投资也带来了负面影响。

我仔细研究过世界各国的政府和议会制度，反复思考后认为，巴基斯坦应该转而实施总统制。这种政治制度符合巴基斯坦的实际情况，可以保证国家不断发展，取得更大的进步。

目前巴基斯坦总统权力有限，有名无实。根据宪法，总理负责国家全面事务。经过直接选举产生的总统对巴基斯坦民众负责，因而享有更高的合法性，这无疑有助于提升其行政力。世界各国，总统制成功的范例不胜枚举。譬如在土耳其，总统享有充分的权力。

通过直选产生总统可以让决策过程更为清晰，有助于保证政令的统一。一个享有充分权力的强有力的行政首脑，同时也是军队的最高指挥官，他可以为利益相关者提供空间，使他们能够施展并提升执政能力。总统可以有自己的智囊团，他们可以统筹分析，出谋划策，同时各负其责，有效监督不同部门的日常运作。这些人员可以组成“政策分析小组”，成为总统办公室的一部分。他们的职责是研判政策动态，并提出结构性改革方案。该小组没有行政责任，仅针对不同事件提供专业建议和咨询。

总理的角色稍有变化，主要负责监督立法，领导国会。总统可以将一些权力下放给总理，比如由其管理某几个主要部门。就像公司里一样，总理应该是某个国家的运营总监，而总统才是国家的董事长。

国会有责任确保行政的透明度，立法的有效性以及管理服务水平的不断提升。在总统制下，国会通过其下属各委员会实施主要监督职责，对总统、总理和内阁成员进行制约和平衡。当然，要有效履行职责，国会成员必须拥有相关专业背景，能够说服政府接受监督。国家部委在国会中也应设立各自的委员会，委员会成员必须是素质过硬、全职的专业人士，能够分析研判各种问题，对国会议员进行简单质询，并对行政长官的行为实施有效监督。

对巴基斯坦来说，已经到了尽快废弃过渡政府这种体制的时候了。现在，每次大选前都会组建临时性内阁。新政府选举产生前，由过渡期部长和总理代理相应事务以保证政府正常运转，为期三个月。过渡期代理部长和总理没有合法地位，也没有实际权力，更没有足够时间开展有意义的工作。这种体制显得混乱无序，令人费解，而且选举期间，国家政府机构几近瘫痪。近年来，我们已经通过民主选举的方式顺利完成了几次政府更迭，应该对自己的选举机制抱有信心。而这种过渡时期代理制度已经完全可以废除。实际上，我们完全可以相信，独立的选举委员会应该有能力监控整个选举过程，没有必要保留过渡政府。这是世界各国的通行法则。

巴基斯坦可以借鉴智利、印度尼西亚、韩国、墨西哥、土耳其和巴西等实行相似行政模式的国家，认真研究、仔细分析他们的政治体制。在这些国家，国会大都十分活跃，对政府实施制衡，并对重大政策进行投票表决。

释放人力资本

进行机构改革，首先要吸引社会精英参与公共事务。在巴基斯坦，提高国会议事水准，保证意见和讨论更具意义、更为专业非常重要。我们有很丰富的人才储备，但精英人才在不同部门流动，很难专业对口，人尽其才。如今，总理只能从国会议员中挑选人员组成内阁。政府一旦正式运行，再为内阁职位指定人选，很难保证部长们能在一夜之间成为新领域的专家，结果往往是个人能力和岗位需求不相匹配。巴基斯坦必然要面临无数的挑战，我们需要将那些富有行政经验，并对自己负责领域有深刻理解的人员推上领导岗位。他们必须对各自负责的事务有良好的知识储备，有能力规划并推行结构性改革。仅仅靠工作中慢慢学习是不够的，快节奏、国际化、竞争激烈的世界都要求我们要不断优化管理以适应时代的要求。

总统制最重要的改变就是要给总统提供指定内阁成员的权力，并且允许总统有更多的权力依照个人才能、经验和能力委任内阁成员。国会成员须放弃国会席位方可获得被任命为内阁成员的资格。这种做法可以给总统足够的空间挑选在某个领域具有专业才干的人。例如，卫生部部长（Health Minister）应该是卫生医疗领域的专家，而且接受任命时已经对自己的业务了如指掌。教育部部长必须是教育领域的专家，既能管理好现行制度，也可以将其提升至更高层次。此原则适用于所有部委或相关专业领域。巴基斯坦在管理体制方面需要翻天覆地的改革。

巴基斯坦有些部长的确卓有才华，但不少官员身居其职只是因为政治调和或者联盟之需。虽然巴基斯坦政府也尝试对国会议员的教育标准做出规定，但实际上并没有太大改观。急需更为广泛的结构性改革以提升政府内部的议事质量。

内阁必须有责任心。初任总理一职，我着手对各位部长进行季度目标和规划考核。部长和部门秘书要前来向我汇报其制定的目标以及他们为了完成该目标所开展的工作。我试图营造一种氛围，让部长们清晰地看到政府对他们的期待，也让他们对自己的业绩进行自评；同时培养一种各尽其责的文化和更高层次的职责意识。此做法是首次在政府施行，结果有好有坏。我清晰地看到，这种尝试在一些部门，尤其是财政、电信、生物、卫生和石油部门卓有成效。如今，该程序应继续加强，而且要重新引入透明的业绩考核程序，要有清晰的目标、策略和时间安排。这些细节均应公之于众，以提升透明度。

至少在一些重要部门，反对党应接受影子部长的概念（Shadow Ministers），还应于在野时期建立影子内阁，这样可以持续监督政府行为，并提出批评意见。例如，这样的体制在英国就十分成功。采用该体制，可以提升巴基斯坦国内在野党的专业素养，执政党也会更加重视在野党的作用。

所有政党必须将其政党观点编撰成书，还应有印刷成册的方针政策，而不能把这些只当作竞选时期或是调研时期的宣传材料。各政党必须培养全职的针对特定领域的智囊团，其成员需对各自领域进行长期调研，而非仅限于外交政策和国家安全方面。随着管理日益复杂，各政党须随时有专家能够提供相关知识，帮助其制定政策。各个政党应公布其在一些专业领域所持立场，包括外交政策、经济政策以及教育、农业、国内安全、防御和卫生等方面。

政党结构也有待改革。某个政党领导层候选人确定之后，应着重考虑各个人选的优点和能力。各政党内部必须有可信的领导选举程序，选举必须在选举委员会的监督下进行。如今，成功当选往往依赖一定的社会关系，因此，提名程序必须公开透明，政治环境不应总被几个同样的名字所把控。这样，巴基斯坦才能有更为开放的民主，也才能不断推进其民主的进程。

文化的转变绝非一日之功。然而，从改革政党选举和工作方式入手，无疑是一个良好的开端。

当务之急，要提高全国范围的教育质量和国民受教育水平。现有的学校容量有限，新建学校数量不足，无法满足人口不断增长的需求。提高教育水平不仅可以加强政府的智力水平，还可以提高参选人员的整体素质。应鼓励国有和私立机构创办高水平中小学校和大学，提供国际水准的教育，像阿迦汗大学（Aga Khan University）、拉合尔管理科学大学（LUMS）、卡拉奇工商管理学院（IBA）、巴基斯坦国家科技大学（NUST）、Beacon House、佐勒菲卡尔·阿里·布托科技学院（SZABIST），传教士创建的学校，如拉合尔的福尔曼基督教学院（Forman Christian College），我的母校——位于卡拉奇的圣帕特里克学院（St. Patrick's School），还有其他类似的学校的办学经验都需要在全国推广。

巴基斯坦还需要为女性创造更多的机会，并保证女性享有均等的获得这些机会的权利。还要给予女性应有的人权，这样可以为国家开发潜在的资源，进而促进国家的发展。正如1940年穆罕默德·阿里·真纳（Mohammad Ali Jannah）所言："我一直认为，一个国家中，若男女没有平等地位，那这个国家就没有存在的价值。只有女性拥有与男性并肩参与的机会，奋斗和努力才能最终成功。"[1]

必须努力重塑巴基斯坦的形象，诗人们充分认识巴基斯坦之美。巴基斯坦独特的美景曾吸引了世界各地的游客，罗伯特·德尼罗（Robert De Niro）就是其中之一。这位传奇演员最喜欢在巴基斯坦最北端与阿富汗接壤的奇特拉尔（Chitral）度假。小镇景色优美，各种色彩相互交融，周围雪山环绕，景色宜人。

担任总理期间，我在出访纽约时有机会把这个地方介绍给德尼罗（De Niro）。当时我在诺布餐厅（Nobu）跟几位朋友共进晚餐，安保团的负责人走近跟我说："先生，罗伯特·德尼罗先生想进来向您问好！"

我大吃一惊，对他说："总理们经常在这家餐厅进进出出，但只有一位罗伯特·德尼罗。我去见见他！"说着我走了过去。餐馆里宾朋满座。这家饭店名声在外，纽约当地的社会名流经常出入。我走过一张饭桌时，美国有线电视新闻网（CNN）主持人沃尔夫·布里泽（Wolf Blitzer）跟我打招呼，并提醒我第二天我们还约好要做个访谈。

德尼罗当时正在跟好友——《穷街陋巷》（Mean Streets）剧组的明星哈维·凯特尔（Harvey Keitel）共进晚餐。我提起奇特拉尔，德尼罗想起当初在巴基斯坦北部草原的假日之旅显得很是高兴。他补充说，后来那里的安全局势不如从前了，他也没有再去过。

人口海啸

本世纪巴基斯坦需要面对的最大挑战就是人口的迅速增长。人口海啸即将到来。我离任之后，巴基斯坦的人口已经由1.6亿增长至1.9亿，按此速度，到2020年，全国人口将达到2.1亿。必须适时调整经济政策以容纳这些新增人口：创造新的就业机会，加快基础设施建设，改善社会服务以适应新增人口的需求。虽然我们也在努力加快基础设施建设，以满足不断增长的人口的需求，然而，增长速度并不能完全满足这些需求，尤其是在电力供应方面。正因如此，有些项目，特别是瓜达尔港（Gwadar Port）的建设项目注定将在国家发展和打通新兴贸易通道方面起到关键作用。中国政府正在推行的“一带一路”倡议对于瓜达尔港的建设至关重要。

人口不断增长，大规模的教育改革势在必行。如今，年轻人加入劳动力大军，却常常缺乏一技之长，痛失一些就业机会。如此一来，在这代人身上缺乏主人翁精神，对社会充满敌意的风险就会大大增加。如果对此视而不见，坐视不理，青年失业现象就有增长的趋势，就会成为危害巴基斯坦的一个严重问题。他们会对社会心怀不满，进而脱离社会，最终会被极端分子所利用。相反，如果我们能发掘他们的潜力，为其提供服务社会的机会，他们将会成为促进巴基斯坦发展的强大力量。

经济发展了，随之而来的便是不平等问题。经济学家托马斯·皮凯提（Thomas Picketty）认为，不平等是资本主义体制的一个固有特征，因为资本积累财富的速度高于劳动力和经济增长的产出速度。资本回报率要比人力和经济增长回报率高，二者的比率高达五比一。这就意味着，必须专门留出专门的资金，推行大规模的社会机构改革，以解决不平等带来的问题。

巴基斯坦快速增长的人口给地方政府的工作带来了很大的压力。巴基斯坦各省之间的边界是在当时全国人口只有大约 3000 万时所划定的。然而，现在仅旁遮普（Punjab）省就有 1 亿居民，这个数字比德国全国人口还要多。巴基斯坦一直维持着其独立之时所划定的四个省份的建制。这些省份地域辽阔，各个省份的代表远离基层大多数群众，因此，真正意义上的统一管理很难实现。快速增长的人口也使政策的有效实施变得困难重重。

自从 1947 年旁遮普由巴基斯坦和印度分成两部分后，印度部分已经分为三个省份。而在巴基斯坦，旁遮普一直是一个独立的省份，管理这样一个庞大的省份任务艰巨。其实，现存的“地区”应该改为相应的省。这样可以使省级管理更为便利，而且也有助于提升各个地区的配套设施，以满足民众的需求。部落区和俾路支省（Balochistan）也应完全纳入国家管理。

我们必须简政放权，让各省的省长能更容易接近其辖区的民众。民众也应该能便捷地出入省会城市，有不满和冤屈可以随时申诉。巴基斯坦现有的四个省份规模及面积都很大，这样数百万民众实际上无法享受上访申诉的权利。每个省份均应有合理的管辖范围，因为省内事务关乎民众的日常起居。

有些不动产权属不明，在人们想要卖出房产或者按揭购房时，这个问题会变得异常棘手。这种状况也会造成对土地的公开抢占。应该优先考虑解决这些问题，必须推行自动化系统建设以应对这些挑战。在国民重建局（National Reconstruction Bureau）任职期间，达尼亚尔·阿齐兹（Daniyal Aziz）曾提出几项简化土地确权程序的方法，这些措施值得进一步优化并付诸实施。

政府机构

在政府任职后，我得知，巴基斯坦有多个权力中心，各自有其不同的方向，而这种情况可能导致政治瘫痪，因为行政、司法和军队若不能通力合作，必然导致政策执行困难重重。

独立之初，巴基斯坦继承了英国政府强大而高效的军队，很多军队官员在国外接受过高质量的培训。军队纪律严明，办事高效，机构简洁，早已名声在外；在公众眼中，士兵退役之后依然备受关怀，令人羡慕。

军队，包括陆军、空军、海军和军事情报机构，自巴基斯坦独立时起，业已发展成为巴基斯坦强大而高效的机构之一。巴基斯坦的地缘政治地位也意味着军队一直都扮演着重要的角色。由于印巴分治几十年来，印度一直对巴基斯坦虎视眈眈，充满敌意，巴基斯坦的军事战略要求日益提升，一直以来，巴基斯坦国家资源大部分用于国防安全。印度频频骚扰，争执无法有效解决，这些都左右着巴基斯坦的国家政策。

巴基斯坦军队把自己看作是国家主权和领土完整的捍卫者。政治动荡，政府软弱无能，不断更迭，易于导致权力真空。在过去，一旦政治陷入瘫痪，政府无力维持政局，军方便趁机横加干涉。

可以理解，在制定国家安全政策过程中，军队必然会参与其中。然而，这种情况也让军方参与到非军事事务之中，包括外交政策，尤其是涉及巴基斯坦与中国、美国、印度和阿富汗等国家的战略关系时。

军方在选聘和晋升军官方面有专业的考核评价机制。担任总理期间，穆沙拉夫总统曾邀我参加了陆军晋职会议，我目睹了军队晋职的全过程。虽然我曾供职企业，经历过许多顶级私营企业内部员工晋升的程序，但当时的情形还是让我印象深刻。陆军晋升体制专业透明，量才录用。每个提名均提交不同的委员会进行商议，大家对候选人员发表看法，直言不讳。军队还有严格的人员限制机制，呈金字塔结构，每一层官员可以随时淘汰，但并不能自动晋升。军队的这种人才选拔录取制度或许对私营机构的人力资源部门和人员录用程序有借鉴价值。

我也曾积极为军方筹集资金和提供支持。在担任财政部长的那些年里，陆军司令（Joint Chief of Staff）提出了一个 5—10 年的战略规划。随着新科技的出现，各种新型武器不断进入国内，巴基斯坦急需提升其防御能力，以抵御任何侵犯其主权的阴谋和企图。

还需要继续加大军事投资，对这些武器设备进行更新换代。空军需要隐形技术和现代化武器装备。要逐步降低军队的“齿尾比”（Teeth to Tail Ratio），亦即执行军事行动的人员和行政后勤人员的比率。现有行政机构的效率可以通过自动化管理、外包和现代管理技术的引进加以提升。

由于财政预算紧张，加之巴基斯坦不时遭受制裁，一旦有友好国家愿意开放市场，我们应果断出资。巴基斯坦军队硬件提升可以通过与美国、欧洲、中国和俄罗斯的军事贸易来实现。有时我们也可以购买二手装备，海、陆、空三军（All Services）均具有重新设计、改造和大规模修缮的能力，可以借此延长装备使用年限，这样比购买新产品成本更低。我们要求海、陆、空三军具备各项所需能力，对其发展我全力支持。海军水面舰船消耗迅速，我们就为其增购新型快速军舰并进一步提升我们的水下作战能力。我们也提升了空中和海上侦察能力。针对向巴基斯坦出售武器的限制层出不穷，因此一旦遇到卖家我们必须果断快速，以防有新的限制措施出台。机会一旦出现，我们必须灵活机动，随时腾出资金。不断加强外交努力解决争端固然重要，但同时巴基斯坦仍需继续提供预算支持。

长远来看，一个经选举产生的、强有力的领导人对提升巴基斯坦的治理效率至关重要。虽然巴基斯坦遇到了诸多挑战，但仍需给民主进程提供更多运作空间，政府各个核心部门也应享有充分的自主权。

巴基斯坦急需找到向成熟民主阶段过渡的方式，不仅需要一个民主选举产生的政府，还需有更加高效的管理制度。亚洲、拉丁美洲和中东地区的其他国家已经实现了这一目标，巴基斯坦也同样能够实现。

在我们这个时代，媒体拥有越来越多的自由，他们可以曝光某个地区制度缺乏透明或者缺乏公信力。媒体需要得到更大的自由，但同时也应有更为严格的法律，限制非法言论。新闻界应严格自律，关注报道关乎民生的话题，这样便可对政府产生有力的制衡作用。

行政机构

入职巴基斯坦政府之时，我发现政府中有不少出色的人才，但由于欠缺相关培训，他们对外界所知有限。于是，我提出倡议，让中层公务员前往哈佛大学约翰·F. 肯尼迪政府学院（John F.Kennedy School）进修学习。培训课程为期两个月，均为量身定做，旨在通过学习开拓官员们的思路，帮助其了解外面的世界。为了鼓舞士气，在每一批学员启程前往哈佛大学所在地马萨诸塞州的剑桥市之前，我都会为他们饯行，等他们回国之时，我会再次会见他们，为他们接风。之前，很多官员从未去过大西洋的彼岸。出访之前，有三分之二的学员对进修学习十分期待，剩余的人员则持消极或怀疑态度。培训结束后，一部分持怀疑态度的官员改变了思想。听到大多数参训人员认为培训很有价值时，我非常高兴。

之所以提出官员培训计划是想借此提升改革动力，提高政府服务效率和服务态度。该项目让官员们对新型规划、行政技术，还有世界各地的发展状况有了比较全面的认识。巴基斯坦的行政官员富有才华，勤勉努力，但我们依然需要为其提供更大的投入。很多国家，包括中国，已经实施了相似的项目以提升其政府管理水平。

结构性改革纵然意义深远，但如果政府官员没有参与其中，所有计划都只会无疾而终。必须采取有效措施，推进改革向下一阶段迈进，要涵盖所有政府部门，包括政府管理、司法机构、警察、教育、经济等多个部门。国民重建局（National Reconstruction Bureau）提出多项积极措施，但由于现有的利益关系，或权属关系模糊等因素，并非所有措施都能一并推行。只有社会愿意接受，而且大多数利益攸关方能够接受时，结构性改革才能取得成功。

为了提升行政服务效率，我们启动了一个个人晋升计划，开设了一系列涉及外交、金融、医疗卫生、教育以及女性问题等方面的专业课程和学术专题。只有个人修完所要求的全部课程，才能获得进一步晋升。

如今，只有增加专家的数量，减少通才的数量，政府的管理才有望得到改善。人力资源规划和能力发展方面也有待发展。我们必须派送政府行政人员去全球最优秀的学校进修学习。巴基斯坦需认真分析在某个领域领先的国家的成功经验：比如，马来西亚和阿根廷擅长农业；沙特阿拉伯精于城市规划、物流和自动化；香港电信业发达；新加坡基础设施完善，有世界一流的机场和海港。

还有一项必须实施的改革，那便是政府应考虑将行政人员的法定退休年龄从现行的 60 岁提升至 65 岁。按照政府晋升程序，某个官员刚刚晋升为一把手就面临退休，这意味着现行体制未能人尽其才，不能充分发挥官员的潜力。另外，应该建立快速晋升机制，努力发现最为优秀的政府公务人员，依才聘用，而绝不能一切都论资排辈。快速晋升机制可以让高级官员在退休前获得更长工作年限，从而弥补业务人员短缺的问题。

巴基斯坦权力结构

像所有国家一样，在巴基斯坦也有诸多权力中心，这些权力中心需要有效协调，方能保证良好的管理和国家安全。

巴基斯坦军队向来在保障巴基斯坦内部和外部安全，维护国家主权方面起着重要作用。情报机构发挥了重要作用，尤其考虑到巴基斯坦所处的地域，她的邻国以及巴基斯坦所面临的安全威胁。另外，自从巴基斯坦国内恐怖威胁不断升级以来，情报部门更是不可或缺。

在总统制下，直选产生的总统享有决定权，是国家的最高首脑，巴基斯坦所有权力部门均应向总统负责。国家的政府官员、军队和安全部门必须协同合作，确保有效管理。为了该目的，我们需要建立更为正规严格的管理链条，总统位于链条的顶端，但各个利益部门的重要性并不因此而削弱。这种体制可以为更为快速的改革、更为高效的行政和更为有效的执行力铺平道路。在总统制下，安全部门、政府部门和军方机构最终要向总统负责。应该摈弃相互独立的决策者、多个权力链条这种现象的存在，避免部门之间缺乏沟通现象的发生，否则，在一些问题上部门之间必然会擅权越权、各行其是。

需要设立拥有实权的全职国家安全委员会，该委员会应囊括所有主要利益集团，国家最高首脑是最终的决策人。国家安全委员会隶属总统办公室，其成员应该是分析家，有能力对政府各个部门汇总的信息进行筛选过滤。该委员会主要负责国家防御、外交事务、内部事务、安全事务和经济政策的制定和执行。要提升巴基斯坦政府的决策水平，国家安全委员会至关重要。巴基斯坦现行政治体制以个人导向为主，机构性相对较弱。现如今，需要更为有力的举措，改善国家规划和政策制定。计划委员会（Planning Commission）不应仅仅负责项目的审批，也应负责研究国家政策，培养战略性视野，在确定改革优先步骤和提升政府效能方面提出有价值的建议。计划委员会在关键问题上应具有全局视野，其成员应根据其能力量才选用。

除了国家部委和政府，总统办公室也应由专家组成，这些专家没有行政头衔，主要担任资深顾问。理想的人员应是各专业领域的专家，有能力建言献策，提出诸如结构性改革方面的创新性意见和建议。部长主要负责完善和分析现有的政策。

政治体制的任何变动均需对宪法进行修订，还需获取公众和主要利益集团的认可。广泛的支持可以赋予改革必要的合法性，进而提升其有效性。国家应运筹帷幄，果断决策，提升行政质量和水准，向卓越迈进。

安全挑战

自“9·11”以来，巴基斯坦以及全球的情报部门的作用发生了巨大的变化。在巴基斯坦，情报部门由三军情报局（Inter-service Intelligence，ISI）、巴基斯坦情报局（The Intelligence Bureau，IB）、军事情报局（the Military Intelligence，MI），以及海军和空军的情报机构及其在各省设立的特别办事处组成。

三军情报局本质上是军队机构，向总理汇报但却与陆军保持着紧密联系。它单独预算，一直享受较多的经费和配备。巴基斯坦情报局负责民间情报，向总理汇报有关国家内部安全的情报。虽然，与三军情报局相比，巴基斯坦情报局资金和配备均明显不足，但其在情报搜集方面也起着重要作用，其关注重点偏重于国内安全。由于情报机构在巴基斯坦国内有广泛的网络，他们也会搜集其他领域的情报，如政治、经济和社会部门。因此，国家安全部门管辖范围已经扩展至国家各项事务。由于巴基斯坦目前面临国内和国外各种威胁，国家安全与国家安全基础设施有着紧密的联系。巴基斯坦安全机构必须通力合作，以有效应对国家面临的挑战。

传统而言，巴基斯坦情报机构必须面对的威胁仅限于国外。如今，非国家恐怖势力已经遍布全国，他们袭击政府大楼和海、陆、空三军基地。由于这些对巴基斯坦的威胁日益泛滥，国家安全部门的作用显得愈加重要。巴基斯坦政府必须确保自己掌握最新的情报搜集技术和必要的资金投入才能有效应对这些挑战。

改革经济

要推进巴基斯坦机构改革，首先就要取消国家对经济的干预。政府干预为腐败的滋生提供了机会。如果实施合理，经济自由化、私有化和取消国家干预可以帮助最大程度减少腐败。这并非意味着国家放任不管，要取消国家干预必须同时制定强有力的监管制度。各级管理者对相关产业的掌握必须具有前瞻性。在许多其他国家，情况并非如此，被管理的公司往往比管理者更了解业务。

当人们将具体问题上报政府，往往会有拖延、腐败和歪曲规则的做法，这种情况具有地域性特点，出现在不同级别的政府之中。我们提出的方案就是要建立公共采购监管局（Public Procurement Regulatory Authority）。巴基斯坦政府与世界银行合作，共同制定规则以尽量遏制腐败并提高招标程序的透明度。这要求招标过程中，从招标和竞标过程到审核均需要改革。改革可以约束那些可能影响招标程序的个人，避免其从中获取非法利益。新规则有助于减少腐败，但并不能根除腐败。我们需要的是一种文化，这种文化自上而下，让所有人清楚我们的制度是经营管理模式，任何人不得从中谋取私利。巴基斯坦需要更为健全的制约与平衡机制，政府行政程序应公开透明，受国会监管。各级负责人在任期间有责任制约腐败，并以身作则。政府公务人员应享有更高的薪资，以杜绝其借助其他手段获取钱财的需求。

关于公开透明，我们的体制虽然已取得了进步，但还远远不够。项目招标程序必须完全透明。本土和国外供应商必须公开其是否在巴基斯坦或在国外缴纳咨询费用、委托费用或者其他相关费用的情况。如有瞒报，一经发现，将追究其刑事责任，这一原则适用于政府各个部门的采购。虽然国外公司常常会委托代理机构或咨询机构获取招标项目，而且已成惯例，但具体代理及相关细节必须公开，上报主管机构以最大程度减少暗箱操作的可能。国家问责局（National Accountability Bureau）在治理腐败方面起着重要作用，同时还负责其他事务。其主要关注点应该在预防方面，这样滥用职权的可能性就可以降至最低。

在曝光腐败方面，媒体起着关键作用，应鼓励新闻舆论自由。我任职期间，曾邀请透明国际（Transparency International）前往巴基斯坦评估我们的具体程序，以确定如何可以防止腐败。我与透明国际的主席彼得·艾根（Peter Eigen）共商对策，并在巴基斯坦设立了透明国际分会。他们确实起到一定的作用，但还应加强监督，更加关注系统腐败案件，提升协议签署透明度，并从法律上限制收受非法资金。目前，需要不断改善监管过程和程序，使协议签署的状况更为透明，如有现金或其他形式的非法交易应严厉惩处。巴基斯坦相关法规应及时修订，明文规定任何涉及或为获取投资合同而进行的金钱交易均为违法行为。法律应规定，所有本土和国外供应商必须提交免责书，声明没有任何相关交易。另外，参考其他国家的先例，在任何情况下，国家绝不允许对这些费用减免税收。审计部门应严格审计，不放过任何涉及相关资金的来往账目。提升管理自动化水平并持续增加在计量生物技术方面的投资也有助于抵制整个系统的腐败。

巴基斯坦最大的经济部门是农业部门，负责数百万国民的生计。在该方面，政府需要加大投资和改革力度，以帮助其提高生产效率和产能，顺利进入21世纪。农业技术需要现代化，要更新作物品种，引进新型农药和化肥，改善灌溉设施。商业银行和专业机构应提供农业贷款，并简化相关流程。

巴基斯坦司法

巴基斯坦的司法机构，尤其是高等法院有着较为悠久的历史，而且作用日益重要。然而，国家人口已增至将近两亿，司法机构却并未进行重大改革以适应新的形势。案件数量增多，复杂程度增加，法院处理能力有待提高。目前，案件堆积，不能及时移交司法部门，很多案件耗时过长，有些案件在法院积压长达数年之久。众多在押人员在狱中苦苦等待审判，有些嫌犯羁押时间过长，老死狱中。这种情况必须解决——司法延误就等于司法的失败。

对于主要案件，最高法院和高等法院通常能做到及时处理，地方各级法院却常常案件堆积，因为能力有限，想要高效办案着实不易。有些地方政府也曾努力解决案件积压的问题，但我认为司法领域确实有待进一步改革。政府决定涉恐案件交由军事法庭处理，这进一步反映出处理重大案件的司法效率亟待提升，毕竟恐怖犯罪需要公开审判并得到公正的判决。

有些案件虽然已经进入司法程序，但常常在举证阶段停滞不前，因为证据搜集和案件处理方面人员薄弱。最终，罪犯只能无罪释放，致使本来愿意出面的证人也退避三舍，更不会有人愿意主动指证。犯罪现场管理技术，包括司法鉴定手段，并未达到国际标准。爆炸或恐怖袭击后，办案人员依然需要徒手捡取证物。DNA 和其他证据的搜集程序、分析和调查过程均不完善。

巴基斯坦司法部门以及相应的分析和技术支持均有待进一步提升。像所有政府公职人员一样，巴基斯坦司法和调查机构公务人员待遇偏低，很难吸引人才入职相关部门。政府需要增加相关投资，以帮助此类部门与现代世界接轨，并引入世界级司法程序和手段。我们不应满足于过时的司法技术，需要更多的培训和现代技术及技术支持。我们也可以向其他发展中国家取经学法，借鉴不同的司法经验。

在亚洲开发银行（Asian Development Bank）的帮助下，我们启动了“司法救助”改革项目（Access to Justice），以改善巴基斯坦司法系统。然而，该领域需要更多的投资和改革。地方和省级政府应提供更多支持：提升司法效率，改进证据搜集、诉讼技术并提供相关高强度专业培训。如今，巴基斯坦国内恐怖袭击日益频繁，需要密切关注。我们必须突破发展瓶颈，推行司法改革，向在该领域走在前列的国家寻求帮助和支持。

总体来说，如今对巴基斯坦领导人而言，重中之重就是要遏制恐怖主义，确保政治稳定，提升国家安全防御能力并促进经济发展。巴基斯坦必须找到一种管理方式，以实现其快速增长的人口对未来的期待。时刻考虑这些挑战，国家必须做出抉择：是满足于平稳过渡（Mediocre），还是想要追求卓越？经济主权，政府各项事务的平稳运行，高效的管理，国家的安全，社会各个部门的发展，可靠的防御能力以及成功的外交是治理国家的七大要素，处理得当，像巴基斯坦这样的国家便可以改头换面，脱胎换骨。

此时此刻，巴基斯坦应尽快步入正轨，向发达、进步、宽容、文明的伊斯兰国家迈进：人民安居乐业，国家繁荣富强，社会长治久安；孩子能够享受高质量的教育；社会公正，法制健全，公民机会均等，可以充分施展自己的才华。

巴基斯坦的掌舵人需要对国家的前途充满信心，在推进国家进步的进程中需要有舍弃政治私利的胸襟。

当初，巴基斯坦国父穆罕默德·阿里·真纳（Mohammad Ali Jannah）独具慧眼，为穆斯林建国。也许当时人们还觉得他有点过于理想化，但数百万人的命运得以改变，他们向我父亲一样，从此心怀希望，憧憬未来。1947 年，在制宪会议（Constituent Assembly）组建之时，阿里·真纳在致辞中说：“我相信，巴基斯坦有朝一日会屹立于世界强国之林。”第二年，在民族独立一周年纪念典礼上，他又说：“我们自己的国家已打下坚实的基础，如今是我们发愤图强的时候了。”今天，巴基斯坦需要的正是他这样一种对国家未来的坚定信念和勇于打破现状的坚强决心。

各章注释

引子　越洋来电

[1] 人口普查组织与计划委员会，1999 年人口普查。

第一章　两场政变

[1] 里亚斯·穆罕默德·汗，《阿富汗和巴基斯坦：冲突、极端主义与抵制现代化运动》，约翰斯·霍普金斯大学出版社，2011：305-6。

[2] Ibid. 317.

[3] 贝娜齐尔·布托，《命运的女儿》，哈珀集团，2008：122-3。

[4]《南亚政治手册》，劳特利奇出版社，2010。

[5] 里亚斯·穆罕默德·汗，《阿富汗和巴基斯坦》，304。

[6] Ibid.，312.

[7] Ibid.，309.

第二章　死里逃生

[1] 人口普查组织与计划委员会。

[2] 里亚斯·穆罕默德·汗，《阿富汗和巴基斯坦》，210。

[3] 马克·里奥·格兰特，《伦敦访谈录》，2013。

[4] 里亚斯·穆罕默德·汗，《阿富汗和巴基斯坦》，310。

[5] Ibid，236.

[6] 对巴基斯坦前情报官员的非正式访谈，2015。

[7] 彼得雷乌斯将军纽约访谈录，2014。

[8] 巴基斯坦人口状况，国家档案数据门户，2015 年 6 月。

[9] 联合国教科文组织全球教育监测报告，2012。

[10] 乌马伊尔·哈利勒，《玛德拉萨难题——巴基斯坦宗教教育状况》，HIVE 统计数据，2015。

第三章 本·拉登：谁知道什么？

[1] 琼斯将军华盛顿访谈录，2013 年 12 月。先前报道称是 2010 年 8 月份美国为洪灾提供救助时发现的。

[2] 琼斯将军华盛顿访谈录，2013 年 12 月。

[3] 彼得雷乌斯将军纽约访谈录，2014。

[4]《暂留巴基斯坦的美国人与中情局合作》，《纽约时报》，2011 年 2 月 21 日。

[5]《巴基斯坦总统阿西夫·阿里·扎尔达里与阿富汗总统哈米德·卡尔扎伊到访华盛顿》，《纽约时报》，2009 年 5 月 5 日。

[6]《直线距离仅“一公里”》，阿伯塔巴德委员会报告，2013。

[7] 阿伯塔巴德委员会报告。

[8] 霍顿·米夫林，《对卡洛塔·加尔来说孩子很重要》，《错误的敌人》，2014。

[9] 阿伯塔巴德委员会报告。

[10] Ibid.

[11] Ibid.

[12] 彼得雷乌斯将军纽约访谈录，2014。

[13] 阿伯塔巴德委员会报告。

[14] 据阿伯塔巴德委员会报告称，印度“实际上被视为巴基斯坦安全唯一的巨大威胁”。

[15] 对巴基斯坦前情报官员的非正式访谈，2015。

[16] 尼古拉斯·施米德尔，《抓捕本·拉登》，《纽约客》，2011 年 8 月 8 日。

[17] 阿伯塔巴德委员会报告。

[18] Ibid.

[19] 尼古拉斯·施米德尔，《抓捕本·拉登》，《纽约客》，2011 年 8 月 8 日。

[20] 阿伯塔巴德委员会报告。

[21] 克里斯蒂娜·罗卡华盛顿访谈录，2014。

[22] 布伦特·斯考克罗夫特华盛顿访谈录，2014。

[23]《巴军方要求美国减少中情局密探数量》，《黎明报》，2011 年 4 月 11 日。

第四章　美国的交易性外交

[1] 里亚斯·穆罕默德·汗,《阿富汗和巴基斯坦》, 82。

[2] 理查德·阿米蒂奇华盛顿访谈录，2014。

[3] Ibid.

[4] 佩尔韦兹·穆沙拉夫，《在火线上：穆沙拉夫回忆录》，自由出版集团，2006：206。

[5] 与克里斯蒂娜·罗卡的谈话，2014。

[6] 艾哈迈德·拉希德，《陷入混乱》，Non Basic Stock Line 出版集团，2009：86。

[7] 美国国家安全局文件，转引自丹尼尔·马基，《在巴基斯坦没有退路：美国与伊斯兰堡麻烦不断的关系》，剑桥大学出版社，2013：112。

[8] 联合国官方网站：www.un.org/millenniumgoals/

[9] 约翰·B. 泰勒,《全球金融斗士："9·11"后的国际金融幕后故事》, 诺顿公司，2007：17。

[10] 克里斯蒂娜·罗卡 2013 访谈录与理查德·阿米蒂奇 2014 年访谈录。

[11] 约翰·B. 泰勒,《全球金融斗士："9·11" 后的国际金融幕后故事》, 32。

[12] 美国政府问责局。

[13] 史蒂夫·哈德利 2013 年访谈录。

[14] 理查德·阿米蒂奇华盛顿访谈录，2014。

[15] 联合国难民署，2015 年巴基斯坦国家状况。

[16] 斯德哥尔摩国际和平研究所武器交易数据库。

[17] 尼古拉斯·伯恩斯波士顿访谈录，2014。

[18]《在劫难逃？美国无人机私闯巴基斯坦》，大赦国际公开文件，2013。

[19] 里亚斯·穆罕默德·汗，《阿富汗和巴基斯坦》，159。

第五章　在阿富汗与盟友为敌

[1] 马克·马洛克·布朗（Mark Malloch Brown）伦敦访谈录，2013。

[2] Ibid.

[3] 前联合国高级官员非正式访谈，2013。

[4] 琼斯将军华盛顿访谈录，2013 年 12 月。

[5] 里亚斯·穆罕默德·汗，《阿富汗和巴基斯坦》，56。

[6] Ibid., 57.

[7] 拉赫达尔・卜拉希米巴黎访谈录，2014。

[8] 与莱恩・克罗克的谈话，2014 年 8 月。

[9] 唐纳德・拉姆斯菲尔德访谈录，2014。

[10] 克里斯蒂娜・拉姆，《别了，喀布尔》，威廉・柯林斯出版社，2015：8-9。

[11] 肖卡特·阿齐兹和平支尔格大会演讲（Speech to Peace Jirga），2007。

[12] 拉赫达尔・卜拉希米巴黎访谈录，2014。

[13] 世界银行最新数据，自 2014 年。

[14] 世界银行最新数据，自 2011 年。

[15] 与阿什拉夫・加尼的会谈，2014。

[16] 联合国难民署，2015 年巴基斯坦国家状况。

[17]《巴基斯坦塔利班二号人物在阿富汗被擒》，《黎明报》2011 年 4 月 11 日。

[18] 扎尔梅・卡里扎德华盛顿访谈录，2014。

[19] 阿娜托尔・列文，《阿富汗：战事连连》，《纽约书评》，2013 年 7 月。

[20] 联合国难民署，2015 年巴基斯坦国家状况。

[21] 与阿什拉夫・加尼的会谈，2014。

第六章　卡扎菲的见面礼

[1] 科菲・安南日内瓦访谈录，2014。

[2] 众议院选举委员会公开文件，2016 年 1 月 7 日。

[3] 多米尼克・德・维尔潘巴黎访谈录，2014。

[4] 阿兰・曼巴黎访谈录，2014。

第七章　反恐冷战

[1] 唐纳德・拉姆斯菲尔德访谈录，2014。

[2] 托尼・布莱尔伦敦访谈录，2014。

[3]www.britishpakistandfoundation.com

[4] 与英国国务院官员非正式访谈，华盛顿特区，2014。

[5] 外交关系协会背景材料备忘录，2016 年 3 月 3 日。

[6] 联合国难民署，2015 年巴基斯坦国家状况。

[7] 赫尔曼・范龙佩布鲁塞尔访谈录，2015。

[8] 国际激进主义与政治暴力研究中心，2015 年 1 月 26 日。

[9] 德国《世界报》2016 年 2 月报道。

[10] 艾文·萨尔特曼，查理·温特尔，《“伊斯兰国”：现代伊斯兰圣战变化多端》，奎利姆基金，2014 年 11 月。

[11] 马哈蒂尔博士吉隆坡访谈录，2014。

[12] 科菲·安南日内瓦访谈录，2014。

[13] Ibid.

[14] 杰克·斯特罗伦敦访谈录，2015。

[15] 萨尔特曼，温特尔，《“伊斯兰国”：现代伊斯兰圣战变化多端》。

第八章　与印度谈核安全

[1]《巴基斯坦称印总理莫迪不该在孟加拉大放厥词》，《印度时报》，2015 年 6 月 9 日。

[2] 里亚斯·穆罕默德·汗，《阿富汗和巴基斯坦》，160。

[3] 与英国资深外交官的非正式访谈，2014。

[4]《巴对印防长马诺哈尔·帕里卡尔言论表示担忧》，《印度快报》，2015 年 5 月 23 日。

[5] 沙善·乔希，《巴基斯坦战略核武噩梦是否近在咫尺？》，《华盛顿季刊》，2013 年夏季。

[6] 艾利德·艾哈迈德上校“冷启动与谢赫佳选择”，国防研究和分析所，2010 年 10 月。

[7] 维基解密。

[8] 武器交易数据，斯德哥尔摩国际和平研究所武器交易数据库。

[9] 沙善·乔希，《巴基斯坦战略核武噩梦是否近在咫尺？》，《华盛顿季刊》，2013 年夏季。

[10] 哈利德·基德瓦伊上将在卡耐基国际和平基金会上的演讲，2015。

[11] Ibid.

[12] 杰克·斯特罗，《最后一个男人》，麦克米伦，2012：354。

[13] 印度军方前官员。引自纳雅克·克雷庞，《在南亚双重危机中的美国危机管理》，史汀生研究中心，2006 年 9 月。

[14]《印巴核战一旦爆发，1200 万人命丧黄泉》，《纽约时报》，2002 年 5 月 27 日。

[15] 美国国务院官员非正式访谈，2014。

[16] 史蒂夫·哈德利华盛顿访谈录，2013 年 12 月。

[17]《美寻求途径限制巴基斯坦核武数量》，《纽约时报》，2015 年 10 月 15 日。

[18] 史蒂芬·科恩，《一个世纪的对抗》，布鲁金斯学会，2013，4。

[19] 肖卡特·阿齐兹在 AJK 理事会上的演讲，2007 年 2 月。

[20] 世界银行，南亚区域一体化，2015 年 10 月 3 日。

[21] 托尼·布莱尔伦敦访谈录，2014。

[22] 杰克·斯特罗伦敦访谈录，2014。

[23] 克莱尔·肖特伦敦访谈录，2015。

第十章 扭转经济颓势

[1] 世界银行数据库。

[2] 巴基斯坦经济状况（1999—2000 年度至 2007—2008 年度），工商管理学院。

[3] 国际货币基金组织前理事会成员非正式访谈，2014。

[4] 詹姆斯·沃尔芬森访谈录，2015。

[5] 巴基斯坦经济状况（1999—2000 年度至 2007—2008 年度），工商管理学院。

[6] 吉尔·多希伦敦访谈录，2014。

[7] 国际货币基金组织网站——有资格享有 HIPC 实质性援助，有意向申请 HIPC 实质性援助和有可能申请该援助意向的国家列表，2014 年 9 月数据。

[8] 基尔·道奇伦敦访谈录，2014。该团队负责人德利尔·阿拉特后来又建立了“新国家伙伴组织”，继续为国家政府出谋划策。

[9] Ibid.

[10] 巴基斯坦经济状况（1999—2000 年度至 2007—2008 年度），工商管理学院。

[11] 基尔·道奇（Jill Dauchy）伦敦访谈录，2014。

[12] 国际货币基金组织国家报告，2007。

[13] 巴基斯坦经济普查数据 2006—2007，巴基斯坦参政部。

[14] 国家腐败指数，透明国际，2016 年 1 月。

[15] 肖卡特·阿齐兹在瑞士信贷集团会议上的讲话，2007。

[16] 巴基斯坦国家银行 2015—2016 年度第一季度报告。

[17] 克莱尔·肖特伦敦访谈录，2015。

[18] 家庭最终人均消费支出（2005 年，美元），世界银行。

[19] 马苏德·艾哈迈德华盛顿访谈录，2013 年 12 月。

[20] 巴基斯坦经济状况（1999—2000年度至2007—2008年度），工商管理学院。

[21] 巴基斯坦国家银行数据。

[22] 马苏德·艾哈迈德华盛顿访谈录，2013年12月。

第十一章 华尔街：政治的摇篮

[1] 约翰·里德波士顿访谈录，2014。

[2] 桑迪·威尔纽约访谈录，2014。

[3] 约翰·里德波士顿访谈录，2014。

[4] 理查德·胡贝尔纽约访谈录，2014。

[5] 杰米·戴蒙纽约访谈录，2014。

[6] 安德鲁·罗斯·索尔金，《大而不倒》，企鹅出版集团，2010：75。

[7] 约翰·里德波士顿访谈录，2014。

[8] 安德鲁·罗斯·索尔金，《大而不倒》，企鹅出版集团，2010：75。

[9] 金融危机调查委员会报告，2011年1月，xix。

[10] 迈克·奥尼尔备忘录，2016年2月。

第十二章 花旗在沙特不断成长

[1] 联合国难民署，2015年约旦状况（UNHCR）。

第十三章 为美国和伊朗牵线搭桥

[1] 科菲·安南日内瓦访谈录，2014。

[2] 马克·马洛克·布朗伦敦访谈录，2013。

[3] 诺曼·拉蒙特伦敦访谈录，2014。

第十四章 中国雄狮醒了

[1] 美国国务院文件。

[2] 亨利·基辛格，《论中国》，企鹅出版集团，2011：23。

[3] 亨利·基辛格纽约访谈录，2014。

[4] 亨利·基辛格，《论中国》，企鹅出版集团，2011：23。

[5] 尼古拉斯·伯恩斯波士顿访谈录，2014。

[6] 派帕·埃斯科巴，《巴基斯坦融入丝绸之路》，《亚洲时报》，2015年4月。

[7] 简・柏尔里兹，《习近平主席前往巴基斯坦，百亿美元投资基础设施》，《纽约时报》，2015 年 4 月。

[8] 巴基斯坦计划和发展部部长阿赫桑・伊克巴尔的发言。

[9] 简・柏尔里兹，《习近平主席前往巴基斯坦，百亿美元投资基础设施》，《纽约时报》，2015 年 4 月。

[10] 派帕・埃斯科巴，《巴基斯坦融入丝绸之路》，《亚洲时报》，2015 年 4 月。

[11] 莫汉・古鲁斯瓦米，《中国的作用》，选自史蒂芬・科恩，《巴基斯坦何去何从》，布鲁金斯学会，2011 年 11 月。

[12]《权力走廊》，《经济学人》，2015 年 4 月。

[13] 简・柏尔里兹，《习近平主席前往巴基斯坦，百亿美元投资基础设施》，《纽约时报》，2015 年 4 月。

[14] 亨利・基辛格，《论中国》，企鹅出版集团，2011：23。

[15] Ibid.

[16] 莫汉・古鲁斯瓦米，《中国的作用》，选自史蒂芬・科恩，《巴基斯坦何去何从》，布鲁金斯学会，2011 年 11 月。

[17] Ibid.

第十五章　贝娜齐尔复出

[1] 诺曼・拉蒙特伦敦访谈录，2014。

[2] 雷・迈哈迈德华盛顿会谈记录，2013。

[3] 与美国前国务院官员非正式访谈，2013。

[4] Ibid.

[5] 康多莉扎・赖斯，《无上荣耀》，百老汇书局，2011：608。

[6] 乔治・沃克・布什，《抉择时刻》，维珍集团，2010：216。

[7] 与莱恩・克罗克会谈记录，2014。

[8] 巴基斯坦高级官员访谈录，2015。

[9] 包润石会谈记录，2014。

[10] 巴基斯坦高级官员访谈录，2015。

[11] 马克・里尔・格兰特纽约访谈录，2013。

[12] 巴基斯坦高级官员访谈录，2015。

[13] 康多莉扎・赖斯，《无上荣耀》，百老汇书局，2011：608。

[14] Ibid.，624。

第十六章　治理之道

[1]《协调一致》，《联合国报告》（2006）。

第十七章　巴基斯坦，何去何从？

[1] 伊斯兰女子学院演讲词，1940 年 3 月 25 日。

致谢

在我从巴基斯坦总理之位离职后，许多人都建议我写本回忆录，把自己如何从私营银行到政府部门任职，如何应对政治、议会、地方和世界领导人等问题的经历与大家一起分享。如果没有我的家人、幕僚、同事，以及心存良善的人们的支持，这本书是不可能完成的。

首先感谢我妻子卢克萨娜的贡献，她的成熟、单纯以及虔诚的祈祷和对我的支持与评判是我最宝贵的财富。我在政府任职八年，她沉稳低调，在伊斯兰堡总理府这样一个包括政府官邸、办公场所和员工宿舍在内的庞大综合楼里，与所有工作人员相处融洽。

我的孩子们，卢博娜、阿比德、玛哈对我也非常支持，但是，在竞选活动中遭遇两次自杀式爆炸袭击后，他们对我的人身安全格外担忧。

我的私人秘书穆罕默德·哈桑，在我任职的八年时间里一直跟随我，不离不弃。他是我的团队的一名重要成员，独立、聪明，而且总是未雨绸缪。

我的合作作者安娜·米哈伊洛娃，在整个撰写过程中扮演重要角色。没有她不知疲倦的努力工作，这部书根本不可能完成。她在书的内容和设计上花费了大量的时间。

在涉及本书的一系列访谈和讨论中，许多人慷慨地贡献出了他们宝贵的时间，他们包括约瑟特·谢兰、福柯·杰罗米、凯文·路德、科林·鲍威尔将军、鲍·沃尔夫维茨、科菲·安南、马克·马洛克·布朗、赫尔曼·凡·隆皮、迈克·奥尼尔、唐纳德·拉姆斯菲尔德、马哈蒂尔·穆罕默德博士、阿卜杜拉·巴达维、格哈特·施罗德、斯坦利·沃尔伯特、詹姆斯·琼斯将军、大卫·皮特鲁斯将军、莱恩·克鲁克、马克·里奥·格兰特、扎尔美·哈利扎德、哈利德·奥利哈扎、布伦特·斯考克罗夫特、史蒂夫·哈德利、拉卡德·布拉希米、多米尼加·德维里宾、巴哈·哈里里、舒加·纳瓦兹、艾萨·艾尔－艾萨、穆罕默德·艾尔·施卢基、米尔·萨克－乌尔－拉合曼、阿迪尔·曼迪尔、阿普杜尔哈曼·本·马哈福兹、克里斯蒂娜·鲁加、什科·纳彦·本·穆巴拉克·艾尔·纳彦、雷·马哈穆德、郑毕坚、诺曼·拉蒙特、伊恩·司各特、米尔·易卜拉欣·哈尔曼、穆欣·拜格、法汗·沙哈夫、塔西格·马利克、祖拜德·阿哈迈德、乔治·卡南、巴沙尔·阿哈迈德、阿西拉夫·考汉博士、理查德·胡贝尔、布利加德·艾凡·阿扎木、纳迪姆·塔吉将军、阿里夫·纳葛维、哈扎·加佛尔，还有许多来自世界各地的人士。

离开任职的政府办公室，我便有了写本书，记录自己人生经历的想法。我想与人们分享我的经历、我的成就、我所面对的挑战，以及我对巴基斯坦问题的一些思考。 这是个重大而艰巨的任务，比我想象的更为复杂，更具有挑战性。但是，对我来说，这也是一次很难得的学习经历，它让我能有机会整理归纳自己的一些思路和想法。

我的好朋友理查德·托伯恩帮助我制订了一个初步的撰写计划。就此，我咨询了其他许多朋友，包括北大西洋理事会的弗莱德·坎普、布鲁金斯的史蒂芬·P.科恩、阿扎尔·齐亚尼少将、里亚兹·库卡、利亚兹·穆罕默德·汗、穆尼尔·埃克海姆、扎米尔·埃克海姆、瓦加德·哈拿、卡里德·萨伊德、坦维尔·阿里·阿哥哈、阿普杜拉·约瑟夫、纳韦德·阿哈桑、扎法尔·穆罕默德、马利克·木斯塔格、阿斯法哥·哈桑·汗博士、沙尔曼·沙博士、塔西格·马利克、法汗·沙拉夫、祖拜德·阿哈迈德，还有其他许多人士。

还有其他几位一直在鼓励我，帮助我，他们是：阿希夫·马哈穆德、扎法尔·马利克、契克·贾汉格尔、哈桑·施哈兹、阿西木·阿卜杜拉、纳西姆·阿希哈弗博士、艾桑·乌尔·汉克将军、乌基德·沙穆舒尔·哈桑、舒艾姆·阿哈迈德、古斯·阿克巴尔、苏丹·阿拉纳、哈扎·贾法尔、依木汗·汗、舒加特·阿西木、安瓦尔·坡瓦兹、阿希夫·纳克维、吉米·恩吉内尔、法胡克·沙克。

我的女儿玛哈在编辑、内容、结构上也给了我不少建议。安娜·司徒特哈特做了大量的工作使本书得以成型，四方图书有限公司的主席纳西姆·阿塔拉一直鼓励我们完成该书。我的私人秘书简·麦克米兰花了很大的力气搜集照片，并进行排版。简在后勤保障、会议组织、安排拜访书中相关人员的旅行中起了非常关键的作用，从头至尾，简都是此项工作的关键人物。

我成长于卡拉奇的花园路和拉瓦尔品第，在巴基斯坦政府任职之前我只有一个雇主，那就是花旗银行，我在花旗银行工作了30年之久。我先后在10个国家居住，也曾经到访过100多个国家，这些经历赋予我看问题的全球视野，我也期待能与读者分享这个视野和观点。

谨将此书献给巴基斯坦人民，我的父母亲，我的妻子卢克萨娜，还有我的孩子卢博娜、阿比德和玛哈。